Nicolas Tenzer

Fin de la politique des grandes puissances

Petits et moyens États à la conquête du monde

Éditions de L'Observatoire

ISBN : 979-10-329-3428-9
Dépôt légal : 2025, avril

170 *bis*, boulevard du Montparnasse, 75014 Paris

Introduction

Le grand retournement

Il est aujourd'hui une croyance tenace dans de nombreux milieux diplomatiques et chez certains experts des questions stratégiques : la politique internationale serait essentiellement déterminée par les grandes puissances et par leur jeu. Ces puissances seraient « grandes » en raison de l'étendue de leur territoire, de leur force économique et, pour partie, par la taille de leur population. Les autres pays ne seraient certes pas, dans cette conception convenue, sans importance ; leur politique pourrait être parfois potentiellement désorganisatrice, mais ils n'auraient jamais le dernier mot.

Dans un ouvrage largement critiqué, *La Tragédie de la politique des grandes puissances*[1], John Mearsheimer s'emploie à faire de ces grandes puissances, présentes ou en devenir (il évoque beaucoup la Chine), le centre du jeu

1. *The Tragedy of Great Powers Politics*, New York, W. W. Norton & Company, 2001. Il n'entrera pas dans notre propos ici de discuter tous les points de cet ouvrage, encore moins de voir comment ses thèses ont pu par la suite conduire l'auteur à une attitude de forte complaisance envers la Russie.

international et, plus encore, la matrice explicative des conflits et des guerres. Il considère en effet comme une sorte de loi la rivalité, finalement guerrière, entre ces puissances. Il n'échappe pas, en réalité, à un certain déterminisme. On lui a ainsi reproché une vision manquant pour le moins de subtilité, sinon même de curiosité pour les autres acteurs internationaux.

Théorie du malheur, malheur de la théorie

L'imprégnation de cette « théorie » des grandes puissances n'est pas exclusivement le fait de celles-ci. Pendant quelques années, les États-Unis, sans Obama et Biden, l'avaient oubliée au profit d'une tentation de retrait. Le retour à la « grandeur » de l'Amérique façon Trump hypertrophie le modèle ancien, privilégiant ses relations avec Poutine et Xi Jinping par rapport à celle de dirigeants de pays plus modestes. Elle annonce pourtant la petitesse de l'Amérique plus sûrement encore que son rétrécissement précédent, affaiblissant sa puissance autant que ses principes. Jusqu'à présent, cette théorie a diffusé bien au-delà, conduisant beaucoup de dirigeants d'États plus petits à la prendre pour un fait acquis et à tenter, en vain, de réaliser la prophétie. Ils se sont tantôt alliés avec les uns pour se protéger, fondant trop d'espoir sur la dissuasion qu'ils leur promettaient, tantôt acoquinés avec les autres pour contrer la seule puissance supposément impériale qu'ils connaissaient, les États-Unis, sans vouloir comprendre que l'impérialisme, avant Trump, était ailleurs. L'idée d'une politique internationale supposément dans la main des grandes puissances est certes aussi une croyance idéologique projetée par les grands États révisionnistes ou par des États de deuxième rang qui se pensent grands sans même chercher à influer sur le cours des choses – ainsi de l'Inde, du Brésil, de l'Afrique du Sud ou de l'Arabie saoudite.

Les moyens grands pays membres permanents du Conseil de sécurité des Nations unies, le Royaume-Uni et la France, ont érigé cette théorie en protection de leur statut. Elles ont jusqu'à récemment, d'autant plus chéri ce club fermé des cinq qu'il projettait une image aussi flatteuse qu'un maquillage précaire. L'Allemagne, l'Inde et la Turquie, ou encore le Brésil, principalement, parmi les autres, cherchent à se faire passer comme tels par une politique de cavalier seul, parfois un autoritarisme rétif à toute concertation ou une fiabilité toute relative dans les alliances. Tout se passe comme si le propre de leur affirmation devait résider dans l'absence de confiance assumée. Jouer l'ambiguïté permanente donne l'illusion de la puissance, mais dissimule la déficience de la volonté. Comme je l'ai déjà souligné dans *Notre guerre*, cette théorie se traduit par un mépris des autres petites et moyennes puissances et surtout une complaisance envers les principales grandes puissances, surtout hostiles, comme par un réflexe de solidarité du clan[1]. Cette politique, surtout dans la

1. *Notre guerre. Le crime et l'oubli : pour une pensée stratégique*, Paris, L'Observatoire, 2024.

retenue ou la « non-escalade » envers la Russie et la Chine, a conduit au désastre stratégique.

Ce mélange de révérence pour les uns et de mépris pour les autres a également conduit à méconnaître le rôle stabilisateur, sinon pacificateur, des petits et moyens États sur la scène internationale. Non seulement la paix repose *in fine* sur ces pays et leur capacité de s'organiser, mais ceux-ci précisément gagnent en volonté d'affirmer leur puissance propre. Cela ne signifie pas que les grands États resteront nécessairement à jamais enfermés dans le monde de l'affrontement comme l'estimait Mearsheimer, mais que le salut des grandes puissances démocratiques passe par le renforcement des petites et moyennes. On commence à découvrir, pour la paix et la stabilité du monde, la valeur irremplaçable de ces « petites nations » qu'évoquait Milan Kundera[1]. Leur liberté et leur indépendance concourent à la sécurité du monde. Lorsqu'elles sont menacées, le monde devient plus dangereux.

Mais autant nous devons, pour cette raison, défendre les petits et moyens États, autant il nous faut comprendre que leur affirmation est une tendance aussi lourde que l'est l'érosion progressive du rôle et du poids des principales grandes puissances pour des raisons d'ailleurs dissimilaires. Les États-Unis, grande puissance incomparable par ses moyens militaires, intellectuels, économiques et financiers, entendaient de moins en moins, avec Barack Obama et Joe Biden, assurer un rôle de

1. « Un Occident kidnappé, ou la tragédie de l'Europe centrale », *Le Débat*, 1983/5, n° 27, p. 3-23.

leadership mondial. Avec Trump, ils jouaient au mâle dominant, mais leur acoquinement avec les ennemis de la liberté les prive de toute possibilité de leadership. De « nation indispensable » ils deviennent nation repoussoir. Depuis une quinzaine d'années, avant Trump, l'Amérique avait même créé un vide stratégique de plus en plus visible qui allait obliger les petites et moyennes puissances démocratiques à le pallier d'urgence. Désormais, elles devront s'insurger. La Russie, qui jette ses derniers feux meurtriers, n'est forte que de notre faiblesse et elle ne dispose d'aucun avenir comme je l'évoquais déjà il y a environ quinze ans[1], quand bien même nul ne peut prévoir la date de son effondrement définitif. Même la puissance chinoise qui émerge de manière chaque jour plus visible va rencontrer des limites économiques, technologiques et démographiques en même temps qu'une opposition de plus en plus intense des pays qu'elle entend à un titre ou à un autre vassaliser. Il n'y a rien d'évident quant à la réalisation de la prévision d'une Chine première puissance mondiale sur les plans économique, militaire et technologique, en 2049.

Une lente émergence

Sans doute pourra-t-on affirmer parallèlement que l'affirmation des petites et moyennes puissances grâce à des alliances structurées n'est pas

1. *Le Monde à l'horizon 2030. La règle et le désordre*, Perrin, 2011.

davantage un acquis. Certaines zones – Afrique, Moyen-Orient, Amérique latine – demeurent des espaces où cette capacité d'affirmation peine à être discernée. Les grandes puissances démocratiques actuelles manquent d'ailleurs d'entrain autant que d'intelligence pour organiser cette transition qui ne pourrait que leur être bénéfique. Les États dictatoriaux et autoritaires de ces zones continuent aussi à tabler sur les principales puissances dictatoriales comme ultime secours pour leur régime – même si, dans le cas de la Russie, l'abandon brutal du criminel Assad a ouvert les yeux sur la fiabilité très relative de Moscou. Ce n'est pas le cas en Europe, ni même dans la plupart des régions d'Asie où des signaux faibles pointent dans la direction opposée.

De plus en plus de moyens et petits États comprennent que la réaffirmation de la nation et la quête d'une meilleure autonomie, y compris par des alliances, sont la seule garantie à terme de leur sécurité, tant militaire qu'économique, énergétique et alimentaire. Certes, le chemin est loin d'être intégralement parcouru. Un pays comme l'Indonésie, archipel de 278 millions d'habitants, s'est détourné des affaires du monde sous Joko Widodo. Son actuel président, Prabowo Subianto, paraît plutôt tenté de renouer des relations fortes avec la Chine[1] et la Russie[2]. En témoigne notam-

1. Voir B. Nanda, « Prabowo's Balancing Visits to China and the US Yield Uneven Outcomes », *Delhi Policy Group*, vol. IX/25, 28 novembre 2024.

2. Ce que signalent notamment sa visite à Moscou le 31 juillet 2024, où il a qualifié la Russie de « grande amie » et appelé à intensifier les relations entre les deux pays, et les premiers exercices navals communs du 1er au 4 novembre de la même

ment son adhésion aux BRICS+ le 6 janvier 2025. La Malaisie, pays de plus de 34 millions d'habitants, ne pèse pour ainsi dire pas sur la scène internationale, prise dans des difficultés de gestion politique et intercommunautaires.

En revanche, la petite Arménie (moins de 3 millions d'habitants) a vu son Premier ministre, Nikol Pachinian, renforcer les velléités d'indépendance de son pays à l'égard de la Russie en adhérant au Statut de Rome de la Cour pénale internationale, en renvoyant les gardes-frontières russes, en sortant prochainement sans doute de l'Organisation du traité de sécurité collective (OTSC) dirigée de fait par Moscou, en ambitionnant de rejoindre l'Union européenne (UE) et en signant une charte de partenariat stratégique avec Washington[1].

Plusieurs pays d'Asie centrale, notamment le Kazakhstan, affichent leur volonté – fût-ce encore prudemment – de quitter l'orbite russe, ce qui ne pourra se réaliser qu'après la défaite de la Russie en Ukraine. Il ne faudrait pas toutefois qu'ils tombent dans l'escarcelle de Pékin. Les petits États baltes (Estonie, Lituanie, Lettonie) se sont révélés aussi à la pointe de la prise de conscience du danger russe depuis longtemps et

---

année. Pour une analyse détaillée de cette politique étrangère « russe » de l'Indonésie, voir notamment I. Storey, « Indonesian President-elect Prabowo Subianto's Visit to Moscow: Laying the Groundwork for Enhanced Ties with Russia », *ISEAS Perspective*, 2024/68, 11 septembre 2024.

1. F. Vincent, « L'Arménie formalise sa volonté de se rapprocher de l'Union européenne et des États-Unis », *Le Monde*, 16 janvier 2025.

se sont conduits de manière plus responsable que les grands États européens. L'un d'entre eux, l'Estonie, qui avait dû faire face à une violente cyberattaque russe le 27 avril 2007[1], est devenu l'un des pionniers en la matière.

Beaucoup a été écrit sur la fin de la logique des blocs qui prévalait à l'ère de la guerre froide. Certains ont tenté de la décrire à l'aide d'expressions telles « ordre unipolaire » (domination des États-Unis et de ses alliés), « ordre apolaire » (aucune domination) ensuite et surtout, de manière encore plus contestable, « ordre multipolaire ». Outre que la notion d'ordre est problématique, la multipolarité laisse encore pointer la possibilité d'une précellence d'un chef de pôle sur différentes zones du monde. L'accepter, c'est entrer à nouveau dans un règne de la domination néo-impériale et néocoloniale, non plus cette fois des puissances occidentales et souvent anciennement coloniales, mais des États révisionnistes, Chine, Russie et Iran. L'émancipation des petits et moyens États, dont la résistance de l'Ukraine, mais aussi des peuples de Syrie, de Géorgie et du Bélarus notamment, est la manifestation, passe par la réfutation, sur le plan intellectuel autant qu'en pratique, de la notion de multipolarité. De l'éclatement des pôles pourra advenir la liberté.

1. Voir R. Ottis, « Analysis of the 2007 Cyber Attacks Against Estonia from the Information Warfare Perspective », Cooperative Cyber Defence Centre of Excellence, Tallinn, Estonie, octobre 2018.

L'émancipation contre la multipolarité

Nous n'en sommes certes pas encore là. Comme souvent, certains stratèges en chambre, qui pèsent encore sur les décisions des chefs d'État et de gouvernement des démocraties, restent empreints de regrets d'un monde qui leur paraissait plus simple et plus lisible, à défaut d'être plus sûr et réellement ordonné. Ils aiment le confort d'une scène internationale structurée par les grandes puissances, quel que soit le malheur des peuples qu'elle provoque. Ils sont d'autant plus prompts à voir l'anarchie dans un univers inconnu des manuels classiques qu'ils n'ont pas les outils intellectuels leur permettant de l'appréhender. Ils sont les nostalgiques éternels d'un « équilibre des puissances » qui les autorise à mener une diplomatie d'autant plus simple qu'elle ne requiert aucune rupture. Les petits et moyens États sont, dans leur esprit un peu las, des empêcheurs de tourner en rond.

Les États dictatoriaux ou néo-impériaux constituent le principal contrariant au surgissement d'une nouvelle structuration du monde qui entravera leurs ambitions. La Chine voudrait régenter son aire régionale et quelques autres, notamment l'Afrique. Elle développe partout ses réseaux d'influence pour asseoir sa domination économique y compris en Amérique latine et, de plus en plus, au Moyen-Orient. La Russie entend recréer l'ancien Empire soviétique et surtout corroder les principes établis au lendemain de la Seconde Guerre mondiale et, plus encore, après 1989. Elle entend avoir carte blanche pour détruire ce qu'elle n'a plus le pouvoir de régenter. L'Iran espérait encore, il y a peu, avoir un Moyen-Orient pour partie à sa botte, pour partie acceptant tacitement un partage de cette zone. Tous se situent dans une logique d'asservissement.

En somme, l'issue du combat dépendra de deux facteurs. D'abord, un nombre suffisant de petits et moyens États d'Afrique, d'Asie, du Moyen-Orient et d'Amérique latine, auront-ils l'intelligence de saisir la nécessité de leur affirmation contre les nouveaux *imperia* ? Ensuite, les grands moyens États de l'Europe (France, Allemagne, Royaume-Uni, Pologne) et de l'Asie-Pacifique (Japon, Corée du Sud, Australie) agiront-ils en appui de l'affirmation des autres sur la scène internationale ? Si cette seconde condition n'est pas remplie, il sera plus difficile que la première le soit.

Nous ne saurions oublier que le monde doit affronter deux enjeux immédiats vitaux. D'abord, il s'agit de défaire la Russie, de manière prioritaire en Ukraine, puis ailleurs. Si nous acceptons une situation de quasi-*statu quo*, autrement dit un état de fait où Moscou conserverait une partie du territoire ukrainien conquis, elle sera encouragée à aller plus loin, précisément pour contrarier l'autonomie des petits et moyens États faisant partie de ce qu'elle considère comme sa zone d'influence. Elle continuera en semant le chaos, la confusion et la misère, en Afrique, au Moyen-Orient et dans plusieurs pays d'Amérique latine et d'Asie. Ensuite, il convient d'organiser une résistance contre l'emprise de la Chine, en premier lieu à Taïwan, mais aussi dans les zones où elle déploie sa politique de prédation et d'influence. Le fameux *de-risking* dont parlait Ursula von der Leyen consiste d'abord en la conquête d'une autonomie des pays développés par rapport aux produits et services chinois ; il repose ensuite sur la prise de contrôle par les pays du Sud de leur développement, de leur politique étrangère et de leur alliance ; il est, finalement, de l'ordre de la libération.

Affaiblir les grands États, renforcer les autres, n'est pas du domaine de l'impossible. Les murs des maisons Chine et encore plus Russie sont déjà couverts de fortes lézardes. Les démocraties sont militairement, économiquement, scientifiquement, plus fortes que les dictatures. Elles peuvent étendre cette influence-là : plus grand sera le nombre de ceux qui iront en ce sens, plus pacifié sera le monde – et plus enclin à la démocratie et à la liberté.

1

Les États-Unis : une puissance dans le refus

Cela ressemblait à une longue histoire. Les États-Unis ont toujours été une puissance aléatoire, hésitante, sinon intermittente, dans l'usage de leur puissance. Ce n'est qu'en 1917 qu'ils sont intervenus, déjà de manière décisive, dans la Première Guerre mondiale, avant de faire faux bond en n'adhérant pas à la Société des Nations, devenue dès lors une coquille vide. Ils ne se sont engagés qu'en 1941 dans la Seconde, grâce en quelque sorte à l'attaque imprévue du Japon sur Pearl Harbor. Ils ont dès lors sauvé le monde, et notamment l'Europe, de la domination des puissances de l'Axe. Dans l'histoire longue de l'Amérique, les historiens se plaisent à observer l'alternance de phases d'engagement et d'isolationnisme.

Depuis la chute de l'URSS, cet engagement paraît marquer le pas et témoigne pour le moins d'une implication modérée ou en demi-teinte, au moins dès lors que Washington ne paraît pas y discerner un intérêt national vital[1], restant

1. Nous avons étudié cette notion d'intérêt national et son usage dans « The Misadventures of a Restrictive Notion: The

d'ailleurs dans l'arbitraire quant à ce qu'il signifie. D'autres diront qu'à l'excès – dont témoigna l'intervention en Irak – succède le retrait. C'est d'autant plus vrai en ce qui concerne l'Europe. Beaucoup se rappellent le discours de George H. W. Bush, dit du « poulet à la Kyiv », en 1991, où le Président américain s'inquiétait de l'indépendance de l'Ukraine. François Mitterrand n'était d'ailleurs pas sur une autre ligne. On se souvient aussi de l'inaction de George W. Bush, en 2008, lors de l'invasion, puis la capture, par Moscou de deux provinces géorgiennes, l'Abkhazie et l'Ossétie du Sud.

Barack Obama, malgré celle-ci, devait en 2009 lancer le *reset* des relations avec la Russie. En 2013, il refusa de faire respecter les lignes rouges qu'il avait lui-même édictées en réponse au bombardement chimique sur la Ghouta par le régime Assad. On observa la même abstention lors du siège et de la prise d'Alep (2015-2016) malgré de multiples appels à instaurer une zone de non-survol. Le même Obama a exclu toute intervention en Ukraine lors de l'annexion illégale de la Crimée et l'invasion du Donbass par la Russie. En 2021, Joe Biden a retiré ses troupes d'Afghanistan dans des conditions pitoyables et sans prévenir ses alliés[1]. Entre 2022 et le début de la présidence Trump qui a vu sa suppression, l'aide

---

National Interest. Foreign Policy Debate and National Interest », Tenzer Strategics, 26 août 2021.

1. Point que j'ai commenté dans « Does the American Withdrawal From Afghanistan Signal the Time for a Geostrategic Europe? What Are the Conditions for a Credible Breakthrough? », Tenzer Strategics, 1er septembre 2021.

militaire à l'Ukraine est demeurée mesurée : elle a aidé l'Ukraine à tenir, mais n'a pas permis d'éviter des dizaines de milliers de victimes ukrainiennes, voire davantage, encore moins de reconquérir les territoires occupés par les forces du Kremlin. Désormais, Donald Trump refuse de soutenir Kyiv. Le Président américain considère la perte de certains territoires de l'Ukraine comme un fait accompli, et il va même jusqu'à aider Moscou dans sa politique de destruction. Il est loin d'être certain que, sous son mandat, les États-Unis se porteraient au secours de Taïwan si l'île venait à être attaquée. Au contraire, avec ses déclarations enflammées sur le Groenland, le Panama et même le Canada, Donald Trump a embrassé le récit de Poutine selon lequel des impératifs supposés de sécurité pouvaient requérir de posséder un autre pays. Il affichait ainsi son mépris pour la règle de droit. Le milliardaire pourrait inventer un nouveau concept : l'isolationnisme d'intervention, en somme un interventionnisme sans règle ni fondement, en particulier lié à la puissance future de l'Amérique, un interventionnisme d'aide aux puissances criminelles.

On ne saurait certes résumer la politique étrangère américaine au diptyque intervention/non-intervention, même si la quasi-assurance de la garantie ultime qu'elle pouvait apporter restait, jusqu'à Trump, un élément fondateur. Les Américains comptaient, quoique à des niveaux différents et avec des approches plus ou moins orientées vers les droits de l'homme et le développement durable, en matière d'aide au développement – mais ce temps est révolu. Leur puissance commerciale contribue également, positivement ou non, à remodeler le monde. Les disruptions commerciales de grande ampleur opérées par Trump pourraient tout remettre en cause. On peut aussi arguer que leur présence universelle dans le monde, grâce notamment à leur marine, a contribué à rendre le monde plus sûr – ou au moins, sans elle, il aurait été dans une situation incomparablement pire. Cela ressemble déjà à un ancien passé.

Anatomie d'une érosion

Mais ce pouvoir de l'Amérique est érodé, quand bien même il ne fut pas par le passé irréprochable, ne serait-ce que par le soutien à des régimes dictatoriaux en Amérique latine, en Asie et en Afrique, censés contenir l'expansion du communisme principalement soviétique, plus accessoirement chinois. Surtout, la capacité d'influence des États-Unis paraissait limitée, non point souvent qu'elle le fût en réalité, mais parce qu'ils ne savaient pas comment en faire usage. Trump a surgi dans une Amérique déjà atteinte.

Au Moyen-Orient, Washington a abandonné toute stratégie depuis Barack Obama. À la relecture, son fameux discours du Caire sur « un nouveau départ » du 4 juin 2009 sonne assez creux et peut s'analyser principalement comme un contre-pied sans substance à la politique de George W. Bush. Par la suite, sa politique s'est largement résumée à la recherche d'un accord avec l'Iran sur le nucléaire. Les États-Unis n'ont rien fait, au-delà de l'expression de leur préoccupation, lorsque l'Égypte, l'Algérie et les Émirats arabes unis ont œuvré à la réintégration de la Syrie d'Assad au sein de la Ligue arabe. Tout en condamnant la politique brutale d'Israël à Gaza après le pogrom commis par le Hamas le 7 octobre 2023, Joe Biden n'a pas exercé une pression conforme à son analyse sur Benyamin Netanyahou, cette fois-ci pour des raisons électorales. Ce vide stratégique a laissé le champ libre à une politique autonome de pays supposément partenaires comme l'Arabie saoudite, l'Égypte et les Émirats.

Quant à la stratégie de moyen et long terme à l'endroit de la Russie, au-delà de l'aide limitée à l'Ukraine eu égard au caractère décisif de la guerre[1], elle est tout simplement absente. Washington n'a pas défini d'objectifs alors que la menace est bien identifiée. Enfin, on peine, quelle que soit l'administration, à repérer les axes principaux d'une stratégie envers Pékin, au-delà, du moins jusqu'à Trump, de la défense de Taipei et de la guerre commerciale avec la Chine – encore que, là aussi, sans lignes parfaitement claires.

Cette déficience américaine s'explique dans une large mesure par une difficulté paradoxale à

1. Il est difficile d'obtenir des statistiques exactes et récentes, compte tenu aussi du décalage entre les financements annoncés et les sommes déboursées. Un tableau un peu ancien suggère que les dépenses militaires annuelles relatives à l'Ukraine sont légèrement supérieures à celles consacrées à l'Afghanistan, mais très inférieures aux dépenses engagées dans les guerres de Corée, du Vietnam et d'Irak où les forces américaines étaient intervenues directement (voir M. Armstrong, « Ukraine: U.S. Military Aid Exceeds Costs of Afghanistan », Statista, 23 février 2023).

définir une stratégie construite et de moyen terme. Cela peut paraître d'autant plus surprenant que Washington regorge de laboratoires d'idées, en partie peuplés par des personnes de premier rang et qui ont exercé par le passé des responsabilités au sein des différentes administrations. Leurs articles ou leurs conférences accordent d'ailleurs une grande place à cette vision stratégique pour les différentes zones du monde. Mais la coupure entre la production de ces instances et la prise de décision ne laisse d'être étonnante. La régularité des élections décisives – tous les deux ans – et les alternances régulières ne suffisent pas à expliquer cette difficulté constitutive à définir des plans d'action sur le temps long.

Ce vide stratégique contribue à jeter des doutes de plus en plus vifs sur la crédibilité de la dissuasion américaine. Pour, en effet, que celle-ci paraisse inébranlable, il faut que les intentions soient claires et fermes, pas seulement à l'occasion de tel ou tel conflit particulier, mais sur les éléments structurels de celui-ci. La notion ancienne de « gendarme du monde » n'a guère de sens si on la rattache à des coups ponctuels. Elle ne s'inscrit que difficilement dans une vision précise d'un « ordre » souhaité et, en amont, de l'ensemble des composants d'une menace. L'autre notion cardinale de « soutien à », puis « assistance à », la démocratie ou celle, développée rhétoriquement plus que mise en pratique par Joe Biden, d'« alliance pour la démocratie », ne sauraient être comprises comme une série d'actions ponctuelles, pour ainsi dire, dépolitisées, indépendamment d'une stratégie portant sur chacun des pays.

Dans ce domaine pourtant, une telle stratégie, portée par une vision de moyen terme, a existé. À l'époque de la guerre froide et surtout après la détente, les États-Unis ont développé, autant qu'ils le pouvaient, une stratégie d'aide aux dissidents et, quand c'était possible, d'accueil et de formation. Ils ont aussi développé une politique assez structurée de communication par-delà le rideau de fer. Cette politique d'influence s'est poursuivie après la chute du Mur afin de former les nouvelles élites des anciens pays communistes – elle s'est maintenue encore, quoique à un rythme moindre, jusqu'à Trump et la suppression des programmes d'aide à la démocratie. Lorsque l'URSS existait encore, cette politique répondait à un double pari : d'une part, tenter d'accélérer son effondrement avec l'idée qu'il surviendrait bien à un moment ou à un autre ; d'autre part, se présenter aux yeux du monde comme le « phare » de la liberté, dominant par ses idéaux et pas seulement par sa force militaire.

Cette stratégie paraît à la fois réaliste, en ce qu'elle poursuivait des objectifs correspondant à l'intérêt du « monde libre », et idéaliste, en ce qu'elle se fondait sur des principes. Pendant longtemps, dans de nombreux pays de cette région, l'Amérique a joui d'un prestige comme ne peut en avoir qu'une nation qui se porte au secours des autres dans les temps les plus sombres et douloureux.

L'Europe occidentale n'en avait pas, car elle paraissait moins allante à défendre la cause de la liberté. Si le contexte (participation à la seconde guerre d'Irak) dans lequel cette distinction a été émise par Donald Rumsfeld[1] paraît l'avoir à jamais condamnée, la phrase sur l'opposition entre la « vieille Europe » et la « nouvelle Europe » a fait mouche. D'un côté, nous paraissions avoir des nations repliées sur elles-mêmes et peu enclines à prendre des risques ; d'un autre côté avaient surgi de jeunes nations qui paraissaient promises à un plus brillant avenir et capables de se réinventer. Le débat s'est d'ailleurs prolongé dans le contexte de la menace russe, la plupart des pays de la « nouvelle Europe » ayant une position beaucoup plus réaliste que ceux de l'ancienne. Toujours est-il que Washington avait perçu la valeur stratégique des petites et moyennes nations européennes. Ce n'est certes plus le cas aujourd'hui.

Un héritage historique contradictoire

Les cercles proches des différents gouvernements, tant républicains que démocrates, paraissent pris dans des traditions antagonistes, nourries par l'histoire, dont on trouve les schémas de pensée qu'ils véhiculent dans les décisions politiques. Ce fond idéologique est plus complexe qu'il n'y paraît à première vue et nous ne saurions en rendre compte intégralement ici.

1. Le 22 janvier 2003 lors d'un entretien avec le journaliste néerlandais Charles Groenhuijsen.

L'un des plus notables, chez les plus anciens, est celui de la guerre froide, mais il donne lieu à des conclusions diamétralement opposées. Un premier courant voit dans l'attitude actuelle de la Russie un *remake* de la guerre froide, sans percevoir les changements radicaux entre l'idéologie communiste soviétique et celle, destructrice et nihiliste, de Poutine. Ils sont tentés d'y distinguer les mêmes risques, notamment nucléaires, et entendent y apporter les mêmes réponses (en substance équilibre, octroi d'une zone d'influence et négociations) pour, prétendument, les limiter et les maîtriser. Ils se sentent peu concernés par les droits des peuples mis en avant après les révolutions démocratiques et le retour à l'indépendance (1989-1991). En quelque sorte, ils raisonnent en fonction de l'ancienne logique des blocs, comme si rien n'avait changé, politiquement, juridiquement et sur le plan sécuritaire, depuis la guerre froide. Ils accordent en fait à la Russie de Poutine un statut peu ou prou équivalent à celui de l'URSS. Ils sont assez à l'aise avec l'idée d'empire et peu enclins à regarder en face le caractère massif des crimes commis. Certains sont ainsi tentés de reprendre le discours tenu à l'époque selon lequel il s'agissait de protéger l'Europe *occidentale*, mais non de libérer les pays situés à l'est de l'Europe. Ils ont la même vision concernant la volonté de Moscou de soumettre l'Ukraine et d'autres pays de la région. D'autres restent même dans l'idée que nous aurions commis une faute avec la dissolution de l'URSS et ils sont presque prêts à accorder à Poutine un droit de revanche, même s'il va de pair avec des meurtres de masse. L'administration Trump a poussé jusqu'à l'indécence et l'infamie ce récit. Ce discours trouve quelque écho dans les soutiens du Kremlin en Europe aussi.

Un second récit est plus nuancé et historiquement sensé. Il part du constat que Poutine essaie bien de restaurer l'Empire soviétique dont il a dépeint la chute comme une catastrophe, mais que ni son intention ni ses motivations idéologiques ne sont équivalentes. Dès lors, il ne s'agit aucunement de restaurer la sorte d'équilibre dont témoignait la guerre froide. En effet, le Kremlin ne vise pas à l'équilibre, mais à une disruption beaucoup plus étendue et profonde à la fois dans sa zone et plusieurs pays tiers. Le résultat final qu'il cherche à atteindre est bien la destruction des règles du droit international auquel, au moins formellement, l'URSS faisait révérence. Ce récit considère que la guerre froide était un moment de grands dangers, notamment nucléaires, que ceux qui étaient trop jeunes à l'époque ou pas nés ont tendance à oublier, mais qu'on ne peut agir comme si les risques posés par la Russie d'aujourd'hui étaient moins graves. Il prend aussi la liberté des peuples comme un acquis et un progrès qui interdisent de revenir en un temps où ils étaient comme négligés. Cette conception vise dès lors à refuser la logique des blocs pour rendre leur autonomie de destin aux petits pays.

Le deuxième débat qui anime les milieux de politique étrangère américains est celui sur l'intervention militaire à l'extérieur. C'est après la Seconde Guerre mondiale que la logique d'intervention est devenue, jusqu'à la seconde guerre d'Irak, une composante structurelle de la politique américaine, d'abord dans le cadre de l'endiguement du communisme, puis dans celui de la « guerre contre la terreur ». Elle ne fut pas sans exception : ainsi, Bill Clinton fut d'abord réticent envers une intervention en ex-Yougoslavie avant de l'accepter lors de son second mandat. Elle se poursuivit jusqu'au retrait chaotique des troupes américaines d'Afghanistan en août 2021. Elle continue, mais sans engagement terrestre, dans les opérations de la coalition contre l'État islamique, quoique avec une moindre intensité qu'au milieu des années 2010.

On doit certes rappeler les traumatismes dans l'opinion publique des interventions au Vietnam, en Irak et, dans une large mesure, en Afghanistan, en raison du nombre de morts et des syndromes post-traumatiques dont furent atteints nombre de vétérans. Mais ce fut aussi un ébranlement politique qui entacha en partie la fierté américaine : des scènes de populations vietnamiennes bombardées au napalm à l'usage de défoliants, de la prison d'Abou Ghraib en Irak aux centres de la CIA, notamment en Europe, pratiquant la torture[1] après les attentats du 11 septembre 2001, de la chute et l'assassinat d'Allende à l'aide aux Contras, l'Amérique a été mise en accusation sur un plan moral. Par là aussi, les États-Unis remettaient en cause l'efficacité même de leur politique étrangère. Les propagandistes des États criminels d'aujourd'hui puisent leurs

1. « Prisons secrètes : 54 pays ont collaboré avec la CIA », *Le Monde*, 5 février 2013.

arguments dans cette absence d'irréprochabilité de la politique américaine pour mettre les crimes de masse de Poutine et d'Assad sur le même plan que les exactions américaines. Or, ni le contexte dans lequel ces crimes ont été commis, ni l'intentionnalité politique, ni surtout l'ampleur des atrocités perpétrées ne peuvent être comparés.

Les secousses provoquées par ce débat contribuent à expliquer, quoique partiellement, le refus de Barack Obama d'intervenir en Syrie en 2013 et après, en Ukraine en 2014, et celui, analogue, de Joe Biden d'engager les forces américaines, sans nécessairement qu'une présence de troupes au sol eût été nécessaire, à nouveau en Ukraine depuis 2022. Joe Biden l'avait d'ailleurs maladroitement exclu dès *avant* le déclenchement d'une invasion russe massive[1], refusant toute « ambiguïté stratégique » et toute posture de dissuasion, un signal que la Russie a exploité à son avantage. La Maison Blanche l'a à nouveau répété le 27 février 2024 en réponse à l'hypothèse émise en ce sens par Emmanuel Macron[2]. La peur, peu fondée, d'une prétendue Troisième Guerre mondiale reste toutefois dominante.

Ces retraits successifs ont conduit non seulement à fermer tout débat argumenté et sensé sur la possibilité et les conditions des interventions extérieures américaines, mais aussi à une perte de crédibilité de la posture de dissuasion américaine

1. N. Toosi, « The line Biden won't cross on Ukraine », *Politico*, 23 février 2024.

2. « Guerre en Ukraine : les États-Unis "n'enverront pas de soldats combattre en Ukraine", assure la Maison Blanche », *Le Monde*, 27 février 2024.

bien au-delà des exemples et des zones cités. Une analyse somme toute raisonnable aurait pu conduire à opérer la distinction entre des opérations *a priori* inadéquates, risquées ou inutiles, et d'autres potentiellement justifiées, voire nécessaires, efficaces et conformes au droit international – en particulier en référence à l'article 51 de la Charte des Nations unies qui prévoit l'assistance à un État attaqué. Il aurait été également nécessaire d'évaluer la perception que cela induit chez les alliés de l'Amérique ou les pays liés à elle par un accord de sécurité et de défense. Il n'était pas inapproprié non plus de prendre en compte le risque de ce qu'on appelle parfois le « déséquilibre de la détermination collective » qui voit opposer un État prêt à prendre tous les risques et un autre qui paraît peu résolu à le faire, donnant de fait un avantage au second. C'est le pari réussi de la Russie et cela pourrait être demain celui de la Chine eu égard à Taïwan. Enfin, la perception pour de nombreux pays de garanties américaines moins crédibles renforce les risques de la prolifération nucléaire, plusieurs États pouvant être tentés, pour dissuader un agresseur, d'acquérir l'arme ultime.

En concluant ce débat trop rapidement, Washington a ainsi mis au pied du mur de nombreux pays, en Europe et ailleurs. Alors que, en particulier, le lien transatlantique paraissait la garantie la plus remarquable de l'après-guerre, d'autant plus qu'elle était fondée sur des principes partagés, il a fini par se corroder, bien avant que Trump ne jette un trouble sur la communauté de ceux-ci. Il semblait longtemps excessif d'imaginer une « alliance sans les États-Unis » car, avant la seconde présidence Trump, il paraissait difficile de concevoir une Amérique qui jouerait contre les démocraties, au moins sur le plan géostratégique. Aujourd'hui, il demeure, d'un point de vue simplement opérationnel – notamment le renseignement militaire pour lequel l'Europe dépend de l'Amérique –, compliqué de dessiner le schéma d'une OTAN qui fonctionnerait sans l'apport américain. C'est pourtant cette « complication » à laquelle l'Europe devra urgemment répondre. Mais la réalité est là : les petites et moyennes nations doivent à la fois se réveiller devant des menaces inédites depuis la Seconde Guerre mondiale, se réarmer de manière massive, et surtout s'allier à la fois pour garantir leur propre sécurité, mais aussi pour se projeter ailleurs. Pour l'Europe notamment, la sécurité de l'Afrique ou de l'Asie, bien au-delà des menaces posées par le terrorisme djihadiste, détermine aussi la leur.

Or, cette nouvelle alliance n'est pas uniquement sécuritaire au sens strict du terme. Elle ne consiste pas exclusivement en l'envoi de forces militaires. Elle est aussi économique, diplomatique et doctrinale. Pendant longtemps, les États-Unis, certes avec leurs alliés, quoique souvent sans concertation, ont occupé une position de leadership dans l'aide au développement, la mise en place d'accords commerciaux et la définition d'une quasi-doctrine, alliant démocratie et développement, libre-échange et promotion des règles de droit. Ils disposent encore d'outils incomparablement puissants en matière de réponse aux menaces et aux comportements délictueux, notamment les sanctions extraterritoriales. Ils bénéficient en sorte à eux seuls de moyens que nulle autre puissance, ou même un regroupement d'États comme l'Union européenne, n'a et ne peut posséder sans une augmentation massive des budgets de défense et de technologies propres. Ces instruments d'action, d'influence et, parfois, de répression devront désormais être mis en commun entre les démocraties de différentes zones démographiques. C'est une révolution copernicienne rendue nécessaire par l'éloignement américain des questions non seulement de sécurité depuis plus de quinze ans, mais aussi désormais de la défense des principes démocratiques. En témoigne aussi la fermeture des médias chargés de promouvoir la liberté à travers le monde et d'aider les journalistes opérant à grands risques dans les dictatures. L'attaque américaine contre la liberté est certes le retournement stratégique majeur. Elle conduit à faire droit, comme le souhaitent Poutine et Xi Jinping, aux zones d'influence bannies par le Charte de Paris de 1990.

Quand les États-Unis s'éloigneront du monde...

À la fin d'un portrait saisissant du cardinal de Retz, La Rochefoucauld concluait : « Il s'éloigne du monde, qui s'éloigne de lui[1]. » L'arrivée de

1. La Rochefoucauld, « Portrait du cardinal de Retz » (1662), repris dans cardinal de Retz, *Œuvres*, Paris, Gallimard, coll. « La Pléiade », 1939.

Donald Trump pour un nouveau mandat à la Maison Blanche suscite une interrogation d'ordre similaire. Les États-Unis vont-ils à nouveau s'éloigner du monde ? Oui, mais cela ne sera pas seulement une forme plus brutale d'isolationnisme que celle des vagues précédentes auxquelles nous a habitués l'histoire américaine, mais surtout une attaque contre le reste du monde libre. Celui-ci n'est-il pas aussi en train de s'éloigner d'eux – une autre tendance, sans doute, qu'on discerne encore trop peu[1] ? Oui, cela deviendra vital. Il faut comprendre l'héritage durable de la politique américaine, quelles que soient les intentions de rupture du magnat de l'immobilier.

Mon propos n'est pas ce stade de discuter les nombreuses analyses émises depuis l'annonce de l'élection de Trump et sa prise de fonction le 20 janvier 2025 sur sa politique étrangère, mais de m'interroger sur les turbulences qui secouent l'Amérique depuis déjà plusieurs années et que l'homme de Mar-a-Lago ne pourrait qu'accentuer et radicaliser. Certes, on ne saurait se fonder sur les propos réguliers, aussi idéologiques qu'infondés dans les faits, sur un déclin des États-Unis[2]. Si leur puissance, tant économique que militaire, est disputée par la Chine et si l'on

1. Nous avons pointé cette tendance dès l'élection de Trump. Voir N. Tenzer, « While the U.S. Walks Away From the World, the World Walks Away From the U.S. Deciphering Trump's International Relations Logic », Tenzer Strategics, 23 novembre 2024.

2. Pour une contestation de ce déclin, quoique sans doute trop unilatérale, voir T. Stevenson, « America's undying empire:

assiste à la montée des pays dits émergents depuis au moins deux décennies, Washington dispose encore, pour longtemps, de la prééminence économique, scientifique, technologique et militaire. Elle bénéficie d'une présence universelle, autrement dit dans toutes les zones du monde. De nombreux économistes ont retardé le moment où Pékin la surpassera sur le plan économique, pour autant que cela se produise jamais[1], et l'on ne sait quand et si elle la dominera sur le plan militaire – ce qui dépendra certainement à la fois des choix opérés par les États-Unis et de la poursuite dans la durée de la croissance chinoise. Pour autant certains éléments de domination chinoise sur ce plan sont déjà présents[2]. On peut d'ailleurs avoir les mêmes incertitudes en matière de domination technologique malgré le rattrapage et les investissements colossaux du monde chinois qui a abandonné son statut de copieur des technologiques pour devenir une puissance innovante. Les interrogations sont encore plus fortes concernant les autres pays, notamment l'Inde, dont le développement économique et technologique rencontre de nombreuses entraves internes.

Mais les États-Unis sont aussi une puissance qui suscite de multiples interrogations non

---

why the decline of US power has been greatly exaggerated », *The Guardian*, 30 novembre 2023.

1. H. Thibault, « La Chine deviendra-t-elle vraiment la première puissance économique mondiale ? », *Le Monde*, 19 mars 2024.

2. « In some areas of military strength, China has surpassed America », *The Economist*, 4 novembre 2024.

parce qu'elle ne serait plus une puissance, mais parce qu'elle n'en assume plus complètement les missions. Ce n'est pas, pour eux, une question de moyens, mais de volonté. Ses renoncements multiples – Syrie, Afghanistan, Ukraine, où elle s'est dissuadée, Afrique, Moyen-Orient, Amérique latine –, par un mélange de choix, d'incompétence et d'incapacité, à formuler une vision stratégique, ont conduit de plus en plus de pays à choisir une voie marquée par un désir d'autonomie ou d'émancipation. Son enfermement sur le court terme[1], ses multiples désinvestissements et son action parcimonieuse devant les puissances révisionnistes ont créé une forme d'éloignement.

Cette forme de *vacuum* stratégique n'était certes pas souhaitée par ses alliés en Europe et en Asie. Beaucoup continuent, comme des amants encore épris, à lui demander de rester, car ils estiment à raison qu'ils ne peuvent remplir ce vide. Surtout, ses ennemis ou certains pays, peu libéraux, qui trouvaient leur ancienne alliance pesante s'emploient à s'affranchir d'autant plus de ses « conseils » que Washington leur en donne peu. On a peine à lire une doctrine cohérente des États-Unis depuis Barack Obama. Même l'insistance que Joe Biden avait mise au début de son mandat sur la démocratie et les droits de l'homme non seulement s'est vite dissipée, mais n'a pas vu le début d'une

1. Voir N. Tenzer, « The United States in Search of a Strategy. A Road-Map for the Next U.S. President—If the Democrats Win », Tenzer Strategics, 31 juillet 2024.

mise en œuvre concrète[1]. La « diplomatie » que le quarante-sixième président des États-Unis a mise en avant comme une solution[2] lors du retrait des troupes américaines d'Afghanistan n'est pas une « doctrine ». Le délaissement du monde l'est encore moins. La seconde présidence Trump ne sera pas isolationniste au sens habituel du terme : ses premières démonstrations de force l'excluent. Mais nul ne sait encore si la force sera au rendez-vous et, surtout, contre qui, potentiellement l'Europe et les démocraties, elle sera principalement dirigée. Elle est, en effet, déjà marquée par une complaisance envers les régimes criminels comme la Russie, au-delà d'être anarchique et brouillonne, désignant les adversaires au gré des humeurs du Président. Mais il serait risqué de penser qu'elle donnera le jour à une doctrine cohérente. On peut craindre que cette force aille finalement contre la puissance des États-Unis et que, en particulier, en s'alignant avec Moscou, elle réduise la puissance américaine en la mettant sur un pied d'égalité, sinon d'infériorité, avec la petite Russie.

Paradoxalement, la politique de Trump s'inscrira d'autant moins *contre* une doctrine Biden

1. L'idée avait suscité une certaine attente et je l'avais à l'époque soutenue, malgré un certain scepticisme, et j'avais tenté de montrer ce que son alliance pour la démocratie pouvait recouvrir. Voir N. Tenzer, « L'alliance des démocraties envisagée par Joe Biden est-elle possible ? », *The Conversation*, 11 avril 2021.

2. Discours du 31 août 2021 à lire sur le site de la Maison-Blanche.

que le bilan international de ce dernier est désastreux.

Sans faire de prédictions, nous pouvons sans doute y discerner trois tendances structurantes – ou plus exactement déstructurantes – de cette présidence qui commence.

Parmi les certitudes sur la nouvelle présidence Trump, figure son indifférence au combat pour la liberté, aux droits de l'homme et au droit international en général. Telle est la première tendance. Sa politique envers l'Ukraine reprend, parfois mot pour mot, les récits du Kremlin dans un alignement idéologique impeccable. Son attitude à l'endroit de Taïwan devrait emprunter la même direction. Ce mépris pour la liberté a des conséquences logiques. L'indépendance des peuples, le respect des frontières et la punition des crimes de masse ne sont pas les préoccupations de l'équipe Trump, à l'opposé des principes qui animaient des républicains comme Ronald Reagan ou John McCain. Allons plus loin : mettre à bas les règles fait partie du projet idéologique de personne comme J. D. Vance, Peter Thiel et Elon Musk. Les considérations de sécurité pour l'Ukraine, comme potentiellement pour Taïwan, voire pour l'Europe, ne sont pas des éléments déterminants de sa vision de la politique étrangère – au contraire. C'est d'ailleurs ce qu'a déclaré le secrétaire à la Défense américain le 12 février en refusant toute garantie de sécurité dans le cadre de l'article 5 de l'OTAN à d'éventuelles troupes de certains de ses pays qui pourraient être déployées en Ukraine[1]. Dès lors, ce que Trump et ses conseillers perçoivent comme « l'intérêt national » des États-Unis risque de recevoir une acception de plus en plus restrictive.

Ainsi, le prisme dominant de la politique étrangère de Trump sera lié à ce qu'il percevra, de manière court-termiste, comme allant dans le sens de l'« *America first* ». Mais cette conception n'aura rien à voir avec une quelconque *grandeur* définie sous les auspices de l'universalisme ou d'une « nation indispensable » pour régler les problèmes du monde. Sous les Présidents Obama et Biden, les États-Unis ont manqué le rendez-vous avec l'histoire en ne décidant pas, principalement en Syrie et en Ukraine. Ils ont exprimé des idéaux, mais ceux-ci n'ont pas été accompagnés d'interventions concordants. L'inaction totale en Syrie et la position à mi-chemin en Ukraine ont révélé une hypocrisie américaine ancienne. Alors que l'Amérique proclamait défendre et protéger les Ukrainiens, elle a en fait encouragé la Russie à aller encore plus loin dans son agression et ses crimes, et elle lui a permis de se renforcer au détriment de la sécurité collective. La présidence Trump inaugure une ère plus « franche », mais sans soutien, même minimal, aux peuples agressés, qui officialise le désintérêt américain et sa collusion avec l'ennemi.

Si donc nous pouvons avoir de fortes craintes pour l'Ukraine, mais aussi pour Taïwan, c'est en

1. Voir « Sur l'OTAN et l'Ukraine les nouvelles lignes rouges américaines : le discours intégral de Pete Hegseth à Bruxelles », *Le Grand Continent*, 12 février 2025.

raison d'une absence de compréhension de ce qui est en jeu, et même d'une haine pour le combat des peuples libres. La route est étroite qui va du mépris de la liberté et du droit international à la mise en danger de la sécurité des démocraties. Telle est l'appréhension majeure : que Trump et son équipe portent un coup fatal à cette dernière. À partir du moment où la défense du droit et de la démocratie est considérée comme un objectif pour le mieux accessoire, il devient impossible de compter sur Washington pour faire respecter les frontières par les puissances révisionnistes, Russie et Chine en particulier. L'*assistance* – d'ailleurs trop faible – à la démocratie – l'expression a remplacé la « *promotion* de la démocratie » –, définie par les administrations démocrates, sera également passée par pertes et profits au même titre que l'aide au développement. En Afrique en particulier, l'évaluation générale est que le bilan de Biden est mitigé[1], moins vide qu'ailleurs, mais toujours décevant. Avec Trump, il promet d'être totalement creux, les quelques engagements concrets de son prédécesseur démocrate étant abandonnés et la porte étant grande ouverte aux ennemis de la liberté et aux fossoyeurs du développement.

Tout cela est certes irrationnel, comme l'étaient les pas de deux de Joe Biden avec l'Ukraine et l'abstention de Barack Obama sur la Syrie. Mais l'irrationalité de l'administration Trump serait

1. Voir notamment C. Isike, S. Oyewole, « US-Africa relations under Biden: a mismatch between talk and action », *The Conversation*, 31 octobre 2024.

une seconde étape et le dernier clou enfoncé dans le cercueil de la politique étrangère américaine. Pour des raisons électorales et en raison d'affinités idéologiques avec Netanyahou, Trump devrait continuer son soutien à Israël, sans d'ailleurs se soucier le moins du monde du respect du droit de la guerre, et, partant, maintenir une position dure avec l'Iran. Mais la menace de Téhéran, alliée forte de la Russie qui, par la livraison de drones, quoique un peu moins depuis les attaques d'Israël contre son organisation terroriste au Liban, le Hezbollah, participe à la guerre d'extermination de Moscou en Ukraine, pourrait être séparée de la question russe. L'irrationalité serait que, en renforçant la Russie, donc l'Iran, la Chine et la Corée du Nord, Trump affaiblisse l'Amérique et, à terme, diminue sa propre sécurité, pas seulement celle de l'Europe et des alliés américains en Asie. Certes dans le monde de la post-vérité que vénèrent Trump et les siens, toute rationalité est bannie – fol est celui qui espérerait le faire évoluer par des arguments rationnels.

La domination à court terme de l'économie constitue la deuxième tendance. Une certaine conception de l'économie est dominante dans la politique étrangère de Donald Trump, quand bien même cette politique n'est probablement pas soutenable sur le long terme et que de nombreuses contradictions apparaîtront. L'idéologie économique du magnat de l'immobilier pourrait nuire aux intérêts de sécurité des États-Unis et de leurs alliés. Ainsi, l'augmentation des droits de douane, qui visent principalement la Chine, mais aussi l'Europe, le Canada, le Mexique et même Taïwan, pourrait conduire à une augmentation de l'inflation et ne pas placer les entreprises américaines dans la meilleure des positions sur le plan commercial, en particulier en raison des mesures de rétorsion. Cette guerre commerciale inquiète déjà les investisseurs qui ne détestent rien tant que l'instabilité et l'imprévisibilité. C'est d'ailleurs une opportunité historique pour l'Europe que de les attirer. Certains proches de Trump ne seront probablement pas satisfaits de conflits trop sévères avec la Chine. Ces mesures ne sont pas radicalement nouvelles : les dispositifs de protection de l'administration Biden que sont l'*Inflation Reduction Act* (IRA), le *Build America Buy American Act* (une des mesures de son plan sur les infrastructures) et le *Chips and Science Act* ont conduit – en particulier le premier – à la délocalisation d'entreprises notamment européennes. Elles ont donné un avantage considérable à l'industrie américaine au détriment notamment de l'UE dont la réponse a été faible[1]. La continuité sera, sur ce plan, plus forte que la différence sur le fond. Mais l'ampleur sera la vraie rupture, autant que l'idéologie radicale qui la guide.

L'accord de Paris a été, dès le jour de l'investiture de Trump, la première victime de cette perspective – comme il le fut lors du premier mandat du milliardaire[2]. Ce second retrait de cet

1. Voir N. Crawford, « Europe's Measured Response to the US Inflation Reduction Act », IISS, *Survival on line*, 21 avril 2023.

2. S. Schonhardt, « Accord de Paris : pourquoi le second retrait de Trump sera différent », *Politico*, 12 novembre 2024.

accord pourrait d'ailleurs faire des émules, avec des conséquences irréversibles sur la lutte contre le changement climatique et la défense de l'environnement, notamment aux États-Unis. Déjà, ils sont aujourd'hui autosuffisants et dominants en matière d'énergie pétrolière[1] et cela pourra se révéler aussi une arme de guerre contre les pays producteurs de pétrole, accélérant potentiellement la transition énergétique de certains et leur transformation, encore largement inachevée, en économie de services. Toutefois, les prévisions quant à l'impact de ces mesures sur le marché pétrolier et gazier restent, à ce stade, difficiles à apprécier et à mesurer. Il en va de même de leurs conséquences sur le plan stratégique.

C'est toutefois sur l'Ukraine et Taïwan que cette emphase sur les intérêts économiques américains risque d'être le plus désastreuse. Ce que recouvre la vision souvent appelée « transactionnelle » de la politique de Trump est celle d'un monde où le bien et le mal, le juste et l'injuste, le digne et l'indigne n'importent finalement plus. Elle ne recule même pas devant l'extorsion pure et simple comme en témoignait le premier projet d'accord sur les minerais ukrainiens. Elle ne tient pas davantage compte des intérêts à long terme pour une raison finalement simple : il n'y a plus d'aune à laquelle les mesurer. Ce qui est décrit comme un raisonnement financier peu subtil

1. L'indépendance énergétique est toutefois une notion qui est souvent contestée. Voir notamment A. Skibell, « Energy independence is a myth. Candidates don't care », *Politico*, 29 avril 2024.

– « il est trop cher d'aider l'Ukraine[1] », « donnons cet argent plutôt aux citoyens américains », « c'est à Taïwan de payer pour sa défense[2] », « l'Ukraine doit rembourser », etc. – traduit d'abord une manière de penser détachée non seulement des valeurs, mais aussi des questions de sécurité. Trump accentuera aussi la vision niaise de la géopolitique selon laquelle ne comptent que les grands États. Dès lors, l'Ukraine, prétendument « petit État », pourra être considérée, dans sa vision du monde, comme une dépendance de la Russie. On retrouvera ainsi la pensée dominante catastrophique qui a conduit les États occidentaux à céder devant la Russie sur quasiment presque tout.

Certes, on peut à bon droit pointer les éléments de collusion de Trump et de personnes de son entourage, notamment Tulsi Gabbard, confirmée par le Sénat en tant que directrice nationale du renseignement, avec la Russie[3], qui ne pourrait qu'accélérer le désengagement américain. Or, au bout du compte c'est l'absence de considération de la manière dont la sécurité

---

1. Pour une mise au point, voir V. Melkozerova, « Fact-checking J.D. Vance's statements on Ukraine », *Politico*, 16 juillet 2024.

2. H. Thibault, « Donald Trump exhorte Taïwan à "payer pour sa défense" », *Le Monde*, 17 juillet 2024.

3. Voir notamment le film d'Antoine Vitkine, *Opération Trump : Les espions russes à la conquête de l'Amérique*, 2024 ; l'ouvrage de Régis Genté, *Notre homme à Washington. Trump dans la main des Russes*, Paris, Grasset, 2024, et l'article de Timothy Snyder, « The Submission Chain. The Transitive Property and Trump », *Thinking about...*, 14 novembre 2024.

du monde est aussi, sinon d'abord, forgée par les principes que nous défendons, qui domine dans la manière de Trump d'envisager les choses. Certes, cela peut être limité par des questions d'ego, des intérêts personnels ou des pressions de tel ou tel clan proche du pouvoir. Mais cette logique-là risque de prévaloir.

L'argument financier lui-même – cela coûte trop cher – n'est pas mis en perspective dans un raisonnement argumenté : quel sera le coût final si nous n'agissons pas ? Quels sont les critères d'arbitrage entre différents types de dépense ? Selon quelles bases hiérarchiser les priorités ? Comme par avance, Trump ferme ainsi la porte à ce qui devrait être une évidence pour tout expert stratégique : une victoire ou même une non-défaite pour la Russie serait une menace accrue pour les États-Unis. Elle encouragerait ses ennemis et ferait de Washington une partenaire ayant perdu toute crédibilité.

La même chose vaut pour Taïwan, à propos de laquelle des gens de l'entourage de Trump comme Elon Musk ont tenu des propos pour le moins méprisants[1] alors qu'ils étaient élogieux envers Pékin[2]. Trump lui-même a dit qu'il fallait que Taïwan paye plus pour sa défense et que ce n'était pas aux États-Unis de l'assurer. Cela ne signifie pas que le patron de Tesla l'emportera

1. H. Davidon, « Taiwan politicians dismiss Elon Musk's "ill-informed and belittling" China comments », *The Guardian*, 10 octobre 2022.

2. P. Cordi, « Musk calls Taiwan a "part of China" and blames US for blocking "reunification effort" », *Washington Examiner*, 13 septembre 2023.

dans la décision finale, même si l'on sait combien il est désireux de garder de bonnes relations avec Pékin puisque sa plus grande usine de production de voitures se trouve à Shanghai[1].

Certes, d'autres proches de Trump sont dans une opposition frontale avec Pékin et ce fut un thème de campagne du candidat républicain. Mais cela aussi contient un biais possible : l'administration Trump engagera sans doute un bras de fer avec la Chine sur les questions économiques, mais la sécurité de Taïwan, de même que les violations des droits fondamentaux à Hong Kong, au Xinjiang et au Tibet ne seront pas au centre de son attention. Un « deal » avec la Chine, dont on ne voit d'ailleurs pas ce qu'il pourrait contenir, n'aura vraisemblablement aucune dimension sécuritaire. Trump défendra les alliés ou amis des États-Unis dans la zone en fonction uniquement de ses intérêts propres et non d'une vue globale de la sécurité. Japon, Australie, Corée du Sud et Philippines commencent à en prendre la mesure.

Un tel jeu serait certes désastreux en matière de sécurité, mais il le sera sans doute aussi, finalement, en matière économique. L'abandon de la sécurité de Taïwan aurait des conséquences massives non seulement sur l'industrie des semi-conducteurs dont les États-Unis restent dépendants, malgré la volonté manifestée par Joe Biden de réduire cette forme

1. « Tesla Shanghai plant exports 1 million made-in-China vehicles in less than 4 years », *Global Times*, 28 septembre 2024.

de sujétion économique[1], mais aussi sur la liberté de navigation dans le détroit de Taïwan. L'administration Trump, en raison de cette vision transactionnelle, pourrait être tentée de déconnecter les différents éléments. On ne voit d'ailleurs pas pourquoi une politique qui devrait être attentatoire aux libertés et aux droits à l'intérieur serait centrée sur la défense de ceux-ci à l'extérieur.

Un troisième élément est la collusion « doctrinale » avec les dictatures qui, en tant que telle, représente pour elles un gain idéologique.

Certains proches de Trump semblent ne pas voir d'un mauvais œil un réveil encore plus marqué des dictatures au détriment des démocraties libérales. Le quarante-septième président des États-Unis s'emploie ainsi à renforcer les régimes révisionnistes. On concevait mal auparavant aussi qu'un confort accru des tyrannies puisse être une doctrine susceptible d'être programmée dans une politique ouverte. L'indifférence de Trump envers la nature des différents régimes se traduit pourtant en un dessein assumé de favoriser la Russie, la Chine et les autres régimes criminels. La proximité de Trump avec certains milieux liés au Kremlin peut aussi expliquer une forme d'obéissance servile à Moscou.

Mais précisément parce qu'il n'a pas de colonne vertébrale ni de doctrine de politique étrangère clairement énoncée, il se donne des marges

1. W. Weissert, « Biden administration announces $6.6 billion to ensure leading-edge microchips are built in the US », AP, 8 avril 2024.

d'action qui sont logiquement susceptibles de le conduire au pire, par absence de compréhension, de rationalité ou refus d'analyse, et de renforcer les régimes révisionnistes, au mieux de leur céder au profit d'improbables transactions avec eux. La faute serait précisément de ne pas percevoir que les régimes totalitaires, comme le russe ou le chinois en particulier, ne sont pas prêts à accepter des transactions, sauf comme éléments tactiques et toujours provisoires, pour des fins radicales. Ce qui les caractérise est l'unilatéralisme absolu. C'est ce que, devant les agressions de la Russie de Poutine, en particulier depuis 2008, la plupart des dirigeants démocratiques n'ont pas compris : ce qui caractérise ses objectifs est leur absence totale de frontières politique, morale et territoriale. Lui donner quelque chose en échange ne saurait rassasier son appétit. Son objectif final n'est pas, ou guère, la possession, mais bien la destruction. Avec lui, il n'y a aucune stabilité possible, puisqu'on entre dans l'ère de la déstabilisation sans limites.

La plupart des dirigeants démocratiques n'ont pas compris Poutine, en tout cas pendant longtemps, parce qu'ils l'imaginaient comme un dirigeant normal à leur aune et n'ont pas saisi le message que charriaient ses crimes de masse. Un dirigeant comme Trump peut ne pas le comprendre non plus parce que la violation du droit international ne lui importe pas, mais aussi parce qu'il ne peut saisir que Poutine n'est pas dans une logique d'échange – et que ce dernier ne voit certainement pas le locataire de la Maison Blanche comme un homme puissant. Il sait aussi que Trump ne le considère pas comme le principal danger. Pour les mêmes raisons, il est probable que Xi Jinping juge Trump comme le chef d'une puissance économiquement contrariante, mais qui n'a pas parfaitement établi le lien entre la dimension économique et les objectifs politiques de Pékin. Trump refuse d'ailleurs d'évaluer ces objectifs politiques comme primordiaux par rapport à l'économie.

La période qui s'ouvre pourrait donc être marquée par l'obtention de nouveaux gains idéologiques pour les dictatures, victoires narratives qui se transformeraient en succès politiques quasi immédiats pour ces régimes, et synonyme de nouvelles pertes pour les nations et les peuples en lutte pour la liberté. Peut-être cela ne serait-il pas, certes, une nouveauté radicale par rapport aux ères Obama et Biden, marquées par un grand écart permanent entre l'affirmation de principes et leur trahison par l'inaction. Mais au moins ce fossé avait-il créé une occasion de dénonciation et d'indignation. Trump sera pris en défaut sur la puissance de l'Amérique qu'il entend incarner ; mais il n'y aurait guère de contradiction entre ses principes et son action.

Une fois qu'on a banni les droits de l'homme, le droit international, la défense de la démocratie et le combat aux côtés des peuples opprimés des principes fondateurs, il devient possible de transiger avec les régimes criminels, puisqu'on est entré dans un monde où *plus rien n'a une valeur absolue*. Il existe peut-être encore des crimes, mais *il n'y a pas de crime trop fort pour être accepté* – autrement dit le crime de guerre, contre l'humanité ou de génocide cesse de faire figure d'une transgression marquée par un excès *total*. L'idéologie de Trump fait ainsi disparaître la figure de l'infini, de l'illimité et du radical. Se poursuivrait ainsi l'œuvre de banalisation et de normalisation de ces régimes que les démocraties libérales ont commencée, qui est une des tâches prioritaires de la propagande russe et que les nouvelles orientations de Trump vont consolider.

Ces évolutions marqueront-elles la fin d'un monde ? D'abord, assurément, il n'est pas encore écrit qu'elles se réalisent complètement, mais elles le seraient suffisamment pour marquer un changement d'époque. Le dessein, ici esquissé, ne visait qu'à décrire une logique d'évolution, dont la probabilité idéologique me paraît forte, et non pas une route certaine dans l'ensemble de ses détails. Ensuite, même si abandon de l'Ukraine il y a de la part des Américains et si, en conséquence, la situation en devient plus difficile pour les Ukrainiens, ceux-ci sont loin d'avoir dit leur dernier mot. Ils ont montré qu'ils pouvaient continuer à combattre, grâce aux Européens, mais aussi à leur capacité à concevoir et produire par eux-mêmes de nouvelles armes décisive. Le défaitisme, arme de la propagande russe, serait irrationnel. On peut en revanche penser que cela rendra les choses beaucoup plus difficiles pour les habitants de Taïwan. La Chine a d'ailleurs plus de chances de proposer à l'administration Trump les termes d'un accord séduisant pour elle que la Russie qui, fondamentalement, n'a rien à offrir.

Sans doute avons-nous le signe avant-coureur ici des conséquences de cette imprévisibilité sur le plan de la sécurité internationale qu'apporte la seconde présidence Trump. Elle intervient au pire moment : celui d'une décrédibilisation totale des démocraties en matière de dissuasion et de capacité à combattre, sans même parler de l'intelligence qui seule peut les soutenir et les nourrir. C'est sur cette base que les dictatures ont pu renforcer leur axe, plus d'ailleurs que leur alliance au sens exact du terme. Mais peut-être Trump n'est-il, pour les démocrates sincères, que l'exacerbation de leurs propres inconséquences et inachèvements. Il sera moins rupture que continuité ; il sera plus concrétisation que différence. Mais la radicalité de Trump, par elle-même, bouleversera les règles. Il ne sera pas que le révélateur d'un visage sombre d'une démocratie ayant renoncé à toutes ses règles et à tous ses principes : il sera le produit de ce que nous avons déjà abandonné à la Ghouta en 2013, à Alep en 2015 et 2016, à Homs et à Idlib, en Ukraine depuis 2014, en Afghanistan en 2021.

Il n'est pas une nouveauté, mais le produit de ce que nous sommes devenus. En allant jusqu'au bout de la nuit, il ouvrira un possible chaos qui n'était qu'entre parenthèses.

2

La Chine : une puissance contrariée

Pour la plupart des pays non européens, la Chine représente la principale menace à la fois pour leur sécurité et leur indépendance. Pour l'Europe, le danger chinois est surtout d'ordre économique, danger auquel s'ajoute celui du vol technologique et des opérations de plus en plus massives d'influence[1]. Certains pays européens – en particulier la Hongrie et, hors Union européenne, la Serbie – sont ainsi très ouverts aux investissements chinois et, pour certains, c'est quasiment une manière de faire reculer la solidarité européenne. Les investissements directs à l'étranger (IDE) chinois en Hongrie s'élèvent ainsi à au moins 16 milliards d'euros[2] et le pays apparaît comme un lieu de pénétration des intérêts chinois dans l'UE. Viktor Orbán, qui a fermé l'Université d'Europe centrale ouverte par George Soros

1. Voir surtout P. Charon, J.-B. Jeangène Vilmer, *Les opérations d'influence chinoises. Un moment machiavélien*, Institut de recherche stratégique de l'École militaire (IRSEM), 2021.

2. Voir N. Quentric, « Xi Jinping visite la Hongrie, une économie en récession », *Études économiques*, n° 24/156, 6 juin 2024.

en 1991, accueille désormais le premier campus en Europe d'une université chinoise (université Fudan de Shanghai), suscitant la colère de l'opposition. Xi Jinping s'est rendu à deux reprises en moins de dix ans en Serbie. La Chine est désormais le deuxième partenaire commercial de Belgrade et son premier investisseur étranger. Son président, Aleksandar Vučić, a même pu déclarer en février 2024 : « Taïwan, c'est la Chine. Et c'est à vous de voir quoi, quand et comment vous allez faire[1]. » Il faut noter aussi qu'en octobre 2023, Orbán et Vučić ont été les seuls Européens à se rendre au Belt and Road Forum, à Pékin, où était présent Vladimir Poutine[2].

Le risque est aussi dans le soutien de Pékin apporté à Moscou dans sa guerre contre l'Ukraine[3]. Il est également lié à la concurrence non seulement économique, mais aussi politique dans des pays tiers, en particulier l'Afrique. Il ne paraît pas direct ni premier en comparaison du risque vital que représente la Russie, du moins à court terme. Mais pour plusieurs nations d'Asie du Sud-Est, d'Asie centrale et d'Afrique précisément, le spectre chinois est sécuritaire et lié au maintien de l'indépendance nationale.

1. L. Geslin, « La Serbie d'Aleksandar Vučić ouvre ses bras et son économie au "frère Xi" », *Euractiv*, 7 mai 2024.

2. P. Le Corre, « Xi Jinping en France, en Hongrie et en Serbie : 10 clefs pour expliquer un voyage étonnant », L*e Grand Continent*, 6 mai 2024).

3. Voir notamment T. Kuzio, « China Enables Russia's War of Aggression Against Ukraine », Jamestown Foundation, *Eurasia Daily Monitor*, 21/128, 10 septembre 2024 ; S. Lau, « US accuses China of giving "very substantial" help to Russia's war machine », *Politico*, 10 septembre 2024.

Le second risque est, en tant que tel, un risque sécuritaire aussi, mais d'un autre type. Quand un pays tombe dans la trappe de la dette[1] en raison d'investissements chinois massifs qu'il lui est impossible de rembourser, il perd toute autonomie de décision dans des domaines essentiels pour lui. Pékin peut user de chantage. C'est d'une autre manière le cas lorsque la Chine devient pour un pays le client ou le lieu d'investissement essentiel – paradoxalement plus que le premier fournisseur –, car il le prive de moyens de réaction. Certains gouvernements avancent complaisamment sur cette route de la servitude ; d'autres, notamment en Afrique, ne savent pas comment préserver une voie propre

1. La question de la trappe de la dette a fait l'objet de nombreuses études. Le concept de *dept-trap diplomacy* a été forgé afin d'expliquer qu'elle participait d'une stratégie chinoise délibérée et organisée. Plusieurs études ont contesté ce concept (voir notamment D. Brautigam, M. Rithmire, « The Chinese "Debt Trap" Is a Myth », *The Atlantic*, 6 février 2021 ; N. Clark, « The Rise and Fall of the BRI », Council on Foreign Relations, 6 avril 2023 ; M. Himmer, Z. Rod, « Chinese debt trap diplomacy: reality or myth ? », *Journal of the Indian Ocean Region*, 2022, *18*(3), 250–272 ; L. Jones, S. Hameiri, « Debunking the Myth of "Debt-trap Diplomacy" », Chatham House, 14 décembre 2020), remarquant notamment que Pékin avait échelonné certaines dettes et que l'impossibilité de rembourser ne s'était guère accompagnée d'une saisie des actifs. Sans nier le risque posé par ce phénomène, ni la nature « coloniale » de l'action de la Chine à l'étranger, ils y ont vu la conséquence d'une politique peu contrôlée, parfois même abandonnée, d'investissements dans le cadre des « nouvelles routes de la soie » plutôt que d'un plan machiavélique. Il est pourtant impossible de nier, d'une part, la dépendance politique que cette dette engendre, d'autre part, ses conséquences dramatiques pour le pays concerné.

de développement, tant la domination chinoise leur paraît insurmontable ; d'autres encore commencent à tenter d'y échapper.

Mon propos ici n'est pas de minimiser la menace chinoise – au contraire. Il est de tenter de comprendre, d'une part quels sont les facteurs qui entravent cette apparente dynamique ascendante chinoise, d'autre part, quelles sont les marges de manœuvre des petits et moyens États.

Une puissance faible de ses forces ?

En matière de poids économique, la Chine offre un paysage contrasté. D'un côté, la deuxième économie du monde continue sur une trajectoire de croissance forte, quoique moins élevée que prévu. Elle représente 31 % de la production industrielle mondiale contre 20 % en 2010 et compte pour 13,8 % des exportations dans le monde. Elle est devenue un géant technologique capable par elle-même d'innovation[1] : elle représente 70 % des brevets en intelligence artificielle générative[2] contre moins de 5 % pour l'Europe. Elle dépense 2,4 % du PIB pour la recherche et développement[3], contre il est vrai 3,5 % pour les

1. Voir notamment R. Atkinson, « China Is Rapidly Becoming a Leading Innovator in Advanced Industries », Information Technology and Innovation Foundation, 16 septembre 2024.

2. Organisation mondiale de la propriété industrielle (OMPI), « Patent Landscape Report – Generative Artificial Intelligence (GenAI) », juillet 2024.

3. Banque mondiale, *Dépenses en recherche et développement*, 2025.

États-Unis, mais elle a distancé l'Europe (2,2 %). Dans certains domaines, elle est devenue le leader mondial, acquérant parfois une position de quasi-monopole (véhicules électriques, batteries au lithium, panneaux solaires). Elle est aussi le premier exportateur de sable, indispensable dans la construction, en même temps d'ailleurs que son premier consommateur. Dans le cadre de ce que Xi Jinping appelait la « vision holistique de la sécurité nationale » – vision qui englobe aussi les valeurs et une conception du monde et du « droit » –, elle est capable d'atteindre une autosuffisance, grâce à une capacité accrue de production et de stockage dans des domaines tels que l'énergie, la nourriture et les minerais stratégiques. Pékin est moins dépendante des autres pays que jamais, alors que ceux-ci, notamment en Occident, le demeurent. Il devient plus difficile, en raison de multiples barrières, de vendre à la Chine, voire parfois d'y investir, tandis que nous restons redevables à la Chine pour les matières premières et parfois les composants.

Sans surprise, la Chine utilise ses ressources pour tenter de rattraper les États-Unis en matière militaire et s'est fixé l'année 2049 – centième anniversaire de la prise de pouvoir par le Parti communiste chinois et de l'établissement de la République populaire de Chine – comme celle où elle deviendrait la première puissance militaire mondiale. D'ores et déjà, selon le dernier rapport annuel du Pentagone[1], la marine chinoise est la

1. U.S. Department of Defense, *Military and Security Developments Involving the People's Republic of China 2024*, Annual

plus importante du monde, avec 370 navires et sous-marins, contre 340 en 2002. Pékin disposait en 2023 de 600 ogives nucléaires, soit 100 de plus qu'en 2022. Elle aura mille têtes en 2030 et 1 500 en 2035, avec bientôt toute la gamme de vecteurs en matière de portée, puisqu'elle développe de nouveaux missiles balistiques intercontinentaux qui lui permettront prochainement de frapper les États-Unis. Sur le plan aérien, elle se rapproche des standards technologiques américains et développe un programme considérable de systèmes autonomes sans pilotes. Elle développe aussi des infrastructures et points d'appui : Djibouti depuis 2017, afin de sécuriser son accès aux ressources naturelles de la région, notamment en Éthiopie, et bientôt en Birmanie, au Pakistan, au Bangladesh, au Kenya et au Nigeria.

Ses dépenses militaires représentent 2,5 % du PIB avec 450 milliards de dollars – un quart certes des États-Unis, mais quatre fois plus que le Japon et 43 % des dépenses militaires de l'Asie[1]. La Chine a d'ailleurs considérablement investi pour tirer les leçons de la guerre russe contre l'Ukraine[2], au-delà d'enseignements stratégiques

Report to Congress, décembre 2024. Voir aussi l'analyse de ce rapport par E. Erickson, « What the Pentagon's New Report on Chinese Military Power Reveals About Capabilities, Context, and Consequences », *War on the Rock*, 19 décembre 2024.

1. M. Masuda et A. Mattelaer, « Une ombre immense ? La montée en puissance militaire de la Chine en Indo-Pacifique et ses implications à l'échelle mondiale », *Le Rubicon*, 6 novembre 2024.

2. Le journal asiatique *The Diplomat* a consacré une série d'articles à ce sujet qu'on peut découvrir à l'adresse thediplomat.com/tag/chinese-military-ukraine-war-lessons. Voir aussi

globaux : utilisation et performance des drones en matière de reconnaissance et de désorganisation des lignes ennemies notamment et guerre électronique, mais aussi succès et échecs des différents systèmes d'armes, y compris les mines. Elle transfère également au domaine militaire son savoir-faire civil en matière de drones. Elle a développé les technologies de cyberespionnage, y compris par le biais de vecteurs civils (réseaux sociaux, notamment TikTok[1], et sites de vente par Internet[2]) et a contribué à élaborer le concept de guerre intelligente en utilisant l'intelligence artificielle, les *big data* et, en particulier, les technologies quantiques où elle ambitionne de devenir un leader mondial[3]. Elle est surtout autonome sur le plan de l'accès aux matières premières nécessaires à ses composants, en particulier pour les missiles.

Pour autant, la Chine connaît des faiblesses majeures qui, pour partie, sont le revers de ses forces. D'abord, elle se protège, subsidie une production considérée comme excessive et commence à rencontrer de plus en plus de contre-mesures de ses partenaires commerciaux en

T. Graham et P. Singer, « How China is adopting battlefield lessons from Ukraine », *Defense One*, 16 décembre 2024.

1. E. Rossi et G. Rutelli, « There is a Chinese Spy Balloon in Our Pockets – TikTok », Center for European Policy Analysis (CEPA), 10 mars 2023.

2. Une récente étude pointe notamment le risque que pose Temu, la plateforme chinoise de vente en ligne (D. Rinaldo, « Looking Beyond TikTok : The Risks of Temu », Center for Strategic and International Studies, 24 octobre 2024).

3. Voir notamment M. Julienne, « China's Quest for a Quantum Leap », *ReConnect China Policy Brief*, 15, octobre 2024.

Europe et en Amérique du Nord. Ses capacités de production dépassent ce que la demande mondiale peut absorber. Elle connaît aussi une crise immobilière bien connue et, de manière plus générale, une sous-consommation interne : la Chine représente 18 % de l'économie mondiale, mais sa consommation intérieure seulement 13 %[1]. Autre élément bien documenté : sa population est vieillissante et son économie grisonnante aura à supporter des charges toujours accrues liées à ce vieillissement[2]. Elle rencontre également les problèmes propres à un régime totalitaire : même si elle a acquis de réels talents scientifiques, l'absence de liberté rend sa recherche moins compétitive que celle des États-Unis faute de microcosmes capables de favoriser des innovations de rupture et d'une ouverture internationale de ses centres de recherche[3]. Son marché du travail est aussi problématique pour de nombreux jeunes diplômés qui ne trouvent pas un emploi correspondant à leurs compétences[4]. Plus globalement, le chômage progresse en Chine, touchant de manière particulière les

1. M. Pettis, « What Will It Take for China's GDP to Grow at 4–5 Percent Over the Next Decade ? », Carnegie Endowment for International Peace, *China Financial Markets*, 4 décembre 2023.

2. I. Attané, « Vieille avant d'être riche. La Chine face au défi de sa démographie », *Briefings de l'IFRI*, 5 avril 2022.

3. Voir notamment S. Moore, « Can China Escape the Innovation Trap ? », *Lawfare*, 15 novembre 2022. et J. Lau, « Is China open to adopting a culture of innovation ? », *Nature*, 7 décembre 2022.

4. S. McDonell, « China's overqualified youth taking jobs as drivers, labourers and film extras », BBC, 3 janvier 2025.

jeunes dans un contexte de ralentissement de la croissance. Enfin, comme le pointait le rapport du Pentagone, la corruption endémique, pas seulement d'ailleurs au sein de l'armée, est une épine plantée dans les capacités de l'empire du Milieu.

Certains pays, dont l'économie est assez largement imbriquée à celle de la Chine, notamment au sein de l'Association des nations de l'Asie du Sud-Est (ASEAN) et du G20, pourraient subir un choc direct en cas de ralentissement chinois durable. Il est à noter aussi que plusieurs pays avec lesquels Pékin entretient des relations tendues, au-delà des États-Unis, son premier partenaire commercial (502 milliards de dollars en 2023 et 14,8 % des exportations chinoises, malgré une diminution de 13,9 % entre 2022 et 2023), sont parmi les premiers partenaires de la Chine, notamment le Japon (troisième partenaire avec 4,7 % des exportations chinoises), la Corée du Sud (quatrième partenaire avec 4,4 %), le Vietnam (cinquième partenaire avec 4,1 %) et l'Inde (sixième partenaire avec 3,5 %). Deux de ces pays, l'Inde et le Vietnam, sont parmi ceux dont le déficit avec la Chine est le plus important. On note aussi que certains pays moins grands ont considérablement accru leurs échanges avec la Chine, la Russie d'abord, mais aussi le Bélarus, le Kazakhstan, le Tadjikistan, l'Ouzbékistan, la Libye et l'Algérie[1]. En particulier, la dépendance accrue envers Pékin des

1. L'ensemble de ces données figurent dans D. Workman, « China's Top Trading Partners », *World's Top Exports*, 2024.

pays d'Asie centrale est un sujet géostratégique majeur.

Parmi les autres facteurs négatifs pour la Chine, depuis quelques années, son projet ambitieux des nouvelles routes de la soie a sérieusement marqué le pas. On est loin des 1 000 milliards de dollars d'investissements annoncés, mais plus proche de 100. Certes, cela n'empêche pas l'influence chinoise de s'exercer à travers des investissements mieux ciblés[1] et peut-être moins spectaculaires. On ne peut conclure non plus à un retrait, mais l'idée initiale de Xi Jinping de conquête du monde – et certainement aussi de « militarisation » de ces investissements pour en assurer la « sécurité » – paraît reléguée à un autre temps. Si certains pays, d'Afrique notamment et d'Amérique latine, sont loin de percevoir les risques posés par ces investissements, plusieurs pays d'Europe, Italie notamment[2], ont sérieusement reconsidéré des positions jadis favorables. La Lituanie suivie de l'Estonie et de la Lettonie se sont aussi retirées du « 17 + 1 » qui regroupe la Chine et les pays d'Europe centrale et orientale[3]. D'autres pays pourraient aussi emprunter la même voie.

1. F. Lemaître, « En Chine, les "nouvelles routes de la soie" adoptent un rythme de croisière moins spectaculaire mais peut-être plus durable », *Le Monde*, 31 octobre 2023.

2. « Après le retrait de l'Italie des "nouvelles routes de la soie", Pékin fustige le "dénigrement" de son projet », *Le Monde*, 7 décembre 2023.

3. Pour une critique de cette initiative, voir notamment J. Garlick, « China's Economic Diplomacy in Central and Eastern Europe: A Case of Offensive Mercantilism ? », *Europe-Asia Studies*, 2019, 71/9, p. 1390-1414.

Personne ne peut dès lors prétendre que la Chine ne dispose pas de moyens considérables pour étendre son emprise économique sur de nombreuses régions du monde, que ce soit par une politique volontariste et bien organisée d'investissements ou par la création de flux commerciaux, entrants ou sortants, qui renforcent la dépendance de plusieurs pays envers Pékin. Celle-ci est appelée à durer pendant un certain temps et les dirigeants occidentaux sont obligés de constater que le découplage intégral est illusoire.

Pour autant, plusieurs raisons militent pour que cette dépendance soit atténuée. La première est purement macroéconomique : l'imbrication de plusieurs pays avec l'économie chinoise pose des risques systémiques en cas de crise majeure qui frapperait l'empire du Milieu – ce qui n'est pas à exclure –, mais aussi de contraintes imposées par Pékin : limitation des exportations vers tel ou tel pays, ce qui est le cas[1], hausse des prix des matières premières et produits importés, limitation des ventes, en raison de difficultés d'extraction ou de production, ou par souci de pression politique.

La deuxième raison, déjà largement abordée, est celle du risque insupportable de chantages politiques. Une dépendance économique est un outil qu'utilise Pékin pour imposer son point de vue et contraindre les États à accepter sa

1. Voir G. Baskaran, « What China's Ban on Rare Earths Processing Technology Exports Means », Center for Strategic and International Studies, 8 janvier 2024.

politique étrangère, en tout cas à ne pas la sanctionner. Ce risque de sécurité ne concerne d'ailleurs pas que les pays faisant commerce avec la Chine, mais aussi les pays tiers qui ont avec ceux-ci des accords commerciaux ou envisagent de leur acheter des matières premières stratégiques. Cet effet de contagion, qui aboutirait à des restrictions dans les échanges, est un risque potentiellement sous-estimé.

Enfin, un troisième risque réside dans les pratiques de développement suscitées par la Chine. Celles-ci sont le plus souvent en opposition aux pratiques mises en place par les États démocratiques et reprises dans les dix-sept objectifs de développement durable (ODD) définis par l'ONU en septembre 2015, en particulier au seizième (justice et paix), qui inclut notamment la lutte contre la corruption. Le mal-développement de plusieurs États induit un risque systémique à la fois pour ceux-ci, mais aussi dans leurs relations avec les autres membres de la communauté internationale.

Il faudrait y ajouter le rôle continu de la Chine pour non seulement promouvoir son image dans les pays développés, mais aussi pour saper les règles et principes des nations démocratiques. Le lien direct entre le Front uni, organisme du Parti communiste chinois chargé des actions à l'étranger[1], notamment par le biais des diasporas, les services de renseignement et certaines mafias

---

1. Sur le Front uni, voir notamment R. Fedasiuk, « How China's united front system works overseas », Australian Strategic Policy Institute, *The Strategist*, 13 avril 2022.

chinoises très actives dans les trafics de drogue en particulier[1], crée un danger de premier ordre pour la résistance et la santé des démocraties.

Paradoxalement donc, le caractère invasif de la force économique chinoise et ses tentatives de plus en plus visibles de disruption de l'ordre international comme de l'ordre interne à plusieurs pays pourraient se retourner en faiblesses. Les États-Unis ont, d'une certaine manière, rencontré souvent le même retour de bâton, pour de bonnes ou de mauvaises raisons, avec toutefois une différence majeure. Si Washington a pu être accusée d'impérialisme, quoique n'ayant pas de visée impériale de même nature que les anciennes puissances coloniales, la Chine se comporte comme telle de plus en plus ostensiblement. Les États-Unis sont surtout apparus aux yeux de la plupart des pays avec lesquels ils ont noué des accords, ou parties à l'Alliance atlantique, comme un protecteur contre des menaces réelles, l'URSS puis la Russie, mais aussi la Chine, la Corée du Nord ou l'Iran – sans même évoquer les groupes terroristes djihadistes. Pékin peut difficilement faire figure de puissance garantissant la sécurité des États, même si elle est pourvoyeuse d'investissements et de biens – et précisément parce que ces échanges commerciaux constituent une menace sécuritaire en eux-mêmes.

---

1. Sur ces liens possibles, voir V. Felbab-Brown, D. Paz García, V. Bajji, « Chinese crime and geopolitics in 2024 », Brookings, 29 janvier 2024.

Le début timide de l'émancipation

Puisque le découplage intégral avec Pékin fait partie des impossibilités à moyen terme, il faut trouver un autre chemin qu'il faudra nommer « émancipation ». L'émancipation n'est ni la confrontation ni la rupture, quand bien même elle suppose que les pays qui s'engagent en un sens acceptent un rapport de forces et, plus encore, s'en donnent les moyens. Certes, il est aussi possible de faire valoir un risque inverse : l'ordre commercial international fonctionne grâce à une libéralisation progressive des échanges, une ouverture des marchés et un accès libre aux ressources. Imposer, fût-ce pour de bonnes raisons, une multiplicité toujours plus étendue de limitations peut créer un monde de barrières et de restrictions où les pays les plus pauvres seraient perdants. Pour autant, le problème est lié à des déséquilibres trop marqués[1], à l'infraction aux règles de la juste concurrence et à l'érosion de la capacité de choix pour chaque pays de ses partenaires commerciaux.

Une telle politique d'émancipation suppose un investissement certes économique et

1. L'affaiblissement depuis plus d'une dizaine d'années de l'Organisation mondiale du commerce (OMC), aux règles de laquelle l'Union européenne est plus attachée que les États-Unis et la Chine, témoigne de la difficulté à restaurer des pratiques plus équilibrées dès lors que les deux principales puissances cherchent à s'en émanciper (voir notamment « L'affaiblissement de l'OMC, facteur de tensions », *Le Monde*, 17 février 2024).

technologique, mais aussi diplomatique et politique, tant au niveau bilatéral que multilatéral. Autrement dit, cela requiert, d'une part, que les objectifs soient clairement pensés et définis, d'autre part, qu'une stratégie cohérente soit mise en place – et ce ne peut être réalisé par chaque État, ni même chaque zone, dans son coin et de manière solitaire.

Les objectifs sont convergents, mais spécifiques. Ils sont liés à une analyse des risques autant locaux, c'est-à-dire propres au pays ou à la zone – notamment l'Union européenne – concernés, que systémiques – effets sur l'économie et le système de sécurité globaux, avec de possibles effets de contagion et d'enchaînement. Ces objectifs sont tous liés à des risques d'assujettissement et, souvent, à des menaces sécuritaires.

En somme, ce n'est pas tant la dépendance en elle-même qui est problématique que les effets qu'elle produit en raison de l'utilisation que peut en faire le pouvoir chinois. Plus généralement, la multiplication des situations d'emprise renforce ce pouvoir à l'échelle mondiale et peut aboutir à des situations de soumission. Cinq situations de sujétion peuvent ainsi naître dont les effets sont cumulatifs.

La première est liée à la dépendance envers des matériaux et des technologies stratégiques, des terres rares[1] aux panneaux solaires, secteur dans

1. La Chine, au cours des deux dernières décennies, a ainsi extrait entre 80 et 95 % des terres rares au niveau mondial (J. Seeman, « La Chine et les terres rares. Son rôle critique dans la nouvelle économie », *Notes de l'IFRI*, IFRI, janvier 2019). Elle possède aussi 44 % de ses réserves (T. Gaudiaut, « La

lequel la Chine représente 84 % de la chaîne de production, toutes étapes confondues[1], en passant par les batteries au lithium-ion, dont les entreprises chinoises représentent 52 % des ventes mondiales[2], et potentiellement aux véhicules électriques[3]. Les pays occidentaux ont largement autorisé Pékin à accéder à une position de domination du marché, faute à la fois de compréhension stratégique en amont du caractère vital de ces matériaux ou technologies, et de l'accès aux matières premières qu'il impliquait. Cette absence d'action concrète laisse à Pékin la capacité à la fois de dicter les règles du jeu et d'exercer un chantage.

Le deuxième type de dépendance est ce qu'on pourrait appeler une subordination économique

---

Chine a la mainmise sur les terres rares », Statista, 17 novembre 2023). Les menaces récurrentes de restriction à l'exportation de la part de Pékin ont conduit plusieurs pays occidentaux à relancer tant la production, avec toutefois d'importantes limites liées aux gisements disponibles et à la pollution intense créée par leur exploitation, que le raffinage des terres rares (P. Escande, « La Chine accentue la nationalisation du secteur des terres rares », *Le Monde*, 2 juillet 2024).

1. T. Gaudiaut, « La Chine domine la production mondiale », Statista, 3 mai 2023.

2. R. Capliez, C. Grekou, E. Hache et V. Mignon, « Batteries lithium-ion: cartographie dynamique de la chaîne de valeur et perspectives », *Policy Brief* 48, CEPII, octobre 2024.

3. La Chine profite de son marché intérieur, où la part des véhicules électriques atteint 45 %, à la fois pour innover et pour réduire drastiquement les coûts de production. En deux ans, elle a ainsi accru ses exportations de véhicules électriques de 80 % (O. Kalmykov, « Comment la Chine est devenue la première puissance automobile mondiale », *BBC News*, 10 mai 2024). C'est ainsi que se prépare la domination technologique.

inversée, autrement dit le caractère crucial de l'investissement en Chine pour l'industrie d'un pays tiers. L'exemple premier est celui de l'Allemagne dont les investissements là-bas représentent 10,3 % des investissements allemands à l'étranger[1]. Ceux-ci ont d'ailleurs encore augmenté en 2024. La Chine reste le premier partenaire commercial de Berlin malgré des velléités de retrait partiel qui s'accentuent. Cette forme de dépendance peut aussi créer tant une minimisation des violations des droits fondamentaux qu'une complaisance envers des investissements réciproques, comme en témoigne l'exemple du port de Hambourg où le géant chinois COSCO a obtenu une prise de participation de 24,9 % de la société d'exploitation du terminal Tollerort[2]. Cette ère pourrait toutefois être révolue, non seulement en raison d'une conscience accrue des risques que représentent ces investissements et d'une concurrence exacerbée sur le marché chinois des entreprises nationales, mais aussi d'un moindre besoin de Pékin de ces investissements.

Un troisième type de risque, porteur d'une dépendance potentielle, provient d'une concurrence défavorable pour les pays occidentaux dans l'accès aux métaux ou ressources rares dans des pays tiers. La Chine, ainsi, est loin d'être le premier producteur de lithium, mais a, avant les

---

1. S. Marsh, « Les investissements allemands en Chine atteignent un record », *Les Échos*, 14 février 2024.

2. Voir notamment M. Krpata, « Les ports allemands face à la Chine. Comment concilier ouverture, résilience et sécurité ? », *Études de l'IFRI*, avril 2024.

puissances de l'Ouest, sécurisé l'accès à ce métal et aux différents autres métaux entrant dans la composition des batteries. La Birmanie est ainsi devenue le principal fournisseur de la Chine en certains métaux rares critiques, lui procurant 40 % de ceux-ci, non sans causer des dommages irréversibles à l'environnement[1]. Cette exploitation va de pair avec le soutien de Pékin à la junte de Naypyidaw. La Chine exploite aussi l'essentiel des mines de cobalt de la République démocratique du Congo (RDC) – qui produit les trois quarts de la demande mondiale de ce métal – et en utilise environ 70 % pour sa propre industrie. Dans le même pays, elle exploite aussi coltan et cuivre. En Afrique du Sud, elle a une part significative dans l'exploitation de l'or, du cuivre, du bauxite et du platine[2]. Alors que la Russie a soutenu plusieurs juntes militaires dans certains pays du Sahel, notamment au Mali, au Niger et au Burkina Faso, Pékin accroît sa présence dans le secteur minier, en particulier dans l'or, l'uranium et le lithium[3]. Cette empreinte minière chinoise est également importante en Guinée, au Zimbabwe et en Zambie. Cette exploitation minière se double d'une exploitation humaine avec de nombreux signalements de violations majeures des droits

1. Ankit K, « China's Plunder of Myanmar's Rare Earth Wealth Threatens Global Security », *The Irrawaddy*, 28 décembre 2024.

2. F. Miguet, « Comment la Chine fait main basse sur le sous-sol africain », *Le Point*, 22 octobre 2023.

3. B. Roger, « Dans l'ombre de la Russie, la Chine pousse ses pions dans les mines du Sahel », *Le Monde*, 3 janvier 2025.

de l'homme et des droits sociaux des travailleurs africains[1]. Cette situation crée non seulement une dépendance de type colonial, accompagnée de nombreux liens de corruption, avec les pays africains concernés, mais renforce aussi le lien de dépendance des pays tiers envers la machine de production chinoise. Elle peut créer à terme des situations de quasi-monopole dans l'accès aux ressources naturelles et, partant, des industries de transformation.

Le quatrième type de dépendance résulte du fait que les avancées chinoises en matière de technologies numériques et d'intelligence artificielle peut contribuer à façonner les standards internationaux. Cette faculté était traditionnellement dévolue aux États-Unis, laissant depuis longtemps l'Europe loin derrière. Elle pose naturellement aussi des questions lourdes en matière de protection de la vie privée, de façonnement des normes comportementales et de sélection des informations. L'Europe a, non sans raison, d'abord ciblé les géants américains de l'Internet, les GAFAM, mais a largement oublié les big tech chinoises[2]. Dans le domaine de l'intelligence artificielle, la Chine entend devenir l'État qui façonne les normes et les pratiques au détriment des nations démocratiques, menaçant toute régulation et tout encadrement de l'IA. Il accroît

1. « Les mines chinoises en RDC et au Zimbabwe sont accusées de violations des droits de l'homme », *Africa Defense Forum*, 8 août 2023.

2. Voir N. Tenzer, « L'Union européenne doit protéger ses citoyens de l'intrusion technologique chinoise », *La Tribune*, 12 novembre 2020.

ainsi le risque d'un « techno-autoritarisme[1] » avec des effets dévastateurs sur l'écosystème de ce domaine encore en devenir.

Reste un cinquième facteur de dépendance, au demeurant multiforme : la présence massive d'investissements chinois dans un pays. Ces investissements, notamment parce qu'ils créent souvent des emplois et des richesses pour le pays d'accueil, constituent un moyen aisé de pression. Ils apparaissent aussi souvent comme un outil de développement d'un pays, même si pas toujours de manière optimale. Ils peuvent exercer une forme d'emprise : accès à des informations économiques ou autres privilégiées, avec des données de première main sur l'état de la concurrence, opportunités développées de procéder à de nouveaux investissements ou à d'autres acquisitions d'entreprises locales, y compris dans des secteurs technologiques sensibles, développement plus aisé de pratiques de pénétration par le biais de la corruption. Certes, la situation n'est pas analogue dans les pays en développement et les pays développés. Dans les premiers, la mainmise sur l'économie peut devenir quasi totale, laissant très peu de moyens aux pays de s'émanciper, du moins seuls. Dans les seconds, le risque paraît moins intense car ils ne peuvent être régentés par la Chine. Toutefois, cette dernière se trouve en position de mieux exploiter leurs fragilités et ce lien de dépendance ne peut être brisé de

1. B. Drexel, H. Kelley, « Behind China's Plans to Build AI for the World », *Politico*, 30 novembre 2023.

manière immédiate sans parfois menacer des pans entiers de l'économie.

Nous sommes donc là devant un danger systémique qui dépasse un seul pays. À partir du moment où de plus en plus d'États, notamment non développés, passent en large partie sous influence chinoise, cela donne un poids accru à Pékin dans les négociations internationales. Cet état de fait rend plus difficile d'alerter sur les risques qu'elle pose en matière de sécurité ou de droits fondamentaux. Cela multiplie enfin les liens entre ces pays mêmes, y compris dans une forme de résistance organisée à la lutte contre la corruption et les mauvaises pratiques de développement. C'est un des éléments de la désorganisation du monde que cherchent à instaurer Moscou et Pékin.

Peut-être parce que tous ces phénomènes combinés et cumulatifs finissent par devenir un peu trop voyants, une prise de conscience progressive a lieu. Certains pays d'Europe centrale et orientale, on le verra en détail plus loin, commencent à vouloir endiguer le phénomène de pénétration de la Chine dans la région. Peu d'ailleurs y ont échappé, y compris l'Ukraine avant le déclenchement de la guerre totale russe[1], qui faisait partie du projet des routes de la soie. La Pologne, clairvoyante depuis longtemps sur le danger russe, a cédé aux sirènes de Pékin et ne se reprend que progressivement.

---

1. J'ai alerté à ce moment-là sur ce sujet. Voir N. Tenzer, « Pourquoi Pékin veut conquérir l'Ukraine ? », *Atlantico*, 16 novembre 2021.

De manière générale, l'Union européenne commence, mais non sans que s'expriment des positions divergentes sinon centrifuges, à imaginer une stratégie non seulement d'élimination du risque posé par la Chine en son sein, mais aussi de diminution de son empreinte par une politique visant à remplacer ses investissements par des investissements européens dans d'autres zones. Cela tarde toutefois à se concrétiser.

L'Allemagne, pays européen le plus tourné vers la Chine, commence sérieusement à réévaluer sa stratégie[1]. La conscience du risque posé si les Allemands restent dans leur situation d'addiction économique commence à gagner tous les milieux : classe politique, dirigeants économiques, syndicats, société civile. Ce débat prend place dans le contexte d'une crainte de la désindustrialisation du pays, d'une perte de compétitivité et d'une montée dramatique du chômage. Elle renvoie plus indirectement à sa faute majeure qui, avec Nord Stream 2, si le projet avait été mené à son terme, l'aurait rendue encore plus dépendante du gaz russe – ce sur quoi les responsables politiques n'ont jamais articulé le moindre *mea culpa*. Non seulement les Allemands commencent à percevoir que certains investissements à l'étranger nuisent à l'emploi local, mais ils mesurent que le marché chinois, plus contraint et où se développe une concurrence interne, n'est pas l'eldorado qu'ils

1. Voir notamment C. Boutelet, « Dans l'industrie allemande, le rapport à la Chine est à un point de bascule », *Le Monde*, 14 avril 2024.

pensaient. Le risque de réputation, lié au génocide chinois à l'encontre des Ouïghours, joue aussi, comme l'a montré la fermeture de l'usine du Xinjiang de Volkswagen, qui toutefois ne quitte pas la Chine, malgré des ventes en berne sur ce marché[1]. De manière générale, on assiste à une plongée des investissements directs des entreprises en Chine, en particulier des États-Unis et du Japon[2]. L'absence de fiabilité des contrats y est pour beaucoup, mais est parfaitement assumée par les autorités de Pékin pour laquelle, aujourd'hui, ces investissements sont de moindre intérêt.

La politique de l'Union européenne à l'endroit de Pékin est loin de témoigner d'un abandon de ses ambiguïtés et elle ne saurait être considérée comme une stratégie bien construite, mais elle commence à se muscler. Nous ne sommes plus à l'époque d'espoirs, souvent naïfs, d'un partenariat équilibré avec la Chine, tant sur le plan économique que politique[3]. Plusieurs éléments ont joué en ce sens : les risques économiques et stratégiques des flux d'investissement dans les deux sens, le soutien de plus en plus marqué de Pékin à Moscou dans sa guerre contre l'Ukraine,

---

1. T. Madelin et R. Balenieri, « Volkswagen confirme son pari chinois mais quitte le Xinjiang », *Les Échos*, 27 novembre 2024.

2. S. Berriot, « L'économie chinoise fait face à une inquiétante baisse des investissements directs étrangers », Radio France, 29 février 2024.

3. Pour une synthèse historique des différentes étapes, voir J. Verdes, « 10 dates qui ont marqué les relations entre l'Union européenne et la Chine », *Toute l'Europe*, 6 mai 2024.

la montée de l'espionnage industriel, les violations majeures par Pékin des droits de l'homme à l'égard des Ouïghours, des Tibétains et des Hongkongais, la montée des menaces envers Taïwan et l'existence d'un révisionnisme de plus en plus affirmé.

Ce qui pouvait être envisageable à l'époque de Jiang Zemin et de Hu Jintao ne l'est plus dès lors que Xi Jinping a entraîné son pays dans une voie de confrontation. L'UE a parallèlement lancé plusieurs procédures contre Pékin : sanctions contre des personnes directement impliquées dans la répression au Xinjiang, procédure devant l'OMC contre des pratiques commerciales discriminatoires envers la Lituanie et actions juridiques antisubventions dans plusieurs secteurs (automobile, photovoltaïque, éolien). Elle a aussi mis en place en 2023 une série de mesures, renforcées fin 2024[1], visant à étayer sa « sécurité économique »[2] dont la mise en œuvre requiert une identification plus précise des secteurs effectivement stratégiques. Elle n'a pas pour autant adopté une politique volontariste visant à atténuer drastiquement ses échanges avec Pékin. Certains économistes[3]

1. T. Moller-Nielsen, « L'UE va élaborer une nouvelle "doctrine" pour renforcer la sécurité économique », *Euractiv*, 6 décembre 2024.

2. Voir V. Malingre, « Face à la Chine, les Européens cherchent à renforcer leur sécurité économique », *Le Monde*, 20 juin 2023.

3. Lire en particulier J. Pisani-Ferry, B. Weder di Mauro et J. Zettelmeyer, « De-risking : la sécurité économique de l'Europe dans un monde d'interdépendance », *Le Grand Continent*, 27 juin 2024.

considèrent pourtant qu'une telle voie, pourvu qu'elle soit progressive, vers un réel découplage n'aurait pas des conséquences majeures pour l'Europe.

Pour autant, l'Union européenne demeure au milieu du gué. Elle n'a pas dénoncé aussi ouvertement que les États-Unis de Biden et quelques-uns de ses membres l'aide déterminante offerte par Pékin à Moscou ; certains de ses États conservent encore l'illusion d'une entente avec la Chine pour avancer sur des dossiers communs, comme la lutte contre le changement climatique, voire pour mettre un terme à l'agression russe contre l'Ukraine ; elle ne s'est pas engagée, certes pas seulement à l'endroit de Pékin, dans un régime de sanctions extraterritoriales qui font la force de l'Amérique. Surtout, son plan présenté comme ambitieux[1], « Global Gateway », consistant à lancer un vaste programme d'investissements vers les pays des Balkans et certains États du Sud, n'a été suivi que d'effets limités, du moins pour l'instant. Certes, le projet en lui-même offre beaucoup de potentialités et pourrait se révéler novateur[2], mais le montant qui lui est alloué, auquel s'ajoutent les contraintes propres à l'UE,

1. V. Malingre, « L'Europe présente son projet à 300 milliards d'euros pour contrer les routes de la soie chinoises », *Le Monde*, 1er décembre 2021.

2. Voir notamment S. Tagliapietra, « The European Union's Global Gateway: An institutional and economic overview », *The World Economy*, 47/4, avril 2024, p. 1326-1335 ; S. Rodríguez Prieto, « Global Gateway's Moment of Truth », *European Democracy Hub*, 23 avril 2024.

reste malgré tout trop limité[1] pour répondre à la griffe de Pékin dans plusieurs pays.

D'autres pays commencent aussi à emprunter une voie de résistance, même si elle ne va pas jusqu'à véritablement freiner les actions de prédation chinoise. Ainsi, en République démocratique du Congo, les autorités, mais aussi les pouvoirs locaux, ont compris qu'elles pouvaient pousser la Chine à accepter des réévaluations des prix pour l'exploitation minière et lui tenir tête[2]. Ce n'est certes qu'un premier pas, mais cela montre la voie à suivre.

Ce début de résistance est également visible en Asie où le Forum des îles du Pacifique a rejeté le 30 août 2024 la demande des îles Salomon, de plus en plus placées sous domination chinoise[3], de rompre tout contact avec Taïwan, même si la plupart n'ont plus de relations diplomatiques avec l'île[4]. Le Forum a aussi dessiné les bases d'un partenariat policier entre elles afin de ne

1. A. García Herrero, « David and Goliath: The EU's Global Gateway versus China's Belt and Road Initiative », Bruegel, 16 décembre 2024.

2. Voir notamment R. Deberdt, J. DiCarlo, « La RDC est le plus grand producteur mondial de cobalt : comment le contrôle des élites locales peut façonner l'industrie mondiale des batteries », *The Conversation*, 9 septembre 2024. Les espoirs dont fait état cet article nous paraissent cependant à ce stade quelque peu excessifs.

3. P.-C. Pantz, « La Chine aux îles Salomon : arsenaliser l'élection pour gagner le Pacifique », *Le Grand Continent*, 27 mars 2024.

4. « Forum des îles du Pacifique : les dirigeants rejettent les appels à évincer Taïwan », France Info, 31 août 2024 ; « Face à la Chine, des îles du Pacifique s'accordent sur un partenariat policier commun », RFI, 28 août 2024.

pas laisser Pékin dicter ses propres règles de sécurité dans la région. Cette évolution est certes embryonnaire, tant l'influence chinoise y reste profonde[1], et ne pourra, concernant cette région du monde, aller sans un soutien fort de moyens États comme l'Australie et la Nouvelle-Zélande, ainsi que leurs alliés.

Une alliance de *containment*

Il ne saurait y avoir de recul de l'influence économique chinoise sans une forme de réengagement des pays occidentaux vers leurs partenaires du Sud. La réalité est que, par-delà les griefs du passé, principalement envers les États-Unis, l'absence des démocraties fait le lit de la présence chinoise. C'est vrai en Afrique, mais aussi en Amérique latine qui est devenue une terre de prédilection pour Pékin qui y investit de plus en plus massivement et y déploie, sans opposition, tous les leviers possibles d'influence. La Chine y a certes bénéficié de liens anciens, notamment avec les gouvernements de gauche marqués, parfois pour de bonnes raisons, par l'anti-américanisme, mais également de droite – les liens établis avec le Chili d'Allende n'ont pas cessé avec Pinochet, ni d'ailleurs après[2]. Dans tous les cas, elle n'a rencontré ni

1. Voir C. Paskal, « Les stratégies d'influence chinoises placent les îles du Pacifique en première ligne – une fois de plus », *Le Rubicon*, 3 avril 2024.

2. Voir l'article très complet sur la présence chinoise en Amérique latine d'A. Chaparro, C. Hennion et A. Montoya,

contradicteurs ni concurrents proposant à la fois des investissements sur la durée et un autre modèle de développement.

Cela a été aussi le cas au sein des organisations internationales à destination desquelles Pékin a construit une politique systématique, habile et à long terme d'influence[1] et, parfois, de quasi-contrôle. Forte de sa puissance économique et financière, la Chine est devenue le deuxième contributeur financier de l'ONU. Surtout, elle n'a pas hésité à accroître ses contributions volontaires à plusieurs de ses organisations spécialisées, quand bien même elle est loin d'être le principal donneur à ce titre, accroissant par là sa capacité à orienter leurs financements sur des programmes qu'elle jugeait conformes à ses intérêts[2]. Elle a aussi parfois investi les différents

---

« En Amérique latine, la Chine s'impose dans l'"arrière-cour" des États-Unis », *Le Monde*, 30 juin 2023.

1. Sur l'influence dans les « récits » et les votes, voir en particulier A. García Herrero, T. Storella et P. Weil, « China's Influence at the United Nations: Words and Deeds », Bruegel, 12 novembre 2024. À propos de l'influence au siège des Nations unies et dans les opérations de maintien de la paix, voir J. Feltman, « China's expanding influence at the United Nations – and how the United States should react », Brookings, septembre 2020. Un résumé d'une étude non publique de la School of International and Public Affairs de l'université Columbia pour le département d'État, « China's Influence in International Organizations » (printemps 2021), témoigne aussi de la préoccupation pressante quant à la manière dont, par ce biais, Pékin entend projeter un système de valeurs non libérales et opposées au droit international tel qu'il a été mis en place au sortir de la Seconde Guerre mondiale.

2. L'étude globale la plus détaillée est celle de C. J. Fung et S. H. Lam, « Mixed report card: China's influence at the

comités placés auprès de ces organisations pour influencer leurs orientations et leurs priorités. Le cas de l'Organisation mondiale de la santé est le mieux connu en raison de la manière dont elle a cherché à l'instrumentaliser lors de la crise de la Covid-19[1], mais quasiment toutes les organisations, politiques autant que thématiques, sont concernées.

Elle parvient aussi à occuper de plus en plus de postes majeurs au sein des organisations internationales[2] et réussit de manière accrue à y relayer sa propre vision idéologique hostile aux droits de l'homme, à susciter des références flatteuses aux nouvelles routes de la soie et à bloquer, même en dehors du Conseil de sécurité des Nations unies, des décisions qui lui déplaisent. L'élection du Chinois Qu Dongyu à la tête de la FAO, loin d'être un cas isolé, a montré que Pékin pouvait utiliser tous les moyens possibles d'influence pour sécuriser un vote en sa faveur[3], sans que cela entraîne la moindre contre-réaction. Un

---

United Nations », Lowy Institute, 18 décembre 2022. Les auteurs insistent toutefois, tout en montrant son ampleur, sur certaines limites de cette influence.

1. Voir notamment H. Feldwisch-Drentrup, « How WHO Became China's Coronavirus Accomplice », *Foreign Policy*, 2 avril 2020, et P. Benkimoun, M. Bourreau et F. Lemaître, « Les liaisons dangereuses entre l'OMS et la Chine ont marqué la crise du coronavirus », *Le Monde*, 27 avril 2020.

2. E. Véron et E. Lincot, « Organisations internationales : le spectre d'une hégémonie chinoise se concrétise », *The Conversation*, 21 avril 2020.

3. « Le vote des États africains pour la Chine à la FAO est un signal adressé à la communauté internationale », entretien avec Jean-Jacques Gabas, *Le Monde*, 13 septembre 2019.

rapport d'un consortium de journalistes allemands a montré comment sa présence à la tête de la FAO fut extrêmement bénéfique pour les intérêts chinois – ce qui n'est guère le cas avec des directeurs généraux d'organisations internationales d'autres pays[1]. Il n'y a toutefois aucun fatalisme comme en témoigne l'échec, en 2020, de la candidate chinoise à la tête de l'Organisation mondiale de la propriété intellectuelle (OMPI)[2] : ce précédent nous prouve qu'une mobilisation des pays est possible et qu'on peut faire valoir de bonnes raisons pour barrer la route à une personnalité susceptible d'avancer de manière indécente les intérêts de Pékin.

Or, cette alliance de *containment* requiert quatre types d'implication directe de la part des démocraties.

Le premier investissement, auquel on prête généralement peu attention, est doctrinal. Il s'agit de démontrer aux États tentés de suivre la Chine dans ses politiques, mais aussi ses votes, que ce qu'elle propose ou prépare plus secrètement est contraire à leurs intérêts. Cela oblige les démocrates à effectuer un travail en profondeur, notamment sur les modèles de développement proposés, les conséquences géostratégiques d'un pouvoir accru de la Chine et la dangerosité de certaines de ses alliances. Cela requiert surtout d'établir un modèle alternatif crédible. C'est

1. A. Nabert *et al.*, « How China Is Instrumentalizing the FAO », « *Tagesschau* », ARD1, 30 juin 2023.

2. F. Godement, « La Chine aux Nations unies – le cas de l'Organisation mondiale de la propriété intellectuelle », Institut Montaigne, *Expressions*, 12 mars 2020.

d'autant plus nécessaire que la Chine maîtrise l'art de la conceptualisation et sait synthétiser en des formules attractives et imagées sa politique d'influence. Les critiques des démocraties envers Pékin sont à juste titre acerbes, par exemple sur la prédation des ressources et la durabilité en matière d'écologie – notamment de biodiversité, par exemple la surpêche au large des côtes africaines. Elles soulignent aussi l'insoutenabilité de l'endettement auquel elle soumet certains pays ou des termes de l'échange littéralement néocoloniaux. Or, d'autres solutions crédibles de partenariat et de développement sont rarement proposées, en tout cas avec une dimension équivalente à ce qu'entreprend Pékin.

Le deuxième type d'investissement est donc économique. Oui, il faut le redire : contrer la Chine, que ce soit en Afrique, en Amérique latine, en Asie centrale et du Sud-Est et dans certains pays européens coûte cher. Les coûts s'accroîtront encore d'année en année, mais le prix à payer si nous ne faisons rien sera plus lourd encore plus tard. Il aurait été certainement moins onéreux de commencer à le faire il y a vingt ans, à une époque où il était plus facile de combattre, sur le plan du commerce, de l'investissement et de l'aide au développement de manière générale, les perspectives déjà visibles d'expansion de la Chine. Ainsi, l'accélération de la mise en œuvre et l'augmentation des fonds disponibles dans le cadre du *Global Gateway* sont une nécessité. Il ne saurait être question non plus de poursuivre une voie totalement séparée. Quelles que soient les difficultés à venir de l'Europe avec l'administration Trump, il est nécessaire d'élaborer autant que possible une stratégie commune des démocraties, européennes, américaines – désormais sans doute plus le Canada que les États-Unis – et asiatiques. En Afrique notamment, le jeu séparé de l'Union européenne et des États d'Amérique du Nord – conjugué à une implication intermittente de ceux-ci sur le continent – a empêché de parvenir à une masse critique de financements. Utilisés de manière concertée, ces fonds auraient permis de limiter dans certains pays la présence chinoise.

Une troisième nature d'investissement est précisément stratégique. Il s'agit de concevoir un *modus operandi* global qui conjugue instruments économiques, lois et régulations, renforcement militaire, dissuasion, contre-renseignement et contre-ingérence et influence. Cette stratégie doit se déployer dans le temps autant que dans l'espace – car nul ne saurait imaginer un reflux rapide de la domination chinoise dans certaines régions ni l'arrêt de ses activités hostiles (espionnage, vol des données, déstabilisation, interférences par le biais notamment de certaines diasporas). Cela suppose que les démocraties agissent de manière groupée, se fixent des objectifs quantitatifs et ne ferment pas les yeux sur certaines réalités dérangeantes, y compris la présence potentielle d'agents d'influence au sein du pays, même si celle-ci n'est sans doute pas encore aussi développée que la russe.

Enfin, un quatrième investissement est diplomatique et, là aussi, il doit être le plus possible coordonné entre alliés. Ce n'est toutefois pas le jeu essentiel des grandes puissances : les États-Unis, la France et le Royaume-Uni sont, pour de bonnes ou mauvaises raisons, moins audibles, notamment par les États du Sud, que d'autres nations, plus modestes et au passé historique moins lourd. Ce sont elles qui auront à faire valoir que ces pays du Sud ont tout intérêt à se détacher progressivement de Pékin. Mais ce seront les plus grandes puissances, disposant de moyens propres, qui devront rapidement prendre le relais en matière économique. Cela suppose un engagement auprès des États d'Afrique, d'Asie ou d'Amérique latine, un à un, qui ont pris l'habitude de voter avec la Chine dans les instances internationales, que ce soit sur des résolutions, des législations ou sur des nominations. Ce sont là aussi les petits et moyens États qui seront la clé du succès de cette alliance de *containment*.

3

La longue émergence des puissances moyennes asiatiques

Il n'y a certes pas une Asie, mais des « Asies » multiples. Le continent, dont les 4,8 milliards d'habitants représentent plus de la moitié de la planète (8,1 milliards)[1], paraît pourtant marqué par les interactions de chacun des pays qui le composent avec la puissance dominante : la Chine. L'Asie semble en quelque sorte unie seulement par les relations de Pékin, souvent conflictuelles, avec ses voisins. L'Inde, pays le plus peuplé au monde avec plus de 1,4 milliard d'habitants, soit 19 % de la population mondiale, reste une puissance sous-régionale en matière d'influence et de politique étrangère. Il en va ainsi aussi de l'Indonésie, du Pakistan, de la Malaisie et du Bangladesh.

L'Asie est fracturée entre l'Asie centrale, le Caucase du Sud, dont la population lorgne vers l'Europe pour des raisons politiques et culturelles

1. À l'horizon 2100, sa population devrait toutefois légèrement diminuer, passant à 4,6 milliards d'habitants, alors que la population africaine devrait plus que doubler (passant de 1,5 milliard aujourd'hui à 3,8) (Statista, « Nombre d'habitants dans le monde en 2024 et 2100, par continent », 3 juillet 2024).

(Géorgie, Arménie), la partie asiatique de la Russie, elle-même sans unité, l'Asie du Sud, l'Asie du Sud-Est et l'Asie du Nord-Est, sans parler d'un vaste Moyen-Orient (essentiel du territoire de la Turquie, Iran, pays du Golfe) qui a ses caractéristiques propres. L'Asie est aussi la zone où l'on trouve le plus grand nombre de musulmans au monde et les quatre pays les plus peuplés de personnes pratiquant l'islam (Indonésie : 229 millions ; Pakistan : 200 millions ; Inde : 195 millions ; Bangladesh : 154 millions)[1]. La différence entre les traditions, cultures, croyances et régimes de ces pays est telle que le terme « valeurs asiatiques », popularisé tant par le fondateur et dirigeant de Singapour Lee Kuan Yew – qui a toutefois, par la suite, préféré parler plus précisément de « valeurs confucéennes[2] » – que par l'ancien Premier ministre malais Mahathir Mohamad, n'a aucun sens, sinon comme une improbable synthèse artificielle à des fins politiques. Du côté occidental, cette notion n'a fait qu'alimenter les clichés convenus et la propension connue à l'orientalisme[3]. Sans y revenir ici, l'Occident entretient l'image de sociétés par principe

1. « Nombre de musulmans en 2023 par pays », Statista, 24 janvier 2024.

2. Voir notamment, sur ce point et l'instrumentalisation de la notion à des fins politiques, C.Y. Hoon, « Revisiting the Asian Values Argument Used by Asian Political Leaders and its Validity », *Indonesian Quarterly*, 32(2), 154-174.

3. Le concept est donc à la fois « une construction occidentale et un débat à l'intérieur de l'Asie elle-même » (T. N. Harper, « Historiographical Review. "Asian Values" and Southeast Asian Histories », *The Historical Journal*, vol. 40/2, juin 1997, p. 508).

et tradition dans l'acceptation de l'autoritarisme politique et de la dissolution de la personne dans le groupe – ce que ne confirme aucune enquête sociologique sérieuse, *a fortiori* sans distinction entre les différentes parties de l'Asie[1].

L'Asie est aussi une zone de conflits larvés, parfois chauds à certaines périodes : Inde/Pakistan, Inde/Chine, deux Corées, Chine face aux Philippines (îles Spratleys et arraisonnement de bateaux de pêche philippins par Pékin), au Vietnam (îles Paracels et îles Spratleys aussi) et au Japon (îles Senkaku), Tadjikistan/Kirghizistan, sans parler de Taïwan. Il faut y ajouter les guerres ou conflits internes, qui peuvent dégénérer en affrontements plus ou moins sévères, et l'implantation, parfois forte et durable, de mouvements terroristes (Sri Lanka, Birmanie, Indonésie, Philippines, Thaïlande).

L'ASEAN regroupe dix États de la région, mais son rôle reste des plus limités en matière de résolution des conflits[2]. Les intérêts de ses membres sont aussi largement divergents, ce qui explique notamment leur incapacité[3] à défendre une position

1. Pour une étude relativement ancienne – on peut faire l'hypothèse d'une évolution vers encore moins d'homogénéité et d'acceptation tacite de ce qu'on met sous ces valeurs –, voir S. Y. Kim, « Do Asian Values Exist? Empirical Tests of the Four Dimensions of Asian Values », *Journal of East Asian Studies*, Cambridge University Press, vol. 10/2, mai-août 2010, p. 315-344.

2. Voir A. Khaerani Epstein, « ASEAN still torn over security challenges », Geopolitical Intelligene Services (GIS), 2 octobre 2024.

3. J. Kurlantzig, « ASEAN's Complete Failure on Myanmar : A Short Overview », Council on Foreign Relations, 29 août 2022.

commune sérieuse – autre que de simples appels à la cessation des hostilités et à l'expression d'une « préoccupation – et surtout ferme à l'égard du gouvernement de l'un des leurs, en l'occurrence la Birmanie, multipliant les crimes de masse contre sa population. Le plan de paix en cinq points proposé par l'ASEAN prend soin de ménager toutes les parties. Bien que sans aucune sanction contre la junte, ce plan n'a jamais été respecté. Certes le pays a été écarté des sommets, encore qu'incomplètement. Surtout, l'ASEAN exclut toute mesure coercitive, les États voisins prenant seulement soin d'éviter l'extension du conflit armé et violent entre la junte et son opposition.

Donc si certains de ses responsables m'ont plusieurs fois affirmé qu'ils considéraient l'Union européenne comme un modèle, il n'est guère de chance qu'ils parviennent à lui ressembler dans un avenir proche. Les formats associés (ASEAN + 3 et ASEAN + 6) sont également des forums d'échange, mais non d'action. Certains craignent même que l'incapacité de l'ASEAN à s'unir devant la guerre civile en Birmanie et les exactions de la junte ne soit le clou final planté sur le cercueil de l'organisation, avec des conséquences plus graves que beaucoup ne l'entrevoient pour toute la région[1].

Pour beaucoup de pays de la région, le seul facteur de protection reste les États-Unis, mais comme on l'a vu, ce parapluie de sécurité est

1. Voir en ce sens M. J. M. Watts, « Is Myanmar an existential threat for ASEAN? », Australian Strategic Policy Institute (ASPI), *The Strategist*, 11 mai 2023.

perçu de manière de plus en plus incertaine. Outre les pays liés à Washington par un accord (traité de coopération mutuelle et de sécurité avec le Japon et traité de défense mutuelle avec la Corée du Sud, auxquels s'ajoute un pacte trilatéral, signé en 2023, entre les trois pays, traité de défense mutuelle avec les Philippines, augmenté en 2014 d'un accord de coopération renforcée en matière de défense et en 2024 d'un accord de renseignement militaire et de partage technologique), les coopérations de sécurité se sont accrues avec un partenariat stratégique global avec le Vietnam (2023), malgré les liens forts entre Hanoï et Moscou. Existent aussi un accord de portée limitée avec l'Inde, qui bute sur les relations de ce pays avec la Russie, et des accords plus discrets avec la Thaïlande et Singapour, la cité-État cherchant à ne pas s'aliéner la Chine. Les relations entre Washington et Jakarta n'ont pas été officialisées par un traité. S'ajoutent les instances du Dialogue quadrilatéral pour la sécurité (Quad et Quad+). Le fait est qu'il n'existe pas d'OTAN asiatique.

Il y a, à ce stade, encore moins de *de-risking*, pour reprendre l'expression d'Ursula von der Leyen, des pays de la zone avec la Chine. La tendance observée va même dans le sens contraire pour plusieurs États. Pékin a les moyens économiques de remplacer Moscou en Asie centrale et en Mongolie. La Chine développe ses investissements en Indonésie et en Malaisie, dont elle est le principal partenaire commercial depuis déjà 2009. Malgré des relations tendues et une prise de conscience des autorités vietnamiennes des risques politiques que représentent les investissements chinois et la dépendance commerciale envers Pékin, la Chine est devenue le premier partenaire commercial de Hanoï depuis 2010, surpassant Kuala Lumpur en 2018. Il est significatif que les investissements chinois soient massifs dans les télécommunications et l'Internet vietnamiens[1], mettant le pays en péril en cas de tensions accrues avec Pékin.

Les difficultés dans l'affirmation et la quête d'autonomie de plusieurs pays de la zone sont dues à quatre facteurs plus ou moins aisés à atténuer ou à lever.

Le premier est la permanence de conflits ou fortes tensions internes qui conduisent les gouvernements à se focaliser d'abord sur les sujets intérieurs. Ils contribuent aussi à entraver le développement du pays, ce qui accroît la dépendance, l'inégalité dans l'accès aux ressources et parfois la ségrégation de certains groupes ou communautés nourrissant à son tour rébellions et contestations violentes.

Le deuxième facteur est l'existence, souvent combinée, de gouvernements autoritaires, sinon dictatoriaux, et d'une corruption endémique dont savent jouer les États révisionnistes dominants, Chine essentiellement, plus accessoirement Russie. Pékin n'a pas les mêmes scrupules que

1. Pour une étude détaillée, voir J.-P. Eglinger, « Chine – Vietnam : la difficile émancipation “Bằng mặt không bằng lòng” », Centre de recherche appliquée de l'École de guerre économique, 16 juillet 2024.

les pays de l'OCDE liés par la Convention du 21 novembre 1997 sur la lutte contre la corruption d'agents publics étrangers dans les transactions commerciales internationales.

Un troisième élément est l'absence de mécanismes de coopération suffisants entre les États et d'organisation commune de la lutte contre les puissances extérieures ayant l'ambition de vassaliser ces pays. Aujourd'hui, la règle qui prévaut est plus le chacun pour soi que la solidarité, ce qui témoigne assurément d'une faiblesse de l'ASEAN.

Enfin, les grandes démocraties de la région (Japon, Corée du Sud, Australie) n'investissent pas suffisamment dans leurs relations avec ces États, encore moins de manière coordonnée, tant sur le plan économique que, surtout, politique. Pour la plupart des États de la zone, la Chine apparaît comme le seul pays non seulement ayant les moyens de ses ambitions, mais avant tout capable de fournir des biens dont ils estiment avoir besoin, et, plus encore, d'avoir une politique structurée d'investissement. Il est toujours possible, au cas par cas, dans cette région du monde et d'autres, de discuter la pertinence ou la valeur des investissements chinois, mais Pékin est capable de formuler une offre, ce que d'autres puissances – de la région ou d'ailleurs – paraissent incapables de faire.

L'Asie centrale en quête d'une double indépendance

L'Asie centrale ne saurait être considérée comme une région d'une totale homogénéité[1]. Les cinq anciennes républiques soviétiques (Kazakhstan, Ouzbékistan, Tadjikistan, Kirghizistan, Turkménistan) devenues indépendantes en 1991 et la Mongolie – pour ne pas intégrer à la zone des parties d'autres États – n'ont ni la même histoire ni les mêmes caractéristiques sur le plan économique et stratégique. Elles n'ont pas non plus le même potentiel d'évolution vers un régime fondamentalement démocratique – ce qu'aucun n'est aujourd'hui réellement. Mais tous ces pays ont pour caractéristique première d'être placés sous la domination de la Russie et d'être de plus en plus dépendants de la Chine, tout en en tirant profit pour leur développement. Beaucoup d'entre eux sont aussi à ce point fragiles qu'ils ont été contraints d'accepter de devenir les plaques tournantes en matière de contournement des sanctions envers Moscou. Mais il est souvent annoncé que le jour où, peut-être, ils se libéreront de la tutelle russe sera celui où ils tomberont dans le giron chinois – on n'aura d'ailleurs pas trop besoin d'attendre, tant cette voie paraît bien entamée. Ce n'est pourtant ni leur intérêt

1. Pour une caractérisation historique et culturelle de cette région, voir V. Fourniau, « Qu'est-ce que l'Asie centrale ? », *Outre-Terre*, 2006/3, n° 16, p. 15-29.

en matière de développement et de sécurité, ni celui des démocraties occidentales.

Certains dirigeants de la région commencent à affirmer leur volonté de s'émanciper au moins de la tutelle russe, tout en cherchant à éviter toute voie vers la démocratie. Il leur est aussi difficile aujourd'hui de rompre clairement avec Moscou. Ils comprennent aussi que, au regard de leur intérêt, tant sur le plan économique qu'en matière de politique étrangère, mais aussi eu égard à leur fierté nationale, une option chinoise trop exclusive n'est pas sans danger grave pour leur avenir. Ils saisissent cependant l'intérêt convergent avec l'Ouest de contribuer à la sécurité d'une zone instable et stratégiquement dangereuse, bordée non seulement par la Russie et la Chine, mais aussi le Pakistan et l'Afghanistan. Ni la Russie ni la Chine ne peuvent être leurs pourvoyeuses de sécurité.

Astana offre un bon exemple de cette ambiguïté. D'un côté, le président Kassym-Jomart Tokaïev ne manque pas une occasion pour montrer qu'il cherche à se distancer de la Russie, parlant devant Poutine en kazakh et non en russe[1], ironisant en 2024 sur les résultats acquis de l'élection présidentielle russe, affirmant sa neutralité dans la guerre russe contre l'Ukraine, refusant de reconnaître l'annexion par Moscou des territoires ukrainiens et allant jusqu'à annuler la traditionnelle parade militaire du 9 mai. D'un autre côté, son pays fournit à la Russie des biens à usage dual (produits à usage civil dont les composants

1. J. Burke, « Kazakh president uses language to deliver a surprising message to Russia », *Eurasianet*, 10 novembre 2023.

peuvent être utilisés par l'industrie de défense)[1] pour sa guerre – même si son président a affirmé qu'il allait y mettre un terme –, parfois en transit depuis la Chine, lui envoie des signaux clairs sur la non-application des sanctions et accueille de manière massive des investissements russes, quand bien même les États-Unis et l'Europe sont désormais les premiers investisseurs dans le pays. C'est ainsi notamment que Moscou maintient son emprise, au-delà même de la dette que Tokaïev a envers lui pour lui avoir permis de conserver son pouvoir après les émeutes de janvier 2022 – même si la présence des troupes de l'OTSC a été en réalité symbolique puisque celles-ci n'ont pas été véritablement actives dans la répression du mouvement de protestation[2]. La moitié des entreprises étrangères sont russes ; l'ancienne puissance coloniale contrôle l'oléoduc qui permet d'exporter le brut kazakh – 60 % du PIB du pays – et 25 % de la production d'uranium. Cela n'empêche pas que la Chine ait dépassé la Russie comme premier partenaire commercial du Kazakhstan[3].

1. Voir C. Schreck, « Central Asian Whack-A-Mole: Western Tech Evades Sanctions, Feeds Russian War Machine », 17 juillet 2023 ; S. Fanger, « Central Asia's Gateway of Dual-Use Technology and Materials to Russia », Caspian Policy Center, 28 mars 2024.

2. A. Libman et I. Davidzon, « How to intervene symbolically: The CSTO in Kazakhstan », Chatham House, 27 juin 2023.

3. Sur ces données et les limites de l'émancipation du Kazakhstan, voir notamment K. Mallinson, « Russia's influence in Kazakhstan is increasing despite the war in Ukraine », Chatham House, 28 février 2024.

Paris a aussi entrepris de construire une relation plus durable avec Astana comme en témoigne la visite d'Emmanuel Macron en novembre 2023, au cours de laquelle il a plaidé pour le développement d'un « corridor médian à travers la mer Caspienne » afin de « relier l'Europe et l'Asie centrale[1] » qui permette de faire pièce aux routes logistiques de Pékin et de Moscou, et la visite retour du président kazakh en France un an après[2]. Astana est certes un partenaire stratégique pour la France qui lui fournit 40 % de son uranium, mais Moscou reste le principal obstacle à un partenariat plus affirmé avec tout pays occidental. Tokaïev sait jusqu'où il peut aller, du moins pour l'instant, dans ses velléités d'indépendance.

Pour l'Ouzbékistan, la volonté de distance se fait jour progressivement : à la différence de la plupart des autres pays d'Asie centrale, Tachkent n'est pas membre de l'OTSC ni de l'Union économique eurasiatique. Toutefois, quoique de plus en plus dépendante de Pékin économiquement, elle ne peut aujourd'hui se passer de Moscou, ni en matière d'investissements ni sur la gestion des travailleurs ouzbeks présents par millions en Russie[3]. Pour l'instant,

1. « Au Kazakhstan, Macron plaide pour "un corridor" reliant "l'Europe et l'Asie centrale" », France 24, 1er novembre 2023.

2. B. Quénelle, « Entre Emmanuel Macron et Kassym-Jomart Tokaïev, un partenariat franco-kazakh sous l'œil de Moscou », *Le Monde*, 5 novembre 2024.

3. Voir notamment J. Engvall et H. von Essen, « Putin in Uzbekistan, May 26-27, 2024 », Stockholm Center for Eastern European Studies (SCEEUS), 27 mai 2024.

la Russie fait d'une certaine manière la courte échelle à la Chine, l'une et l'autre ayant un intérêt commun à ce que ni la Turquie ni les pays occidentaux soient les principaux gagnants d'une réorientation de cet État le plus peuplé d'Asie centrale vers l'Ouest.

Le Kirghizistan offre un autre exemple de potentielle émancipation, même si le pays est aujourd'hui ancré dans l'orbite russe et chinoise. Le pays a traversé plusieurs épisodes de révolte, sinon de révolution, en 2005 avec la révolution des Tulipes, en 2010 avec l'instauration d'un système plus équilibré entre le Parlement et le président, et encore en octobre 2020 avec la troisième révolution kirghize. Si ces espoirs de changement, parfois entrevus[1], n'ont pas duré et le gouvernement a rapidement mis un terme à toute évolution démocratique, l'aspiration à l'émancipation demeure sur fond d'une crise économique persistante. Aujourd'hui, le Kirghizistan est très actif dans le contournement des sanctions imposées à la Russie avec la livraison de nombreux biens à usage dual et, de manière plus générale, de biens en provenance de pays européens. Il est sans doute aujourd'hui le principal point de transit entre les échanges qui se maintiennent entre les pays occidentaux et Moscou[2]. Les sanctions extraterritoriales imposées par les États-Unis

---

1. K. Mallinson, « Kyrgyzstan's Protracted Political and Economic Crisis », Chatham House, 3 mars 2022.

2. Voir notamment I. Lahiri, « Échanges : comment le Kirghizistan est devenu la plaque tournante de Moscou », Euronews, 30 septembre 2024 ; R. Brooks, « Transshipments from the EU to Russia », Brookings, 12 septembre 2024.

semblent avoir eu encore peu d'impact[1]. Le Kirghizistan est dépendant à hauteur de 30 % de son PIB des ressources renvoyées par les travailleurs kirghizes travaillant en Russie. Son régime s'est orienté vers une répression de plus en plus intense à l'égard des médias et a adopté une loi de type russe sur les « agents étrangers »[2]. Même les poètes traditionnels kirghizes sont victimes d'une répression accrue en raison de leur impertinence[3]. Pour autant, le pays a refusé en octobre 2022 d'accueillir les traditionnels exercices militaires de l'OTSC[4]. Autre fait significatif, le Parlement a voté, fin 2023, une loi obligeant les fonctionnaires, députés, enseignants et personnel de santé à parler kirghize[5], une volonté qui ressurgit dans d'autres pays, au même titre qu'en Ukraine et chez les opposants en Bélarus. On pourrait toutefois avancer que, alors que parler russe en Ukraine n'est pas le signe d'une adhésion à l'impérialisme russe, la disparition programmée, pour des raisons démographiques, du russe en Asie centrale n'est pas *en elle-même* le signe et l'annonce d'une émancipation.

1. « Kyrgyzstan faces difficulties enforcing West's Russia sanctions », Voice of America, 26 décembre 2024.

2. Voir notamment C. Delmas, « Kirghizistan, la dérive autoritaire : "Nous sommes devenus les otages de la Russie" », *L'Express*, 23 juin 2023.

3. E. Collet, « Au Kirghizistan, le pouvoir opprime la rime », *Le Monde*, 25 novembre 2024.

4. S. Kourdouli, « Guerre en Ukraine : les pays d'Asie centrale face au dilemme du "partenaire toxique" russe », *Libération*, 22 février 2023.

5. « Un futur sans la langue russe en Asie centrale ? », *Novastan*, 9 mars 2024.

Le Tadjikistan n'est pas dans une situation très différente des autres pays d'Asie centrale. Il dispose de la plus importante base soviétique de la région et est membre de l'OTSC, quand bien même il refuse de rejoindre l'Union économique eurasiatique. Son président a aussi demandé publiquement à Poutine de témoigner du « respect » pour ces républiques. Il a d'ailleurs pris quelques distances après les discriminations contre les travailleurs tadjiks en Russie, qui rapportent plus d'un tiers du PIB du pays, après l'attentat le 22 mars 2024 contre le Crocus City Hall à Krasnogorsk, dans la banlieue de Moscou[1]. Les liens entre les deux régimes demeurent axés toutefois sur un intérêt commun pour la répression.

Or, ce pays autoritaire, présidé par Emomali Rahmon depuis 1994, est aussi en proie à plusieurs crises internationales : incidents meurtriers à propos de la délimitation de la frontière avec le Kirghizistan et surtout sécurisation de sa frontière avec l'Afghanistan. Il a aussi connu une guerre civile sanglante entre 1992 et 1997, où le nombre de victimes dépassa les 100 000[2]. De manière significative, la Chine y a aussi ouvert discrètement deux avant-postes militaires[3], ne

---

1. Voir sur cet attentat et ses implications finalement limitées dans la relation entre les deux pays, T. Umarov, « Moscow Terror Attack Spotlights Russia-Tajikistan Ties », Carnegie Endowment for International Peace, 28 mars 2024.

2. Sur cette guerre, voir notamment Sobiri, « The long echo of Tajikistan's civil war », *Open Democracy*, 23 juin 2017.

3. Voir A. Protassov, « L'engagement sécuritaire de la Chine au Tadjikistan : quelles implications pour la Russie et l'Asie centrale ? », *Notes de la FRS*, 19/2022, 3 mai 2022.

faisant confiance ni au pays, pauvre et peu investi dans la défense, ni de plus en plus à la Russie, affaiblie par sa guerre contre l'Ukraine et dont les capacités de porter assistance à un voisin en cas d'attaque massive sont plus qu'incertaines. Les États-Unis ont développé de modestes relations avec Douchanbé dans le domaine de l'eau (traitement, barrages, réserves hydriques), mais aussi du contre-terrorisme et de la lutte contre les trafics de stupéfiants. Il était difficile d'aller plus loin à ce stade, compte tenu à la fois de son appartenance à l'OTSC et de la nature du régime. Toutefois, un effondrement de la Russie, qui doit rester un objectif stratégique, et la présence encore limitée de la Chine dans ce pays pourraient conduire les alliés à y investir plus compte tenu des risques majeurs de sécurité dans cette région.

Avec le Turkménistan, un des pays les plus fermés du monde, la Russie entretenait traditionnellement des relations plus distantes, mais celles-ci se sont renforcées depuis la guerre russe contre l'Ukraine[1]. Les deux États partagent aussi la même volonté répressive envers les opposants et y coopèrent à l'occasion. Pour autant, ces signes de rapprochement n'ont pas donné lieu aux résultats espérés par Moscou, notamment en matière de partenariat gazier, depuis longtemps en projet. Le pays affiche aussi une neutralité dont il ne se départit pas

1. Voir notamment S. Horak, « Russian Influence in Turkmenistan: Rapprochement or Pragmatism? », *The Central Asia-Caucasus Analyst*, 17 janvier 2024.

et développe des relations avec la Turquie, avec laquelle il partage en partie la langue – le turkmène étant non seulement une langue turcique, mais aussi compréhensible par les Turcs –, mais sans que cela se traduise sur le plan commercial, malgré un début d'achat de gaz par Ankara[1]. C'est, là aussi, la Chine qui voit son influence progresser. Achgabat exporte massivement son gaz vers Pékin, qui compte pour 75 % de ses exportations totales, dont 75 % en gaz. Le Turkménistan est aussi le second exportateur de gaz par oléoduc pour la Chine après l'Australie[2]. Il est un exemple de pays qui cherche à limiter sa dépendance à l'égard de Moscou mais qui en cela devient dépendant de Pékin. Le caractère fermé du pays conduit pour l'instant tant Washington que Bruxelles à des relations limitées, malgré une assistance américaine assez ténue liée à la frontière que le pays partage avec l'Afghanistan.

La Mongolie est sans doute le pays de la région placé devant la situation géographiquement la plus difficile. Totalement enclavé, il n'a que deux frontières : avec la Russie et avec la Chine. Il a donc un quasi-besoin pratique de relations non dégradées avec ces pays pour pouvoir commercer avec le reste du monde. Le pays était resté longtemps dans l'orbite de l'URSS, subissant aussi à

---

1. A. Łoskot-Strachota, A. Michalski, « The start of a process? Turkey and Turkmenistan are planning gas cooperation », Centre for Eastern Studies, 29 mars 2024.

2. M. Popławski, M. Bogusz, K. Strachota, « Turkmenistan's President visits Beijing: Chinese gas diplomacy », Centre for Eastern Studies, 19 janvier 2023.

l'époque stalinienne des purges monstrueuses[1], et il reste contraint de ne pas se dresser frontalement contre Moscou. Tout en cherchant à diversifier ses contacts avec l'Occident dans le cadre de la politique dite du « troisième voisin », la Mongolie a pris le risque d'être le premier pays violant, sur ce point, le droit international en autorisant Poutine à fouler son sol le 3 septembre 2024 sans l'arrêter – et ce, alors même qu'Oulan-Bator est partie au Statut de Rome. Les autorités mongoles reçurent des réactions indignées du monde entier et des remontrances officielles de la Cour pénale internationale[2]. Ce fut un vrai faux pas, qui a jeté une ombre sur la politique d'équilibre prudent du pays, que n'aurait jamais fait l'ancien président démocrate Tsakhia Elbegdorj (2009-2017), extrêmement vocal quant il s'agissait de s'élever contre Moscou.

Même si elle est officiellement neutre, en particulier au regard de la guerre russe contre Kyiv – elle s'est abstenue de voter les résolutions de l'ONU condamnant l'invasion de l'Ukraine et demandant le retrait des troupes russes –, la Mongolie est un des rares pays membres de l'Union économique eurasiatique, mais son principal partenaire commercial reste la Chine (31 % de ses importations, mais surtout 90 % de ses

1. Voir notamment L. Chiu, « Mongolia-Russia Relations – A Bloody Friendship », *Kyiv Post*, 3 septembre 2024.

2. « Situation en Ukraine : la Chambre préliminaire II de la CPI conclut que la Mongolie n'a pas coopéré dans l'arrestation et à la remise de Vladimir Vladimirovitch Poutine et renvoie la question à l'Assemblée des États parties », Communiqué du 24 octobre 2024 de la Cour pénale internationale

exportations), en particulier dans le domaine minier. Sa stratégie de développement est aussi de plus en plus alignée sur les intérêts de la Chine dans le cadre des nouvelles routes de la soie et le nombre d'entrepreneurs chinois qui y sont installés s'accroît constamment. En revanche, sa dépendance envers Moscou est bien réelle, puisqu'elle importe 95 % de son pétrole[1]. Le pays sait malgré tout développer des relations commerciales avec un nombre toujours accru de pays, notamment les États-Unis, le Japon, la Corée du Sud, la France – un contrat pour la construction et l'exploitation d'une mine d'uranium a été signé en janvier 2025[2] –, mais aussi d'autres partenaires en Asie. Ses gisements importants de terres rares offrent aussi un potentiel de diversification des sources d'approvisionnement des pays occidentaux.

La Mongolie se trouve ainsi dans une situation proche des autres nations d'Asie centrale : la défaite de la Russie non seulement devrait lui donner les moyens de reconquérir sa liberté par rapport à Moscou, mais lui offrirait aussi, pour ainsi dire par ricochet, une liberté de manœuvre accrue par rapport à Pékin et plus d'opportunités de développer ses relations avec les démocraties. Comme d'autres nations, la Mongolie entend aussi s'affirmer de plus en plus comme

1. Voir J. Zhang, « Sino-Mongolian relations shrouded in resentment », *Geopolitical Intelligence Services (GIS)*, 13 novembre 2024.

2. « Le groupe Orano signe un accord pour l'exploitation d'une mine d'uranium en Mongolie », *Le Monde*, 17 janvier 2025.

nation spécifique, sur le plan de la culture et de la langue. Au-delà de la dispute territoriale avec la Chine sur la « Mongolie intérieure » qui appartient aujourd'hui à Pékin, de nombreux différends anciens qui resurgissent dans le contexte de domination de son voisin pousse le pays à renforcer son autonomie. Ce n'est pas pour rien que, avec humour et subtilité devant les prétentions impérialistes et la prétendue grandeur russes, Tsakhia Elbegdorj rappelait que la Mongolie avait été finalement la première puissance unifiant l'Asie et l'Europe[1].

Globalement, la guerre russe contre l'Ukraine a paradoxalement montré que Moscou n'était pas un pouvoir fort. Sa défaite *de facto* en Syrie, son affaiblissement économique, l'émancipation progressive de l'Arménie et son incapacité à conquérir l'Ukraine ont fait douter les pays d'Asie centrale à la fois de sa capacité de protection et de sa faculté réelle à leur imposer à moyen terme ses diktats. En même temps, comme l'énonce le politologue Bayram Balci, « l'agression de l'Ukraine par la Russie affaiblit cette dernière en Asie centrale [...]. Son prestige se dégrade car elle confirme l'image qu'elle avait déjà dans la région, à savoir celle d'un pays dominateur, belliqueux et guerrier, et ses actes inquiètent[2] », ce qui accroît encore leur désir

1. M. Birken, « Tsakhia Elbegdorj, ex-président mongol, démonte en un tweet le principal argument de Poutine sur l'Ukraine », *HuffPost*, 13 février 2024.

2. B. Balci, « Les États d'Asie centrale face aux turbulences du monde », Sciences Po, Centre de recherches internationales, entretien avec B. Balci, 2 février 2024.

d'autonomie par rapport à cette « liaison forcée ». Kirghizistan et Ouzbékistan ont apporté une aide humanitaire à l'Ukraine au début de la guerre. Même trois d'entre eux qui sont membres de l'OTSC montrent leur réticence croissante. Sans pouvoir entrer dans une confrontation directe avec Moscou, ils cherchent dès qu'ils le peuvent à faire entendre leurs différences et à renforcer leurs relations avec l'Ouest. Les cinq chefs d'État de l'Asie centrale au sens strict (sauf la Mongolie) continuent de se rencontrer régulièrement. Aucun d'entre eux n'est démocrate, mais tous redoutent un pouvoir encore plus répressif et agressif que le leur.

Cette émancipation viendra progressivement sous réserve que la Russie perde en Ukraine, ce qui doit rester notre objectif constant quelles que soient les évolutions des prochains mois. Compte tenu de l'intérêt stratégique de la région pour l'Occident, c'est une raison supplémentaire d'agir en ce sens. Cette émancipation envers Moscou précipitera aussi celle envers Pékin qui leur paraît à court terme, certes, plus fructueuse en matière de développement et d'échanges, mais dont ils savent qu'elle sera pour eux encore plus létale si elle s'installe dans la durée. Libérés de la Russie, ces pays pourront d'autant plus aisément se détourner progressivement de la Chine qu'ils n'auront plus à chercher un contrepoids. Pékin dispose certes de moyens plus importants de rétorsion économique, mais elle a encore moins de moyens de riposte militaire – au moins réfléchira-t-elle à deux fois avant d'en faire usage dans la région, moins aisée à dominer sur ce plan que les zones maritimes. Cette autonomie retrouvée de l'Asie centrale, si longtemps emprisonnée dans la prison des peuples, pourra aussi devenir exemplaire et faire tache d'huile vers d'autres pays d'Asie et, peut-être, de certaines républiques aujourd'hui parties de la Russie et qui n'ont pas retrouvé leur indépendance en 1991. Elle pourrait également annoncer un nouveau printemps des peuples dans la région.

Le scénario serait inversé dans le cas d'une non-défaite, ou même d'une semi-victoire, de la Russie. Ces pays resteraient ancrés dans l'orbite de Moscou, certes sans gaieté de cœur, percevant les démocraties occidentales comme faibles, irrésolues et non fiables. Ils seraient amenés à renforcer leurs relations tant avec la Russie qu'avec la Chine, *a fortiori* si les sanctions à l'égard du Kremlin venaient à être totalement ou partiellement levées, ce que l'administration Trump paraît envisager. La Chine ne verrait aussi que des avantages à ce retrait des Occidentaux, tant États-Unis qu'Europe, de cette région pour eux stratégique, et elle y constaterait avec satisfaction le reflux de tout espoir de contagion démocratique. Pour l'Occident, outre les risques posés par l'insécurité croissante de certains pays de la région et l'explosion des trafics en tout genre, l'accès aux ressources naturelles de la région serait compromis, accroissant sa dépendance envers la Chine et la Russie[1]. Cette évolution ne pourrait également

1. N. Tenzer, « Without access to rare earths, Europe's security would be at major risk », Euronews, 30 janvier 2025.

qu'être néfaste à l'ancrage dans le camp des démocraties de l'Arménie et de la Géorgie. Plus généralement encore, l'absence de perspective d'autonomie des pays d'Asie centrale serait un signal désastreux pour l'affirmation des autres petites et moyennes puissances dans le monde, fermant toute évolution en ce sens de l'ordre international.

L'Asie du Sud-Est :
freiner la colonisation chinoise ?

L'Asie du Sud-Est est, pour partie, soumise à une dépendance forte envers la Chine faute en large partie de solution alternative offerte par les États-Unis et l'Europe. L'ASEAN n'a pas joué un rôle de contrepoids en raison de ses propres divisions. Ses pays sont, depuis 2007, les premiers fournisseurs de la Chine et, depuis 2009, ses premiers clients. L'ASEAN est devenue en 2020 son premier partenaire commercial devant l'Union européenne[1]. Son commerce intrarégional s'est accru de 20 % au début des années 1990 à 25 % en 2010, mais a ensuite considérablement diminué. Les pays de l'ASEAN, le Vietnam en tête, sont une sorte de plateforme d'exportation de produits chinois. En revanche, le commerce de ces pays avec les États-Unis, l'Union européenne et le Japon s'est développé de manière nettement moindre qu'avec la Chine, à quelques exceptions

1. Direction générale du Trésor, « Brèves de l'ASEAN semaine 51 (2024) », 20 décembre 2024.

près[1]. Cette situation, toutefois, n'est pas complètement irréversible.

Une typologie rapide pourrait faire apparaître plusieurs cas de figure : un État très peuplé, l'Indonésie, mais faible internationalement eu égard à son potentiel et qui n'hésite plus désormais à se tourner ouvertement vers Pékin, voire Moscou ; un État divisé politiquement et sur le plan communautaire, qui éprouve des difficultés à afficher une orientation internationale compréhensible : la Malaisie ; un État dans une situation de dénuement économique et en proie à de fortes tensions internes : le Bangladesh ; un État disposant d'une affirmation forte en matière de politique étrangère et dont le potentiel économique est un des plus développés, mais miné par l'autoritarisme et la corruption : le Vietnam ; des États dictatoriaux et largement corrompus, sans réelle autonomie ni poids international : le Cambodge, la Birmanie et le Laos, même si le Cambodge a montré une fermeté rare au sujet de l'attaque de l'Ukraine par la Russie[2] ; un petit État fort sur le plan économique et technologique qui considère que sa sécurité est liée à une absence d'engagement visible et non ambigu, mais qui a pris une position claire sur la Russie[3] :

1. Pour ces données, voir X. Denis, « L'Asie du Sud-Est, à parité avec les États-Unis dans les exportations mondiales », *Bulletin de la Banque de France*, 246/4, mai-juin 2023.

2. K. Men, « Cambodian Leader Defends UN Vote on Ukraine Invasion », Voice of America, 3 mars 2022.

3. I Storey, W. Choong, « Russia's Invasion of Ukraine: Southeast Asian Responses and Why the Conflict Matters to

Singapour ; un État considéré comme un partenaire de sécurité pour l'Occident, mais soumis depuis longtemps à des tensions politiques majeures : la Thaïlande ; un allié clé des États-Unis, dont la rivalité avec la Chine va croissant : les Philippines ; une monarchie absolue jouant les postures d'équilibre entre la Chine, premier partenaire commercial, l'ancienne puissance coloniale, le Royaume-Uni, et les États-Unis avec lesquels le sultanat est lié par un accord de défense : Brunei.

S'il y a donc domination de Pékin sur le plan économique et, dans certains cas, politique, ces pays sont aussi de plus en plus imbriqués dans l'économie mondiale. Ainsi, malgré la part croissante de la Chine dans les échanges, l'Union européenne et les États-Unis restent aussi des partenaires vitaux dans la région et la talonnent en matière de flux commerciaux. Ils ont signé un large accord commercial avec l'ASEAN le 25 août 2006, devenu en 2016 le partenariat Trans-Pacifique, dont Trump s'est dédit – le document s'ajoutant à la liste de tous les autres traités dont les États-Unis se sont retirés –, mais associant notamment le Canada, le Mexique, le Chili et, en 2024, le Royaume-Uni. Mais cet accord est aussi concurrencé par un autre, le Partenariat régional économique global (*Regional Comprehensive Economic Partnership* – RCEP) qui fait la part belle à Pékin qui l'a porté sur les fonts

the Region », ISEAS, Yusof Ishak Institute, *ISEAS Perspective*, 2022/24, 9 mars 2022.

baptismaux[1]. En forme de nouvelle réponse, les États-Unis de Biden ont lancé en 2022 le Cadre économique pour l'Indo-Pacifique (*Indo-Pacific Economic Framework* – IPEF) sans ni Pékin ni Taipei[2]. Cet accord pourrait ne pas survivre à la seconde présidence Trump. Ces allers et retours montrent en tout cas une stratégie américaine hésitante sur la moyenne durée, qui donne un avantage à la Chine et ne peut que susciter le trouble dans la région.

Pour les investissements, les États-Unis restent en tête, malgré une croissance exponentielle des investissements chinois qui n'obtiennent que la troisième place dans la région. Enfin, malgré les doutes croissants sur la fiabilité de Washington, celle-ci reste l'élément clé en matière de sécurité, l'Europe étant à ce jour loin derrière malgré sa volonté, largement poussée par la France, d'établir une stratégie sur la zone Asie-Pacifique. La plupart de ces pays sont inquiets devant la perspective d'un conflit majeur entre la Chine et Taïwan, mais à part les Philippines, ils resteraient neutres, voire soutiendraient Pékin (Cambodge, Laos, Birmanie)[3].

Pour l'instant, les stratégies de contournement économique de la Chine dans la région

1. « Quinze pays d'Asie et du Pacifique signent un accord de libre-échange autour de la Chine », *Le Monde*, 15 avril 2020.

2. « Les États-Unis scellent une nouvelle alliance économique en Asie-Pacifique, Pékin fulmine », *La Tribune*, 23 mai 2022.

3. Voir S. Menet, « L'Asie du Sud-Est face à un scénario de conflit à Taïwan », *Recherches & Documents*, 2024/6, avril 2024.

restent limitées. Certes, plusieurs pays de la région offrent des opportunités d'investissement pour les multinationales dans le cadre de leur stratégie « China + 1 »[1] qui tente de diversifier leurs chaînes de production, notamment dans le domaine des semi-conducteurs, sans pour autant totalement abandonner le marché chinois. Cinq pays en particulier sont aux avant-postes de cette stratégie : la Malaisie, la Thaïlande, le Vietnam, les Philippines et l'Indonésie[2]. Ces trois derniers bénéficient du *Chips and Science Act* américain d'août 2022, mais qui a commencé d'être détricoté par Donald Trump. Cependant, la Chine développe toujours de manière exponentielle ses investissements dans la région, en faisant ainsi une plateforme de transformation, puis d'expédition, des produits chinois, en partie pour échapper aux droits de douane qu'elle subirait si elle le faisait directement[3]. Il est trop tôt pour savoir si la nouvelle stratégie envers la Chine que

---

1. Voir Direction générale du Trésor, « Brèves de l'ASEAN semaine 26 (2024) », 28 juin 2024 ; pour une présentation rapide, voir « The rise and rise of "China Plus One" risk strategies », *Strategic Risk*, 10 septembre 2024. Cette stratégie, née au milieu des années 2000, visait d'abord à abaisser les coûts de production ; elle vise désormais à limiter la dépendance envers une seule chaîne de production (voir notamment A. Maciejewska et A. Alifandi, « ASEAN as a China Plus One destination: Current situation and risk outlook », S&P Global, 25 juillet 2023).

2. B. Pedroletti, « L'Asie du Sud-Est, gagnante de la rivalité politico-économique entre la Chine et les États-Unis », *Le Monde*, 23 juin 2024.

3. B. Pedroletti, « En Asie du Sud-Est, la Chine reste un investisseur incontournable », *Le Monde*, 23 juin 2024. Cet article relativise celui précédemment cité publié le même jour.

Trump compte mettre en place sera de nature à freiner cette domination de Pékin dans la région et ouvrira plus d'opportunités aux principaux pays de l'ASEAN. Les États-Unis, d'une part, pourraient ne pas tolérer une concurrence trop forte avec leur production nationale que la législation établie par Joe Biden tendait à renforcer dans le domaine des semi-conducteurs, d'autre part, doivent veiller à maintenir un équilibre entre l'évitement des risques liés à une attaque de Taïwan par la Chine et le souci de ne pas affaiblir l'île, qui reste aujourd'hui dominante dans ce secteur. Les droits de douane accrus que la nouvelle administration américaine a annoncés en direction de Taïwan ne sont pas de nature à aider Taipei[1].

L'Union européenne reste le troisième partenaire de l'ASEAN et son troisième investisseur, malgré plusieurs disputes bilatérales, tant sur l'atteinte aux droits de l'homme que sur le commerce et les questions environnementales. L'Europe ne saurait renoncer à y faire valoir ses principes, même si, considérée souvent comme un « tiers de confiance » par rapport à la Chine et aux États-Unis, son image se dégrade dans la région. Les pays de la région, au-delà de leurs opinions propres – ils sont huit à avoir condamné l'invasion russe de l'Ukraine –, restent attentifs à l'issue du conflit. Au-delà de ce vote, ils demeurent pour autant sur une position de neutralité, aimant parfois évoquer des reproches en

1. « Taiwan may offer help for industry over Trump tariff threats », Reuters, 29 janvier 2025.

direction de Washington et de l'Europe à propos d'autres conflits. Il y aura aussi beaucoup à faire pour que l'UE, ce que ne peuvent entreprendre aussi aisément les États-Unis, explique que la guerre russe n'est pas une guerre qui concerne exclusivement le « Nord global[1] », mais qui met en cause des principes universels. Mais quelles que soient les appréciations divergentes dans la région à ce sujet, si l'Europe, d'une manière ou d'une autre, semble fléchir dans son soutien à Kyiv, ils seraient conduits à voir en elle une zone faible, fragile et incertaine dont ils pourraient être tentés de se détourner. D'ores et déjà, beaucoup considèrent l'Europe comme un acteur peu susceptible d'agir sur la scène globale et tentée de se concentrer sur ses propres problèmes plutôt que sur ceux du monde[2]. Là aussi, un engagement plus fort de l'Europe sur la victoire de l'Ukraine et sa volonté de réarmement serait de nature à renforcer son rôle dans la région, et ce d'autant plus que la position de Washington pourrait devenir erratique et sans direction claire.

On peut certes estimer à ce stade qu'un engagement accru de l'UE, tant en matière de partenariat sur des domaines clés tels que l'intelligence artificielle, de régulations, d'investissements que de coopération militaire accentuée, reste peu

1. Voir L. Bomassi, « Reimagining EU-ASEAN Relations : Challenges and Opportunities », Carnegie Endowment for International Peace, 4 juillet 2023.

2. Voir E. Tan et J. Lin, « Engaging Southeast Asia : The EU's role as a Resilient and Reliable Middle Power ? », *ISEAS Perspective*, 2024/41, 5 juin 2024.

probable[1]. Cela supposerait, en effet, un saut qualitatif et quantitatif qu'elle paraît aujourd'hui peu en mesure d'accomplir. Cela semble pourtant la seule voie si l'Europe entend accéder au statut de puissance globale. Elle le peut et le doit d'autant plus qu'elle est considérée comme une entité sans ambition prédatrice, ce qui n'est pas le cas de la Chine et de la Russie, ni, au moins dans les perceptions, du moins avant Trump, des États-Unis.

La situation de l'Asie du Sud-Est est loin d'être déterminée pour les prochaines décennies. Beaucoup de ces États possèdent aussi, ne l'oublions pas, des sociétés civiles actives qui peuvent contribuer à changer le cours des choses. La voie d'une « colonisation » chinoise est loin d'être certaine à moyen terme, même si nul ne peut imaginer, en raison de l'imbrication des économies, une émancipation brutale. On ne voit pas non plus Washington abandonner son intérêt pour la région, tant pour des raisons commerciales que de sécurité, mais sont expression sera de plus en plus erratique. Toutefois, elle ne sera certainement jamais l'aimant dominant pour la majorité des pays. Elle pourrait aussi ne plus apparaître aux yeux de leurs alliés les plus fidèles comme un garant ultime. Elle deviendrait même une puissance douteuse si elle abandonnait Taïwan. Plusieurs des États de la région pourraient dès lors reconnaître la nécessité

1. P. Parameswaran, « The future of Europe's Southeast Asia engagement », *Geopolitical Intelligence Service (GIS)*, 17 avril 2024.

de trouver une voie moins fictivement neutre et définir des positions plus ambitieuses allant au-delà du multilatéralisme, souvent de façade, qu'ils prônent de manière abstraite. Beaucoup d'entre eux disposent d'élites bien formées, sincèrement démocratiques, mais souvent tenues à la lisière du pouvoir. Ce sont elles qui détiennent en grande partie la réponse.

L'Inde, ou le risque de marginalisation

L'Inde apparaît, en matière d'émancipation, comme une sorte de contre-exemple. Le pays le plus peuplé du monde mène en effet une politique étrangère qui paraît encore peu mûre, même en comparaison de certains petits et moyens pays. En conflit latent avec la Chine, elle est membre des BRICS+ et de l'Organisation de coopération de Shanghai. Prétendument neutre, elle aide considérablement la Russie en lui achetant son pétrole à un coût avantageux pour elle : ses achats sont passés de 1 à 30 % des importations pétrolières depuis le déclenchement de la guerre totale. Elle est devenue une plaque tournante pour la réexportation illégale d'une partie de celui-ci[1]. Certes, elle prétend se poser en acteur neutre devant la guerre russe contre l'Ukraine, mais elle soutient dans les faits des positions très favorables à Moscou : abstention lors de trois

1. C. Perruche, « L'UE évoque des sanctions sur les carburants raffinés par l'Inde à partir de pétrole russe », *Les Échos*, 18 mai 2023.

votes à l'Assemblée générale de l'ONU, absence de condamnation directe, renvoi dos à dos systématique, appel incantatoire à la diplomatie, ou encore refus de signer le communiqué commun lors du sommet pour la paix de juin 2024 en Suisse[1]. Elle lui achète aussi des armes et lui fournit des composants à usage dual pouvant lui servir dans la guerre[2].

« Partenaire majeur » des États-Unis, selon la terminologie officielle, membre du Quad avec ceux-ci, l'Australie et le Japon, et liée à Washington par plusieurs accords de défense, elle est loin de partager la même conception du monde que les démocraties occidentales. Pour l'Europe et pour la France en particulier, l'Inde paraît aussi occuper une position à part, à cultiver pour le seul contrepoids qu'elle apporte à la Chine, en fermant les yeux sur son évolution de moins en moins démocratique sous la houlette de Narendra Modi. Elle paraît aussi, dans l'imaginaire de certains dirigeants, représenter la quintessence du pays du Sud, auquel il faudrait tout laisser passer pour cette seule raison.

Je me rappellerai toujours une réunion au début des années 2010 à Delhi, au cours de laquelle je posai en termes feutrés la question du jeu d'équilibriste auquel se livrait l'Inde, ou d'un non-alignement transformé en multi-alignement plus ou moins révocable. Les

1. Y. Bourdillon, « Entre Moscou et Kiev, l'Inde refuse toujours de choisir », *Les Échos*, 23 août 2024.

2. E. Derville, « L'Inde aide la Russie à contourner les sanctions en lui fournissant des équipements militaires », *Le Figaro*, 20 septembre 2024.

ambassadeurs indiens présents m'ont répondu, courroucés : « La politique de l'Inde se décide à Delhi » – les interrogations n'étaient pas bienvenues. Depuis, cette ambiguïté n'a fait que grandir, Delhi poursuivant à la fois une politique centrée sur ce qu'elle estime être ses intérêts propres et une intention de peser sur les affaires du monde.

Or, cette complexité et ce caractère multidirectionnel de la politique indienne, assumés par son ministre des Affaires étrangères actuel[1], qui vise à tirer profit des divisions et des fractures montantes du monde, pourraient bien être le signe d'un effacement de sa politique étrangère. Assumant le concept de multipolarité, l'Inde pourrait se placer en nouveau diviseur plutôt qu'en constructeur. Jouant sur les conflits et les dissensions, elle pourrait les aggraver. L'Inde paraît en quelque sorte, comme l'Amérique de Trump, se réjouir de l'avènement d'un monde sans loi, où le chacun pour soi est vu comme un avantage plutôt que comme un risque. L'Inde a la prétention d'utiliser la puissance économique atteinte – quoique de manière encore réduite par rapport à ses capacités souvent dilapidées par la bureaucratie et son système social – pour contenir les risques, émanant principalement de la Chine, sans pour autant tenter d'imaginer un monde réglé.

---

1. Pour une excellente analyse de sa doctrine, voir A. J. Tellis, « Non-Allied Forever: India's Grand Strategy According to Subrahmanyam Jaishankar », Carnegie Endowment for International Peace, 2 mars 2021.

Le nationalisme hindou du Bharatiya Janata Party (BJP), le parti au pouvoir depuis 2014, exalte la puissance de l'Inde et son affirmation sur la scène internationale. Or, sa doctrine de politique étrangère pourrait continuer de l'empêcher de jouer un rôle mondial, voire régional, précisément parce qu'elle se réfère à la multipolarité. Au-delà de la dangerosité de l'idée même de monde multipolaire, la réalité est que l'Inde ne peut espérer apparaître comme un pôle, encore moins que la Chine, la Russie ou tel ou tel grand pays musulman. L'Inde, en se présentant comme un pôle, affirme de manière contradictoire qu'elle est un acteur local et solipsiste et qu'elle veut un engagement avec tous. Elle prétend s'affirmer sans affirmer quoi que ce soit. De surcroît, sa prétendue neutralité traditionnelle colle assez mal avec ses positions *de facto* prorusses et son appartenance au club à dominante révisionniste des BRICS+. Elle voudrait avoir un rôle universel sans universalisme.

Pour les démocraties occidentales, l'Inde constitue un dilemme de politique étrangère. Certes, elles ne peuvent l'ignorer compte tenu de sa population, de sa taille, de son potentiel économique et technologique et de sa position géographique – même si le terme, utilisé sans discernement, d'Indo-Pacifique décrit difficilement une unité stratégique réelle. On comprend aisément aussi la tentation de s'appuyer sur elle pour contrer la Chine alors qu'on peut douter que Delhi en ait la capacité, ni d'ailleurs que l'idée d'un équilibre entre l'une et l'autre soit opérante sur le plan stratégique – les rapports de forces internationaux n'obéissent pas à ce type de linéarité empruntée à la physique. Mais cela peut éventuellement s'entendre à la condition de ne pas y placer trop d'espoirs. On peut aussi entendre l'opportunité d'un partenariat militaire et de sécurité, voire la vente de matériel sophistiqué à Delhi, pour tenter de briser son addiction aux ventes d'armes russes – qu'une défaite russe en Ukraine devrait en tout état de cause stopper. Mais cela ne fait pas de l'Inde une alliée, ce qu'elle ne sera jamais, du moins tant qu'elle poursuivra cette politique de mise à équidistance.

Une autre politique indienne est-elle possible ? La relative constance de son tropisme de fausse neutralité et de non-alignement en trompe-l'œil pourrait conduire à en bannir toute perspective. Il existe une continuité de la politique indienne envers la Russie qui date de la période Khrouchtchev et qui fut synthétisée ensuite par le traité russo-indien d'amitié et de coopération d'août 1971 à l'époque de Brejnev. Sauf par le biais de conflits (avec le Pakistan et la Chine), l'Inde a toujours peu investi dans les relations diplomatiques, parfois même économiques, avec les pays de la région. Elle a laissé largement la Chine occuper des positions dominantes au Bangladesh, aux Maldives, au Népal et même au Sri Lanka, où elle espère toutefois regagner du terrain[1] à l'occasion de la révolution de 2022.

1. C. Dieterich, B. Philip, « L'Inde mise sur la crise au Sri Lanka pour regagner le terrain perdu face à la Chine », *Le Monde*, 21 juillet 2022.

Mais à chaque fois, elle semble attendre que les dirigeants en place se lassent de Pékin, plutôt qu'à chercher un réel engagement fondé sur une vision stratégique partagée.

On retrouve d'ailleurs la même inconsistance en matière économique : non seulement l'écart de PIB est de quasiment un à six avec la Chine, mais cette dernière attire quatre fois plus d'investissements que l'Inde dont l'industrie représente 25 % du PIB contre 50 % pour la Chine[1]. Le déséquilibre commercial entre les deux pays s'accroît au détriment de l'Inde, augmentant la vulnérabilité stratégique de Delhi. Les freins à l'investissement sont d'ailleurs connus et analysés depuis longtemps : climat des affaires peu favorable à la stabilité des contrats, complexité de la législation qui varie d'un État indien à l'autre, aversion pour le libre-échange et droits de douane élevés qui pénalisent les fabricants locaux, cadre fiscal et foncier instable – mais aussi une forme de paresse politique qui, au-delà des slogans publicitaires, conduit à ne pas aller chercher les investisseurs.

Le caractère incompréhensible de la politique étrangère indienne et ses orientations multiples, dépourvues de priorité, ne constituent pas un facteur de confiance. Les nations de l'Asie du Sud-Est disposent, pour les plus grandes, d'atouts que l'Inde ne possède pas, et en premier lieu une productivité plus grande, une capacité d'innovation accrue et une meilleure chaîne

1. C. Bastin, « L'Inde se rêve en alternative de la Chine en Asie », *Ouest-France*, 23 juin 2023.

de valeur[1]. Malgré les célébrations rituelles du partenariat ancien entre Delhi et l'ASEAN, l'Inde a finalement peu d'influence politique dans la région dont elle est le quatrième partenaire commercial. L'Inde reste d'ailleurs un nain diplomatique qui possède le même nombre de diplomates que Singapour et les Pays-Bas[2].

Cet entêtement indien paraît parfois absurde, sinon suicidaire. Avec une autre orientation, plus cohérente et affirmative sur le plan de la politique étrangère, plus ouverte et entreprenante sur le plan économique, l'Inde pourrait non seulement valoriser ses compétences, souvent remarquables, mais aussi devenir un modèle inspirant. On aurait pu imaginer Delhi entraîner, voire former, les petites et moyennes nations du monde, leur donnant à la fois des idées, mais aussi un soutien. De fait, l'Inde aurait pu jouer son rôle de nation du Sud exemplaire qu'elle a délaissé, sinon potentiellement perverti. Elle aurait pu ouvrir une voie d'émancipation par rapport à la Chine et dénoncé avec force le néo-impérialisme et le néocolonialisme russes, valorisant l'héritage de sa propre libération d'avec la domination coloniale. Elle aurait gagné à se présenter comme chantre de l'universalisme pour gagner les autres parties du monde. Elle aurait même pu, dans une forme de distance d'avec Washington, expliciter ce qui était louable, mais

1. S Taudi, « Le futur de la rivalité sino-indienne », *Le Grand Continent*, 24 janvier 2024.

2. O. Da Lage, « Les enjeux de sécurité de l'Inde en Asie du Sud », *Geopoweb*, 1er novembre 2022.

aussi ce qui était insupportable dans l'attitude de l'Amérique. Elle aurait pu devenir le premier partenaire diplomatique d'une Europe qu'elle aurait pu aussi féconder avec ses propres idées d'un ordre international plus équilibré et juste. Sa politique étrangère laisse le parfum tenace d'un immense gâchis.

Le trio démocratique asiatique : quelle puissance mondiale ?

Sans doute, pour certains pays du Sud, les pays démocratiques d'Asie, Japon, Corée du Sud et Taïwan, auxquels, en allant plus loin vers le Pacifique, il convient d'ajouter l'Australie et la Nouvelle-Zélande, font figure de puissances occidentales. Leurs liens approfondis, leur alliance même, avec les États-Unis et l'Europe, en créent la représentation. Ces pays, certes à des degrés divers, soutiennent l'Ukraine et perçoivent la Chine comme un État potentiellement dangereux. Ces pays défendent en tout cas des principes qui, sans être issus de la même tradition historique que leurs alliés, s'ancrent dans la démocratie et la liberté et sont en antagonisme avec ceux de Moscou et de Pékin. Pour autant, y voir des relais de Washington et de Bruxelles serait tout ignorer de leurs positions, encore plus de leur potentielle évolution.

Tant la guerre russe contre Kyiv que les menaces accrues sur l'existence même de Taïwan ont renforcé le lien de Tokyo et de Séoul avec l'OTAN, quand bien même nul ne considère sérieusement l'extension de l'Alliance atlantique vers le Pacifique. L'envoi par Pyongyang de soldats en appui à la guerre de Moscou contre l'Ukraine a ajouté un élément à la préoccupation de la Corée du Sud envers la menace de son voisin nucléaire, même si elle ne s'est pas traduite par des actions concrètes. De manière plus globale, le soutien de Pékin à Moscou a montré l'évidence, longtemps ignorée, de l'interconnexion des menaces de sécurité en Europe et en Asie. L'invitation des dirigeants sud-coréen et japonais, de manière conjointe, malgré des différends sensibles entre les deux pays, par Joe Biden à une rencontre à Camp David le 18 août 2023, a été une étape importante, malgré des résultats concrets encore limités et une forte possibilité que l'esprit de Camp David soit remis en cause pour des raisons de politique intérieure aux trois pays, comme ce fut le cas après des initiatives passées du même type[1]. Ces pays, ainsi que l'Australie, participent aussi[2], depuis 2022, à une partie du sommet de l'OTAN sans en être membres. L'OTAN a conclu aussi avec Séoul et Tokyo des programmes de partenariat individualisés. Des projets phares (soutien à l'Ukraine, lutte contre la désinformation, cyberdéfense, intelligence

1. Voir V. Cha, C. Johnstone, E. Kim, N. Szecheniy, « The Camp David U.S.-Japan-Korea Trilateral Summit: An Exchange among CSIS Japan and Korea Chairs », Center for Security International Studies (CSIS), 23 août 2023.

2. N Rocca, K. Nishimura et G. Plesse, « L'OTAN fête ses 75 ans : Corée du Sud, Japon et Australie, ces pays du Pacifique qui multiplient les signes de rapprochement », France Info, 4 avril 2024.

artificielle) lient l'OTAN et ces pays ainsi que Canberra et Wellington. Le consensus au sein des pays concernés, en particulier la Corée du Sud, est certes fragile, et les turbulences politiques le fragilisent encore plus, mais le pays dispose des ressources intellectuelles pour le retrouver.

Japon, Corée du Sud et, de manière toujours accrue, Taïwan connaissent aussi un doute ancien sur l'étendue exacte de la solidarité américaine. L'arrivée de Donald Trump à la Maison Blanche les augmente, notamment pour la Corée puisque le milliardaire américain a déjà envisagé, lors de son premier mandat, de retirer les quelque 22 000 soldats américains déployés dans la péninsule, placée sous le parapluie nucléaire américain. Le Japon, en particulier, considère indispensable d'augmenter son potentiel militaire au cours des prochaines années et cette position est désormais partagée par la majorité de la société japonaise. Depuis plusieurs années, il a fait évoluer la conception, jadis restrictive, qu'il avait de l'article 9 de sa Constitution qui lui interdisait notamment de posséder des forces militaires autres que défensives. La coopération avec Washington s'inscrit d'ailleurs dans ce cadre avec le passage d'une conception fondée sur la *protection* à une autre axée sur une possible *projection*, ou encore le passage d'une « ligne » à une « surface », autrement dit d'un rôle global[1].

1. Voir E. Choi, « The Evolution of the U.S.-Japan Alliance and its Implications for South Korea », The ASAN Institute for Policy Studies, *Issue Brief*, 2024-13, 7 août 2024.

Cette volonté d'augmenter le budget consacré à la défense est aussi la position du président taïwanais, même s'il n'a pas été suivi par une majorité au sein du Parlement[1]. Ces trois pays, parce que ce sont d'abord des démocraties, sont agités par les mêmes turbulences internes que les nations européennes. Il leur faudra surtout assumer des choix propres qu'elles seules pourront déterminer, car elles ne sont pas soumises aux règles d'une alliance globale. Elles ne bénéficient pas des mécanismes de coordination, parfois pourrait-on ajouter, d'incitation et de facilitation que représente l'OTAN pour la plupart des pays européens. Il conviendra, en particulier, qu'elles se rapprochent plus qu'elles ne l'ont fait jusqu'à présent. Un isolement de chacun, fondé sur l'existence de l'allié commun américain, ne peut plus suffire – avec Trump encore moins.

Le sujet est plus délicat encore pour la Corée du Sud que pour les autres pays. Elle reste particulièrement dépendante envers Pékin pour ses importations, notamment dans le secteur des biens intermédiaires[2], même si ses exportations se tournent de manière accrue vers les États-Unis et les pays de l'ASEAN[3]. La Corée du Sud

1. H. Thibault, « Taïwan a réduit son budget de défense, malgré les menaces d'invasion de la Chine et la pression de Donald Trump », *Le Monde*, 24 janvier 2025.

2. Direction générale du Trésor, « Corée du Sud. Commerce extérieur en 2023 », 19 décembre 2024.

3. Voir notamment, pour une analyse problématisée des échanges économiques de la Corée du Sud, M. Guerraz, « Entre les États-Unis et la Chine, la Corée du Sud cherche la troisième voie commerciale », Crédit Agricole, *Perspectives*, 24/248, 25 septembre 2024.

évite ainsi toujours de dénoncer avec trop de vigueur les risques posés par la politique plus affirmative de Pékin dans la région, mais cela présente pour elle le danger d'apparaître comme un petit partenaire dans un contexte où le Japon développe une stratégie de défense plus globale. La protection américaine pouvait apparaître comme une sorte de commodité la dispensant de prendre parti plus nettement – cela fut d'ailleurs longtemps la tendance en Europe. Ce sera de moins en moins le cas. Pour ces trois pays, la limitation de la vulnérabilité stratégique va de pair avec une réorientation, par définition lente, de leurs flux commerciaux, mais la situation de Séoul reste aujourd'hui la plus compliquée, non seulement sur le plan technique, mais aussi en raison de la croyance, sans doute de moins en moins fondée, que la Chine peut et veut limiter la politique révisionniste de la Corée du Nord.

Au-delà des enjeux directs et premiers de sécurité, la meilleure assurance-vie réside toutefois dans leur capacité à se projeter dans le monde. Ces trois moyennes nations, comme aussi l'Australie, ont un rôle majeur à jouer dans le renforcement des démocraties à l'extérieur et les bonnes pratiques de développement. Ce qui est vrai de l'Europe l'est aussi pour ces pays. Tant le Japon que la Corée du Sud peuvent jouer à la fois la carte économique et celle du développement. S'ils souhaitent répondre aux risques posés par l'extension et l'envahissement de la présence chinoise tant dans leur environnement asiatique (Asie centrale et ASEAN) qu'en Afrique, voire en Amérique latine, ils doivent commencer par affirmer leur potentiel à l'extérieur de leurs frontières. Cette tâche est d'autant plus déterminante que Washington, avec Trump, pourrait abandonner ce terrain. Somme toute, Japon, Corée du Sud, Australie et Taïwan ensemble pèsent presque la moitié du PIB chinois (8,4 milliards de dollars en 2023 contre 17,8 pour la Chine).

Jusqu'à présent, les réalisations dans ce domaine demeurent limitées. C'était certes, un des éléments pointés dans le communiqué final du sommet de Camp David, par-delà des résultats en demi-teinte : ensemble, Séoul, Tokyo et Washington pouvaient mettre en commun leurs avantages respectifs pour approcher davantage les autres nations de la zone Asie-Pacifique (certains pays de l'ASEAN et îles du Pacifique), en lien avec l'Australie, et y investir afin de contrer certains projets chinois[1]. Une telle stratégie partagée n'a pas été toutefois mise en place.

Il reste que plusieurs initiatives de ces pays se dessinent. Même si la présence coréennc est ancienne dans plusieurs pays d'Asie centrale, Séoul a entrepris de donner en juin 2024 un cadre plus ferme à cette initiative rebaptisée « initiative K de routes de la soie[2] » (*K-Silk*

1. Voir en ce sens Atlantic Council experts, « Experts react: the US-Japan-South Korea summit was "historic". But what did it accomplish? », *New Atlanticist*, 18 août 2023, notamment la contribution de Parker Nowak.

2. Voir M. Popławski, « The South Korean model of cooperation with Central Asian Countries », Centre for Eastern Studies, 2 juillet 2024 ; H. Huang, « K-Sild Road Boosts Seoul's Central Asia Presence », *Modern Diplomacy*, 14 septembre 2024 ; H. J. Lee, « South Korea explores "K-Silk

Road Initiative – le K faisant référence à la K-pop, devenue emblématique de ce que certains appellent, sans doute abusivement, le *soft power* sud-coréen). Pour Séoul, c'est certes un débouché pour ses produits de haute technologie d'autant plus nécessaire que le marché américain peut se fermer et que la Corée du Sud fait face à une concurrence accrue dans les technologies qu'elle maîtrise le mieux. C'est, plus encore, un moyen de sécuriser ses approvisionnements énergétiques, mais aussi de montrer que sa politique d'aide au développement dépasse ses intérêts commerciaux immédiats. Toutefois, à ce stade, Séoul se garde de présenter cette initiative sous un angle trop politique, même si cette dimension est incontestablement présente. Elle n'hésita toutefois pas, dans une nouvelle réunion en novembre 2024, à s'insurger devant ses partenaires d'Asie centrale de la présence de soldats nord-coréens aux côtés de la Russie dont elle dénonce la guerre. Certes, cette présence sud-coréenne est très insuffisante pour équilibrer celle de Pékin, mais elle offre des perspectives qui gagneraient à être partagées avec les autres démocraties de la région. On imagine, en effet, le poids qu'ensemble ces pays pourraient avoir dans cette zone. De son côté, le Japon, qui a été l'un des pionniers dans la diplomatie à l'endroit des pays d'Asie centrale, est loin d'y avoir un poids économique en correspondance avec l'ancienneté de ses initiatives et l'emphase

Road initiative" with Central Asian nations », *Korea Times*, 4 novembre 2024.

politique de plusieurs de ses dirigeants depuis bientôt trente ans sur le caractère stratégique de cette relation[1]. Il semblerait toutefois que, avec le dernier sommet entre Tokyo et les cinq républiques célébrant le vingtième anniversaire du format « C5 + 1 », la priorité de cette relation soit revenue[2].

On retrouve un potentiel d'action similaire du Japon et de la Corée du Sud en direction de l'Afrique. Avec cette dernière, le Japon a longtemps fait figure de partenaire exemplaire, en particulier depuis le lancement de la TICAD (Tokyo International Conference on Africa Development) en 1993. Son aide se veut exemplaire en matière de pratiques de développement. Il reste que le Japon investit cinq fois moins que la Chine en Afrique et que l'aide fournie par Tokyo depuis la création de la TICAD correspond à ce que Pékin lui consacre annuellement[3]. L'engagement de Séoul en matière d'aide au développement est relativement plus récent et

1. Pour une vue d'ensemble, voir N. Murashkin, « Le Japon en Asie centrale : comment concilier intérêts diplomatiques et économiques ? », Institut français des relations internationales (IFRI), 18 avril 2019. Pour une vision optimiste de l'influence du Japon, voir P. Goble, « Japan Quietly Playing a Growing Role in Central Asia », Jamestown Foundation, *Eurasia Daily Monitor*, 20/71, 2 mai 2023.

2. K. Kashgar, « Japan leads Central Asia summit amid rising tensions with Russia, China », Voice of America, 8 août 2024.

3. M. Miktar, « En Afrique, le Japon, un concurrent de poids pour la Chine ? », TV5 Monde, 29 août 2019 ; P. Mesmer, « Face à la Chine, le Japon veut réaffirmer sa présence en Afrique », *Le Monde*, 26 août 2022.

ce n'est qu'en 2024 qu'elle a convié un sommet réunissant la Corée du Nord et 48 des 54 pays africains au cours duquel elle a annoncé une augmentation considérable de son aide. Là aussi, les considérations de sécurité – y compris en raison de la suspicion selon laquelle certains gouvernements entretiendraient des relations dans le domaine militaire avec Pyongyang – se mêlent aux perspectives commerciales et à l'accès aux ressources naturelles de plusieurs États d'Afrique. La Corée du Sud cherche à faire valoir sa propre expérience de nation colonisée et le succès de son développement après-guerre auprès de ses interlocuteurs africains[1]. Toutefois, la Corée n'échappe pas au risque que connaissent d'autres pays : la multiplication des sommets entre ceux-ci et l'Afrique – il en existe notamment avec la Turquie, l'Arabie saoudite, l'Italie, sans parler de ceux avec la Chine, les États-Unis et l'Union européenne – n'est guère optimale, non seulement pour les pays africains mais aussi pour chaque pays initiateur dont la valeur ajoutée peut paraître faible. Quant à l'Australie, son engagement vis-à-vis de l'Afrique est faible, mais des experts s'alarment des risques majeurs que peut entraîner ce

1. Voir notamment Y. E. Tae, « Why Africa Matters to South Korea's Indo-Pacific Strategy », Asia Pacific Foundation of Canada, 19 septembre 2024. Sur les résultats limités de ce dernier sommet et ses raisons, voir en particulier O. Eguegu, « South Korea-Africa Summit: A Disappointing Outcome? », *The Diplomat*, 12 juin 2024, et P. Fabricius, « First Korea-Africa Summit: Another missed opportunity for Africa », Institute for Security Studies, 14 juin 2024.

relatif désintérêt[1], compte tenu notamment de la volonté de Canberra de contrer les conséquences d'une domination chinoise accrue. Agir en ce sens requiert, en effet, de se projeter à l'extérieur de ses frontières. S'agissant de Taïwan, reconnue par le seul Eswatini, il a de fait été chassé d'Afrique en raison des liens entre le continent avec Pékin.

Le paysage apparaît donc aussi contrasté que le potentiel des trois démocraties d'Asie du Nord-Est et l'Australie est considérable. D'abord, aucun de ces pays ne saurait être sous-estimé sur le plan technologique. Séoul est, avec Taipei, un des leaders mondiaux dans le domaine des semi-conducteurs et de puces mémoire[2], même si le pays devra entreprendre des changements considérables dans la structuration de ses entreprises et de leurs liens avec l'État pour gagner la quatrième révolution industrielle[3]. La Corée du Sud est le premier pays en matière de pourcentage du PIB investi dans la recherche et développement. Le Japon, malgré des reculs sur le plan de l'innovation technologique au cours de

1. Voir notamment K. O'Shaughnessy, « Australia needs to boost its engagement with Africa, but not for the reasons advocates say we should », Lowy Institute, *The Interpreter*, 3 septembre 2024.

2. P. Escande, « Séoul veut dominer le monde des puces », *Le Monde*, 25 mai 2024.

3. Voir le rapport très détaillé en ce sens dirigé par C. M. Lee, « How South Korea Is Honing a Competitive Edge », Carnegie Endowment for International Peace, 22 novembre 2022, ainsi que, du même auteur, « The Future of K-Power: What South Korea Must Do After Peaking », *ibid.*, 22 août 2024.

la dernière décennie, reste l'un des pays les plus inventifs et créatifs et l'un des leaders mondiaux notamment dans le domaine de la robotique et du *hardware* de l'Internet des objets, notamment capteurs. Son secteur industriel dispose aussi de capacités d'investir considérables et il est le troisième pays au monde en matière d'investissement dans la recherche et développement, tant en volume qu'en pourcentage du PIB. La domination de Taïwan dans trois des quatre segments de l'industrie des semi-conducteurs[1] constitue pour l'île à la fois une forme d'assurance-vie – malgré les répliques des États-Unis pour tenter de la priver de sa primauté – autant qu'une vulnérabilité pour le monde occidental en cas de conflit. Ces pays sont certes en concurrence les uns avec les autres, mais ensemble, quoique de plus en plus concurrencés par d'autres pays de la région, ils représentent une zone d'innovation unique au monde.

Ensuite, ces trois pays demeurent des démocraties, malgré des problèmes endémiques de corruption et parfois de liens entre une partie des élites dirigeantes et des groupes mafieux. En témoignent *a contrario* la réaction immédiate du Parlement après la tentative avortée du président sud-coréen Yoon Suk-yeol d'instaurer la loi martiale en décembre 2024 et son inculpation, qu'ont connues avant lui d'autres anciens présidents. Il est d'ailleurs paradoxal que ce président ait centré toute sa politique

1. Direction générale du Trésor, « Taïwan : centre de l'échiquier mondial des semi-conducteurs », 28 juillet 2021.

étrangère sur des valeurs libérales et un engagement en faveur de la démocratie. Taïwan est un modèle de démocratie[1] en matière de liberté de la presse, de défense des droits de l'homme, d'indépendance de la justice et d'égalité des différents groupes – c'est le premier pays d'Asie à avoir légalisé le mariage des personnes homosexuelles. Il a aussi entrepris de regarder en face les pages noires de son histoire, ce qui reste plus difficile au Japon, qui a néanmoins totalement fait siens les principes de la démocratie libérale.

Enfin, ces pays se trouvent aujourd'hui devant une obligation d'effectuer des choix cruciaux pour leur avenir, non seulement en raison de l'accroissement des menaces en provenance de Pékin, mais aussi des incertitudes américaines. Le Japon est le pays qui paraît aujourd'hui le mieux armé pour redessiner son rôle mondial et l'a déjà entrepris. La Corée du Sud a considérablement développé sa puissance militaire au point de se hisser aux meilleures places dans le palmarès mondial des exportateurs d'armement[2], malgré une longue ambiguïté dans ses choix. Son président, désormais destitué, avait lancé une stratégie ambitieuse pour passer de l'ambiguïté stratégique à la clarté stratégique dans le cadre

1. Nous renvoyons notamment à N. Tenzer, « Taiwan is the Only Democratic China. Why this is not Trivial in Terms of Security », Tenzer Strategics, 8 janvier 2022.

2. Voir notamment, E. Laksmana, « South Korea's defence relations in Southeast Asia », International Institute on Strategic Studies (IISS), 29 septembre 2023 ; Y. Rousseau, « La Corée du Sud, nouveau géant de la défense mondiale », *Les Échos*, 24 juillet 2023.

de sa vision pour la Corée du Sud d'un « État pivot global[1] ». Cette politique supposait un engagement tous azimuts, malgré une priorité américaine, et une politique volontariste de rapprochement avec le Japon, même si Séoul était resté quelque peu attentiste sur ses fournitures d'armes à l'Ukraine[2]. Il demeure des interrogations sur le caractère durable de cette double volonté[3], mais devant les risques majeurs tout doit être fait pour que Séoul demeure dans cette voie. De son côté, l'Australie devra évaluer clairement, après l'AUKUS (un accord de coopération militaire tripartite avec le Royaume-Uni et les États-Unis de 2021), la portée et la valeur de son engagement de défense avec Washington.

Sous la présidence Trump, la relation avec les États-Unis pourrait vaciller et entrer dans des turbulences analogues à celles que devrait connaître l'Europe, tant sur le plan commercial que sécuritaire. Cette dernière a une carte à jouer pour renforcer la détermination de ces pays, y compris Taïwan, avec lequel le partenariat devrait être plus volontariste, et leur unité.

1. Cette évolution avait été reçue avec beaucoup d'espoirs par de nombreux analystes. Voir notamment A. Yeo, « South Korea as a global pivotal state », Brookings, 19 décembre 2023 ; H. C. Kyoun, « South Korea's Value Diplomacy: In Search of a Global Pivotal Role », Royal United Services Institute (RUSI), 22 juin 2023 ;

2. P. Mesmer, « La Corée du Sud réticente à fournir des armes à l'Ukraine », *Le Monde*, 29 novembre 2024.

3. Sur la réconciliation entre les deux pays, voir notamment A. Lipke, E.-K. Pohlkamp, « The Weight of history: Why the recent thaw in South Korea-Japan relations may not last », European Council on Foreign Relations (ECFR), 12 avril 2023.

Il faudrait que la diplomatie européenne en fasse une priorité. Ensemble, les petits et moyens États du continent européen et les moyennes puissances asiatiques pourraient jouer un rôle de premier plan pour restructurer l'ordre international dans le sens de la liberté et de la règle du droit, à la fois dans leurs zones respectives et en Afrique en particulier. Imaginons le poids qu'aurait une action concertée de ces pays au sein des organisations internationales sur des questions telles que l'aide au développement, la lutte contre le changement climatique, la sécurité alimentaire, l'accès à l'eau ou les défis de l'intelligence artificielle. Songeons à la force que pourrait dégager un sommet régulier entre ces puissances européennes et asiatiques et l'Afrique. L'heure n'est plus aux stratégies séparées.

4

La construction d'une résistance des peuples

C'est une conception étrange, que j'ai souvent déconstruite, de la part de certains férus de géopolitique de faire croire que les peuples n'existent pas en tant que force autonome dans les relations internationales. C'en est une autre, d'ailleurs, que de considérer que les dirigeants ne façonnent pas l'histoire, mais qu'ils obéissent à de prétendus mouvements longs auxquels, en « sentant » l'esprit national, ils ne feraient finalement qu'obéir. Ces deux visions, finalement, enferment l'avenir historique dans une trajectoire déjà écrite. D'ailleurs même les néomarxistes, qui ne se revendiquent plus guère de l'auteur du *Capital*, parlent d'autant plus du peuple qu'ils lui réservent un strapontin dans le façonnement d'une histoire dictée selon eux par des forces qui le dépassent. Les conservateurs comme les prétendus révolutionnaires, lorsqu'ils glorifient les « grands hommes » – ou plus exactement les « grands dirigeants » – en font en réalité des pions qui se conforment à l'éternité de la nation ou à la destinée du peuple.

C'est une commune cécité de certains économistes et d'une partie de l'extrême gauche que d'estimer que les intérêts économiques des États, les enjeux énergétiques ou miniers, ou, de manière du reste non exclusive, les profits des multinationales, constituent l'explication ultime des fractures et conflits mondiaux. Il y eut ainsi une série de visions complotistes de la seconde guerre du Golfe, de la guerre civile syrienne ou de la guerre russe contre l'Ukraine. Celles-ci ont certes en commun de faire porter tout le blâme sur l'Occident ; elles ont aussi toutes pour conséquence et sans doute pour intention, notamment dans les cas syrien et ukrainien, de vouer au silence l'expression des peuples.

C'est le cas des mêmes théories, actionnées en sous-main par la Russie et ses complices, qui visent à faire voir dans les « révolutions de couleur » le signe d'une main cachée de la CIA ou du *deep state* américain : il ne faut surtout pas prendre le risque de laisser penser que ces événements pussent être spontanés. On retrouve les mêmes accusations envers les manifestants contre l'emprise du pouvoir russe en Géorgie – avec quelques centaines de milliers de manifestants dans plus de quarante villes, cela perd singulièrement en crédibilité. Le même récit prévaut du reste pour tous les mouvements de protestation dans l'ensemble des dictatures, pendant les printemps arabes et en Iran, au Venezuela, au Nicaragua, à Hong Kong et ailleurs.

Or, ces mouvements ont partie liée avec l'affirmation des peuples. On pourrait construire et démontrer le théorème suivant : plus les peuples sont libres, plus les États, notamment moyens et petits où ces changements prennent place, auront tendance à bâtir leur propre affirmation d'eux-mêmes sur la scène internationale. Certes, les peuples, quand ils réclament dans la rue leur liberté, leur dignité et la justice ne sont que rarement motivés par des questions d'ordre international – la Géorgie fait ici figure d'exception. Mais une fois libres, ils savent que la reconquête de l'autonomie sur le plan international est la meilleure garantie de durée de leur nouveau statut.

Le bel hiver syrien ou le retour d'un printemps arabe disparu

Ce qui s'est passé en Syrie dans les derniers jours de novembre et les premiers de décembre 2024 constitue une leçon essentielle, quand bien même il n'est guère certain que tout peuple puisse aisément la reproduire. La simple réalité est que le peuple syrien s'est libéré par lui-même. Sans doute les groupes rebelles, principalement Hayat Tahrir al-Sham (HTS), ont-ils joué un rôle moteur dans la décision et l'organisation de la libération, mais l'œuvre elle-même est celle d'un peuple uni, par-delà les religions, les appartenances communautaires et les opinions politiques. Abattre le pire et le plus criminel des régimes totalitaires du XXIe siècle supposait de s'unir. Rarement on peut écrire qu'un peuple tout entier a fait l'histoire. Ce fut le cas ici. Ce peuple entier n'en a été capable que parce que, derrière les groupes et les collectifs, il existait des personnes singulières.

Assurément, de nombreuses difficultés sont devant eux. Il faudra rebâtir un pays détruit et pillé par Assad et son clan, reconstruire une armée et des services de police, faire que la justice soit rendue, au niveau international et sur le plan intérieur, démanteler les trafics, notamment de drogue[1], que le régime a mis en place et parvenir à une parfaite concorde entre les différents groupes. Sans doute aussi des craintes demeurent-elles pour la suite des temps et c'est la responsabilité éminente des démocraties d'aider économiquement le pays afin que les difficultés du quotidien ne le précipitent pas dans un chaos recommencé. Les nouvelles autorités seraient alors placées devant une tâche impossible. Mais pour la première fois depuis cinquante-quatre ans, un vent d'espoir et de liberté souffle sur la Syrie, après plus d'un million de morts dus principalement à Assad et à ses parrains russe et iranien, dont plus de cent mille torturés à mort dans les prisons du clan au pouvoir[2]. Depuis la chute du régime, on découvre encore de nombreux charniers, témoins de son abomination indescriptible[3]. Un peuple entier émerge du mal absolu.

1. Voir notamment H. Alghannam, « Border Traffic: How Syria Uses Captagon to Gain Leverage Over Saudi Arabia », Carnegie Endowment for International Peace, 9 juillet 2025 ; E. Caesar, « How Syria Became the Middle East's Drug Dealer », *The New Yorker*, 4 novembre 2024.

2. A. Sarradin, « Syrie : dans la prison de Sednaya, la répression dans toute son horreur », *Libération*, 9 décembre 2024 ; J. Landay, « At least 100.000 bodies in Syrian mass grave, US advocacy group head says », Reuters, 17 décembre 2024.

3. Voir notamment L. Mas, E. Delmas, « En Syrie, les charniers du régime dévoilent une répression à l'échelle industrielle », *Le Monde*, 30 janvier 2025.

La plupart des diplomates occidentaux ne voulaient pas comprendre et, en réalité, ils ne comprennent toujours pas. Certes, la majeure partie d'entre eux avaient condamné les crimes contre l'humanité d'Assad, mais ils refusaient de saisir leur signification. Ils finissaient à ce point par s'accoutumer que certains, notamment le gouvernement italien, avaient repris langue avec le régime, sans certes aller jusqu'à la réouverture des ambassades. Sans doute, si le régime avait duré, ce qui eût été possible si la Russie n'avait pas retiré une partie de ses troupes allées combattre contre l'Ukraine et si le Hezbollah n'avait pas été décisivement affaibli par Israël, seraient-ils allés jusque-là. Ils ont en tout cas manqué de fermeté lorsque l'Algérie, les Émirats arabes unis et l'Égypte notamment ont œuvré pour refaire entrer la Syrie d'Assad au sein de la Ligue arabe[1]. Beaucoup ont continué à plaider pour une solution politique, comme s'il pouvait exister une solution autre que militaire : ils se sont rattachés à des scénarios fictionnels comme le comité constitutionnel ou le *small group*, comme si l'immensité des crimes ne prévenait pas toute possible concorde et d'ailleurs n'interdisait pas le compromis.

1. Juste avant la réadmission, j'avais insisté sur cette démission annoncée des États-Unis et de l'Europe. Voir N. Tenzer, « Any Re-Engagement With Assad's Syria Would Be Complicity With the Crime Against Humanity. The Democracies Must Assume Their Strategic Responsibility in the Region by Not Letting This Happen », Tenzer Strategics, 1er mai 2023.

Certains étaient empêtrés dans une posture de prétendu réalisme, poussant à une « normalisation » du régime, comme si les crimes massifs étaient une sorte de fait accompli. D'autres affirmaient crûment qu'il fallait que les démocraties « [prissent] leurs pertes sur le "dossier" [*sic*] syrien[1] », comme si l'on ne pouvait à tout jamais rien faire. Non seulement le peuple syrien leur a infligé un démenti cinglant, mais il leur a montré ce qu'était le vrai réalisme : abattre une dictature. Les Syriens étaient réalistes parce qu'ils avaient étudié la réalité : ils avaient perçu que le régime ne reposait que sur du sable, que, rongé par les termites du crime pour le crime, de l'incurie et de la corruption, il ne tenait que par ses soutiens étrangers et que, enfin, un peuple qui, dans son immense majorité, veut, peut réaliser ce qui paraît impossible à des prétendus analystes qui ne considèrent que les gouvernements et le jeu des grandes puissances.

Lorsque nous déclarions, au rebours de nombreux analystes, qu'Assad n'avait pas gagné la guerre et qu'il était factuellement inexact de signer l'acte de décès de la révolution syrienne, beaucoup nous rétorquaient qu'il s'agissait de rêves et que cela relevait de l'autopersuasion. Pourtant, cela était aisé à observer, bien au-delà d'Idlib, dernier repli des rebelles. Les manifestations continuaient, fût-ce plus discrètement ; le régime s'écroulait de l'intérieur malgré l'existence d'un

1. « H. Védrine : "En Occident, l'heure est venue d'un inventaire sérieux sur nous-mêmes" », propos recueillis par Marc Semo et Christophe Ayad, *Le Monde*, 13 janvier 2017.

appareil de répression mis en place par l'ancien criminel contre l'humanité nazi Alois Brunner[1] ; les Syriens ne se résignaient pas, même s'ils ne pouvaient espérer, même dans leurs songes, que le régime tomberait aussi prochainement et en seulement douze jours, et avec un nombre finalement limité de victimes dans un pays où un million de personnes, essentiellement des civils, avaient péri.

L'exemple de la Syrie, sans doute le plus extraordinaire de ce siècle par le caractère spectaculaire de l'effondrement du régime, n'est pourtant pas unique. Sans remonter au moment des décolonisations, et sans établir une comparaison, où l'on a vu des puissances souvent grandes, céder au mouvement irrépressible des peuples, ou aux guerres surgies dans leur prolongement (Vietnam notamment), la période contemporaine regorge de ces exemples. Si beaucoup n'ont pas encore abouti – la révolution syrienne aurait d'ailleurs pu mettre beaucoup plus de temps pour triompher –, ces mouvements sont là, souvent couverts par les cendres étouffantes de l'oppression. Il suffit de quelques événements, parfois imprévus, mais parfois aussi au moins possibles ou objets potentiels de *nos* stratégies, pour qu'ils parviennent à surgir.

1. Voir notamment A. Chémali, « Syrie : comment le nazi Alois Brunner a formé le premier cercle du clan Assad », France Info, 12 janvier 2017.

Liberté et affirmation nationale

C'est aussi ce qui est survenu en Ukraine, d'abord avec la révolution orange, puis avec Maïdan, enfin avec la mobilisation, souvent spontanée, pour faire face à l'agression russe, d'abord en 2014, surtout à partir de 2022. On connaît l'histoire : alors que les troupes russes estimaient, comme Poutine, qu'elles seraient accueillies en « libératrices », elles le furent en ennemies. Il y eut comme une association, presque une communion, entre les paroles de Volodymyr Zelensky le lendemain de l'invasion à grande échelle – « Nous allons défendre notre pays, parce que notre arme est la vérité. Et notre vérité est qu'ici, c'est notre terre, notre pays, nos enfants » – et sa décision de rester à Kyiv, et le sentiment du peuple ukrainien. Les 26 et 27 février 2022, 90 % des hommes étaient prêts à combattre, et même 60 % dans les zones orientales directement menacées[1]. Malgré l'épuisement de la guerre, les moments légitimes de découragement et les centaines de milliers de victimes ukrainiennes, cette volonté perdure et le fatalisme ne l'emporte pas. Tous savent qu'il n'y a d'autre voie que la victoire totale. Le peuple fait corps avec la nation. La résistance personnelle – puisque chacun, en ces moments où la mort peut survenir à tout instant, vit de

1. Citations et sondages dans S. Plokhi, *La Guerre russo-ukrainienne. Le retour de l'histoire*, Paris, Gallimard, 2023, p. 188-189.

manière intense avec sa conscience – rejoint, permet et amplifie la résistance collective. Le désir de liberté individuelle passe ici par la liberté de la nation dans son ensemble ; elle va de pair avec l'affirmation de la nation dans l'espace international.

On assiste au même mouvement en Géorgie, au moins depuis 2023, encore plus depuis l'élection volée et confisquée d'octobre 2024. Ce mouvement est aussi la réminiscence du passé, notamment de la répression du soulèvement de 1924, des périodes d'oppression totale à l'époque stalinienne et encore après, où, comme dans beaucoup de pays sous le joug soviétique, la volonté de Moscou consistait à les priver de leur culture propre autant que de leur liberté[1]. Les exécutions visaient alors de manière spécifique l'intelligentsia du pays, penseurs et artistes, mais elles se sont étendues à toute la société pendant les grandes purges[2]. Les protestations actuelles en Géorgie sont aussi dans la continuité de la révolution des Roses de novembre 2003 qui vit l'arrivée au pouvoir d'un gouvernement pro-occidental. Comme en Serbie avec la révolution des Bulldozers (2000), au Kirghizistan avec la

1. Sur la période soviétique et l'émergence d'un mouvement national géorgien, voir C. Vaissié, « Géorgie : les manifestations actuelles s'inscrivent dans une longue histoire », *The Conversation*, 22 janvier 2025.

2. Pour une vue d'ensemble synthétique, voir L. Avalishvili, « Rehabilitation of Victims of Political Repression in Georgia », *Open Archive*, s. d. ; « Confronting the Complexity of Georgia's Communist Past and Soviet Nostalgia. An Interview with Anton Vatcharadze », *Communist Crimes*, 30 septembre 2021.

révolution des Tulipes (2004), en Ukraine avec la révolution orange (2005), au Bélarus avec la révolution en jean ou révolution bleue (2005) suivie par les protestations de 2020 après les élections truquées par Viktor Loukachenko, en Arménie avec la révolution de Velours (2018), la liberté prend les couleurs de l'affirmation nationale.

Toutes ces révolutions n'ont pas réussi ; elles se sont parfois conclues par le retour d'un pouvoir à la fois oppresseur, prétendument « national », mais souvent lié à des intérêts russes, mais elles ont semé des germes pour le futur. Ce sont bien ces petits États, ayant connu l'épreuve de l'oppression, de la répression et de la domination d'un autre État tutélaire, qui seront à la pointe pour contribuer à forger un autre type d'ordre international. Cela sera demain le cas de la Géorgie, comme du Bélarus, qui deviendront des atouts stratégiques pour l'Union européenne et l'OTAN. L'Arménie commence déjà à montrer la voie. Demain peut-être, comme nous l'avons vu, cela sera au tour de certains pays d'Asie centrale. Une Serbie, plus éloignée de Moscou et poussée par l'Union européenne à réévaluer sa dépendance envers Pékin, pourra devenir un État clé dans les Balkans, alors qu'il fut jadis l'oppresseur des pays de la zone, et dans l'UE.

Le cas géorgien mérite qu'on s'y arrête un peu plus pour deux raisons.

D'une part, devant l'emprise du pouvoir russe par le truchement de Rêve géorgien, le parti au pouvoir, dirigé dans l'ombre par l'oligarque Bidzina Ivanishvili, le peuple géorgien ne se laisse pas faire. Il a déjà protesté en 2023 lors du vote, par un Parlement aux ordres, de la « loi russe » sur les agents étrangers, puis en 2024 lorsqu'elle fut reprise après un premier abandon, et, en 2024 toujours, lors de la reprise des vols directs entre Tbilissi et Moscou par la compagnie nationale. Il s'est insurgé immédiatement contre la fraude massive lors des élections législatives du 26 octobre 2024 et de l'élection, du coup illégitime, au suffrage indirect le 17 novembre d'un président fantoche. La colère monta d'un cran lorsque, le 28 novembre 2024, le gouvernement annonça la suspension des discussions avec l'UE qui avait accordé à la Géorgie fin 2023 le statut de pays candidat, la volonté de rejoindre l'Union étant celle de plus de 80 % du peuple géorgien. Il existe des moments, dans la vie des nations, où la lutte devient existentielle. C'est ce qui est éprouvé ici.

D'autre part, lorsqu'un peuple défend la liberté, les démocraties ont une obligation politique de se porter à son secours, *a fortiori* lorsque les sources de l'oppression sourdent d'un pays tiers. Il était manifeste, dès avant les épisodes de 2024, que les ordres venaient de Moscou qui voulait ouvrir un second front[1] en Géorgie après l'Ukraine. La Russie entend maintenir Tbilissi dans sa « zone d'influence » et a donné des instructions en ce sens au gouvernement actuel pour empêcher non seulement tout rapprochement avec l'UE, puis

1. Voir R. Genté, « Géorgie, un autre front de la Russie », Institut français des relations internationales (IFRI), *Russie. Eurasie. Visions*, n° 131, décembre 2023.

son intégration au sein de celle-ci, mais surtout toute évolution démocratique. Washington et Londres ont rapidement placé certains responsables de la répression brutale sur une liste de sanctions[1], pour les États-Unis[2] celle destinée aux personnes violant gravement les droits de l'homme (loi Magnitski). Les pays baltes ont pris des mesures analogues. Or, l'UE s'est bornée aux protestations d'usage, malgré une résolution non contraignante du Parlement condamnant les élections truquées et appelant à de nouvelles élections libres. Comme dans d'autres pays, la passivité de l'UE ne peut que créer une défiance accrue envers elle et jeter des doutes sur sa force « géopolitique ». Elle ancre aussi le peuple géorgien dans l'idée que, à la fin des fins, ils ne pourront que se libérer eux-mêmes. La solitude est toujours une forme d'apprentissage.

De tels mouvements de protestation mêlant revendications pour la liberté et affirmation

---

1. Au-delà du ciblage de plusieurs personnalités, les sanctions américaines contre Bidzina Ivanishvili constituent une étape importante, compte tenu des importantes sociétés qu'il détient directement ou indirectement (« UK sanctions may target over 95 companies linked to Ivanishvili family », *JAM News*, 17 janvier 2025). La loi américaine est telle que ces sanctions peuvent également s'étendre aux personnes et entités faisant affaire avec lui. Mais Trump les maintiendra-t-il ? L'oligarque semble d'ailleurs avoir rapatrié certains de ses avoirs vers la Géorgie (« Ivanishvili Transfers Assets to Georgia Following U.S. Sanctions », *Common Space*, 29 janvier 2025).

2. Voir notamment G. Menabde, « Informal Georgian Leader Bidzina Ivanishvili Faces U.S. Sanctions », Jamestown Foundation, *Eurasia Daily Monitor* 22/7, 23 janvier 2025.

nationale sont aussi apparus ailleurs qu'en Europe. Ce fut le cas notamment à Hong Kong, avec Occupy Central, devenu le mouvement des parapluies, mouvement pacifique spontané fruit d'une longue maturation démocratique, en particulier de la jeunesse hongkongaise[1] (2014), et encore en 2019, avant que Pékin n'impose sa loi de fer, souvent conduite avec l'aide des mafias chinoises[2], conduisant à l'exil ou à la prison les responsables des manifestations. Beaucoup d'espoirs se sont évanouis[3], mais le mouvement pourra reprendre le jour où la puissance chinoise faiblira. Ce mouvement, comme les autres, doit être vu comme une affirmation politique en même temps que nationale contre une puissance dominatrice. Les « Chinois » de Hong Kong, comme ceux de Taïwan, peuvent être chinois tout en étant indépendants de la Chine, au même titre que les russophones d'Ukraine se définissent comme ukrainiens et non comme russes. La culture héritée, vue de Sirius comme commune, sinon innée, ne l'est plus dès lors qu'on fait droit à la différence de cultures politiques, forgées et acquises par le travail de la conscience.

L'Algérie, avec le Hirak (de 2019 à 2021), offre un autre exemple. Il ne s'agit certes pas

1. N. Ma et E.W. Cheng, *The Umbrella Movement : Civil Resistance and Contentious Space in Hong Kong*, Amsterdam University Press, 2020.

2. Voir L. H. Ong, « In Hong Kong, are "thugs for hire" behind the attacks on protesters? Here's what we know about these groups », *The Washington Post*, 24 juillet 2019.

3. Y. Li, « Hong Kong protests: Little remains of Umbrella Movement », Deutsche Welle, 17 septembre 2024.

là d'une protestation contre l'emprise d'un pouvoir soumis au joug d'un pouvoir extérieur, mais d'une insurrection pacifique contre l'oppression, la corruption et pour la liberté. Pour autant, les manifestations qui se sont succédé participent aussi à l'émergence d'une culture nationale en rupture avec la tradition politique forgée par le FLN depuis l'indépendance. Aujourd'hui, le mouvement a pris fin, en partie en raison de la répression et du silence imposé à toute forme de contestation, mais il reste présent dans l'esprit des Algériens, principalement les plus jeunes, malgré les tentatives de récupération par le régime. Un événement imprévisible peut le faire surgir à nouveau. Certes, ce mouvement ne possède aucune dimension de politique étrangère, mais tout indique qu'un nouveau pouvoir algérien pourrait ne plus suivre les options privilégiées par un pouvoir imbriqué avec l'armée – liens avec la Russie, alliance avec les pays les plus répressifs de la région. Quand un peuple se forge d'autres références mentales et politiques et perçoit différemment les ressorts de son affirmation nationale, cela le conduit tout naturellement à reconsidérer ses alliances et les voies de son affirmation sur la scène internationale.

Par rapport à ces mouvements d'affirmation nationale, il est un contre-exemple : la Russie. Certes, le pays a connu des mouvements massifs de protestation contre le pouvoir de Poutine en 2011-2012, mais ceux-ci, frappés par une répression de plus en plus intense, n'ont pas été renouvelés. Les protestations contre l'arrestation d'Alexeï Navalny en 2021 et celles contre la guerre ont été limitées à l'échelle du pays et peu soutenues par l'opinion. Si des milliers de Moscovites ont défilé en l'honneur du dissident à la suite de son vraisemblable assassinat, le mouvement fut loin de réunir l'immense majorité des Russes. Certes, l'emprisonnement des manifestants dans un État de plus en plus totalitaire et l'endoctrinement par la propagande en constituent des explications, mais celles-ci sont beaucoup trop partielles et ne vont pas au fond de la réalité russe.

Les manifestations de 2011-2012, malgré les positions sans ambiguïté de Boris Nemtsov, assassiné le 27 février 2015, dénonçant les crimes commis par le régime en dehors des frontières de la Russie, avaient une dimension purement interne. Celles, limitées, de 2021 traduisaient le peu de crédit accordé par les Russes à l'opposition. Quant à celles de 2022 contre la guerre, elles dénonçaient moins l'agression contre un pays tiers qu'elles ne se faisaient l'écho d'une inquiétude devant les morts annoncées des soldats russes. S'il y eut bien des voix isolées dénonçant les crimes de masse commis par les Russes à Marioupol, à Boutcha, à Izioum et ailleurs, ce n'était pas la préoccupation dominante du peuple russe. En 2014, les manifestations contre l'occupation illégale de la Crimée avaient tout au plus rassemblé 50 000 personnes à Moscou. À l'époque d'ailleurs, même l'opposant Alexeï Navalny considérait encore que la Crimée était russe. De nombreux opposants actuels peinent encore, pour partie, à dénoncer d'abord les crimes et à se déclarer du côté de l'Ukraine, demandant aux Occidentaux plus d'armes pour la défendre. Ils rechignent à articuler un souhait clair de défaite de la Russie. S'il est évident qu'ils n'auraient pas entrepris la guerre et qu'ils la condamnent, ils demeurent dans une sorte de fierté nationale malgré l'immensité des crimes commis. Refusant souvent le concept de culpabilité collective sur un plan moral et intellectuel[1], ils souhaitent exonérer le peuple russe malgré le fait que des centaines de milliers de Russes ont participé sans sourciller aux massacres et à des exécutions sommaires de prisonniers ukrainiens. Certains agissent en purs politiciens, cherchant à capter, au demeurant sans espoir, le suffrage des Russes qu'un discours trop volontaire sur l'écrasement de la Russie pourrait effrayer, mais non en consciences éclairées.

Au-delà de leur emprisonnement, malgré eux, dans une culture impériale et, plus encore, d'une vision autocentrée qui les conduit à considérer la Russie avant les autres pays de l'ancien Empire, comme s'ils devaient être à jamais marginalisés, cette absence de pensée de la libération paraît largement structurelle. L'Ukraine, le Bélarus, la Moldavie, la Géorgie, et avant eux les États baltes conceptualisaient leur libération en même temps que leur affirmation nationale. Pour les Russes, cette dernière a toujours passé par l'oppression des autres. Ils n'arrivent dès lors pas

1. Sur la manière dont l'opposition russe traite de cette question et de l'héritage historique de son pays, je renvoie à N. Tenzer, « Russian Opposition, Russians' Crimes, and Guilt. Silence, Denial, and Obsession », Tenzer Strategics, 18 septembre 2024.

à concevoir que leur libération effective sur un plan politique doit passer par une forme de dés-affirmation nationale. Le slogan popularisé par les activistes ukrainiens « *Make Russia Small Again* », au-delà de l'ironie dans son renvoi, correspond pourtant exactement à la libération russe qu'il est possible d'escompter. Il faudra des décennies, si cela survient jamais, pour que les Russes saisissent cette réalité. Sans honte d'eux-mêmes et de leur histoire, les Russes ne seront jamais libres.

Invisibilité des peuples, myopie stratégique

Les mouvements de révolution ou de protestation conjuguant demande de liberté et affirmation nationale sont comme mis à l'écart par de nombreux stratèges et dirigeants occidentaux, d'autant plus que ceux-ci aiment tant une prétendue stabilité qu'ils considèrent avec autant de méfiance que d'angoisse les perspectives d'un monde inconnu. Par un paradoxe trop peu pointé, ce qu'ils imaginent comme l'annonce d'un univers plus imprévisible correspond pourtant à la défense des principes qu'ils se plaisent à mettre en exergue dans des discours dépourvus de portée et d'application.

Les Occidentaux n'appréciaient certes pas Viktor Ianoukovytch, le président ukrainien prorusse qui avait obéi à Moscou en annonçant renoncer à l'accord d'association avec l'Union européenne fin 2013, mais ils furent aussi effrayés par la révolution de Maïdan qui en résulta. Beaucoup auraient préféré que le peuple ukrainien ne se révoltât point. Certains furent quasiment prêts, lorsque la Russie envahit la Crimée et une partie du Donbass, à blâmer le refus des Ukrainiens de se laisser faire qui y conduisit. Ils avancèrent même des récits renvoyant les parties dos à dos, comme si l'affirmation de la souveraineté de l'Ukraine dans l'ensemble de ses frontières reconnues internationalement pouvait trouver des accommodements. On peut émettre l'hypothèse que, si l'invasion de l'Ukraine par la Russie avait réussi en février-mars 2022, ils auraient fini, malgré quelques blâmes et sanctions, par l'accepter comme un fait accompli. L'état d'esprit de certains l'indiquait pour le moins à ce moment-là.

Lorsque, en Géorgie, le parti de Moscou, Rêve géorgien, falsifia les élections législatives de manière massive pour verrouiller le pouvoir, les réactions des dirigeants européens furent, on l'a vu, faibles et timorées. Beaucoup ne songèrent même pas à des sanctions contre les principaux dirigeants, estimant qu'il faudrait bien s'adresser à eux un jour et que des sanctions trop fortes nuiraient aux relations diplomatiques. Ils y voyaient une limitation à leur pouvoir d'action et de pression, alors que l'inverse est avéré. Leur souhait secret était que les choses se calment. Ils préfèrent toujours se contenter de récriminations verbales sans conséquence. On peut éventuellement comprendre que les protestations quotidiennes du peuple géorgien et l'attitude nouvelle de sa seule présidente légitime à ce jour, Salomé

Zourabichvili, tant que de nouvelles élections n'auront pas eu lieu, opposée au gouvernement illégitime, les surprirent. Ils avaient tellement oublié leur propre révolution ou l'avaient reléguée dans l'histoire des choses anciennes. On a toutefois quelque raison de penser que l'obstination des manifestants les inquiète plus que la mainmise de la Russie sur ce petit État stratégique. Ils préfèrent le connu à l'inconnu.

Les Géorgiens ont d'ailleurs appris qu'ils ne pouvaient pas compter sur la majorité des démocraties occidentales pour les soutenir au-delà de quelques figures exemplaires. Dans un contexte infiniment plus dramatique, c'est la leçon que les Ukrainiens et les Syriens avaient déjà tirée. Jamais d'ailleurs, comme lors des votes condamnant la Chine pour sa répression des Ouïghours, l'écart n'a été aussi fort entre les gouvernements de l'UE et les parlementaires européens qui, dans leur majorité, se placèrent du côté des peuples cherchant à briser leurs chaînes. Cela signifie d'ailleurs beaucoup quant au fonctionnement de la démocratie européenne.

Cette absence de compréhension des peuples par les gouvernements explique aussi largement leur incrédulité sur la résistance de l'Ukraine dans les premières semaines de la guerre totale russe. Au-delà des autres erreurs d'estimation, notamment sur les capacités réelles de l'armée russe, ils n'ont compris ni la réalité de l'Ukraine, qu'ils ne connaissaient en réalité guère, faute souvent de s'y être rendus, ni celle de la volonté de résistance des peuples. Ils restaient aussi prompts à acheter le récit du Kremlin selon lequel les russophones aimaient nécessairement la Russie. Ils ont aussi pensé que les nations, dont tous les éléments se reconnaissaient pourtant comme parties, étaient pour ainsi dire secondaires ou marginales dans une géopolitique conçue comme le rapport entre États. Ils ont d'ailleurs, ce faisant, oublié dans une large mesure d'où ils venaient.

On pourrait aussi rappeler le silence assourdissant des démocraties devant la répression des manifestants de Hong Kong. Leur indifférence constante envers le droit international les conduisit à considérer comme secondaire la violation de l'accord de rétrocession de Hong Kong à la Chine de 1997 par la loi de sécurité nationale de 2020. Le Royaume-Uni en resta à des déclarations sans conséquence majeure[1] ainsi que les autres pays démocratiques. Le Parlement européen vota certes le 19 juin 2020 une résolution adoptée à une large majorité demandant de déferrer la Chine devant la Cour pénale internationale, mais celle-ci ne fut pas suivie par les gouvernements. Cette attitude timorée était dans la droite ligne des positions traditionnelles prudentes visant à ne pas brusquer Pékin, mais plus essentiellement elle révélait une conception selon laquelle, finalement, Hong Kong était partie intégrante de la

1. P. Wintour, « China is breaking Hong Kong treaty with UK, says Boris Johnson », *The Guardian*, 1er juillet 2020. Le dernier gouverneur britannique de Hong Kong, Chris Patten, devait d'ailleurs demander qu'on tirât les leçons de cette violation et de l'absence de réaction (C. Patten, « We must learn from China's Hong Kong betrayal », *The Telegraph*, 19 décembre 2024).

Chine et que l'autonomie, qui lui était garantie jusqu'en 2047 par l'accord de rétrocession, était une sorte de clause formelle qui ne méritait pas un combat frontal. Ce faisant, les États démocratiques avalisaient le narratif chinois selon lequel les violations des droits fondamentaux à Hong Kong étaient une « affaire intérieure ».

Ce comportement frileux constitue pourtant une bévue stratégique. Il repose aussi sur une forme d'inintelligence qui accorde une précellence aux grands États, laquelle conduit logiquement à sous-estimer le potentiel de stabilité et d'avancée de la démocratie que peuvent constituer des petits et moyens États émancipés. C'est le cas de tous ceux qui ont été évoqués ici et de plusieurs autres. Conduire une politique étrangère axée sur le droit des peuples et, concrètement, soutenir beaucoup plus activement les mouvements de la société civile et des oppositions démocratiques et libérales, ce qui va de pair avec des sanctions dures envers les gouvernements répressifs, n'est pas une politique inspirée par la « morale », mais une orientation pragmatique conforme aux intérêts des démocraties. Quand des petites nations accèdent à la liberté à la suite de luttes portées par les peuples, ce ne sont plus des petits États comme les autres. Ils deviennent des pays mus par une ambition qui conforte les autres démocraties, mais aussi qui auront le souci de promouvoir ces principes sur la scène internationale. Les gouvernements qui en seront issus obtiendront l'assurance qu'ils seront soutenus par leur population. D'une certaine façon, les régimes révisionnistes ont raison de craindre la contagion démocratique. Il appartient aux démocraties de conforter leur peur.

5

Les petits et moyens États : l'avenir de l'Europe

L'Union européenne a changé progressivement de nature, sans toujours que les acteurs mêmes de cette transformation n'en aient pesé, sinon voulu, les conséquences. Sans doute, certains principes et objectifs fondamentaux demeurent : une prospérité accrue grâce au marché unique et à des programmes d'investissement et de développement partagés, un socle de principes communs irréfragables et une paix durable. Toutefois, certains rêves qui traversaient encore les esprits avant sa création et à ses débuts se sont évanouis. L'Europe fédérale que certains caressaient de leurs vœux fait plus que jamais figure d'utopie, et c'était à mon sens inévitable. L'Europe continue certes d'apparaître comme une puissance potentielle en raison des atouts de son économie, mais elle accumule les retards en matière d'investissement et de capital-risque, et est loin d'avoir développé suffisamment le marché unique qu'elle a institué, notamment le marché des capitaux. Elle reste l'exemple le plus réussi au monde d'intégration économique, mais elle ne parvient pas à apparaître comme un lieu de pouvoir sur la scène internationale. Sa survie apparaît liée à sa transformation en force dite géopolitique, mais ses progrès en la matière depuis 2022 demeurent très insuffisants. Surtout, elle n'apparaît plus comme protégée du risque d'une guerre chaude. Elle vient d'en prendre brutalement conscience à la faveur du retournement l'alliance des États-Unis et semble enfin résolue à prendre des mesures d'ampleur devant la guerre qui frappe à sa porte.

Il y a une vingtaine d'années, lorsque j'évoquais, devant des responsables européens, la possibilité d'une guerre sur le continent, ils écartaient le scénario avec une certaine vivacité. De même – je ne suis pas certain aujourd'hui que cela puisse être entièrement disjoint –, ils n'imaginaient pas assister un jour à une remise en cause, parfois radicale, des règles fondatrices de l'Union depuis l'intérieur de l'Europe. Ils n'entrevoyaient pas que certains gouvernements pussent tenter de détricoter ces principes qu'ils avaient acceptés et que, *in fine*, ils s'acharnassent, comme la Hongrie et la Slovaquie aujourd'hui, voire quelques autres, à saboter la sécurité de l'Europe. Ils pensaient, avec une confondante naïveté, que les différends sur les sujets fondamentaux allaient disparaître par la perspective d'une prospérité commune.

Ces responsables européens avaient aussi laissé impensée la question de la nation, qui refait surface aujourd'hui dans deux directions diamétralement opposées. D'un côté, un nationalisme contre l'Europe anime plusieurs gouvernements et groupes politiques qui mènent des assauts réguliers contre la loi européenne. De l'autre, s'affirment aussi des nations singulières, fortes de leur héritage national, non pas en opposition à l'Europe, mais en appui à celle-ci. Apparaît ainsi l'idée d'un récit européen opposé à la domination des grandes puissances, y compris internes à l'Union européenne, mais qui est simultanément une narration de puissance commune, de principes partagés et d'émancipation individuelle et collective. Ce récit, qui n'est pas assez exprimé en Europe, raconte une histoire commune et particulière de manière indissociable. Elle tient le national et le commun. Récemment, le diplomate Jean-Marie Guéhenno affirmait que l'Europe était « le dépassement des nations par le droit[1] ». C'est incontestablement exact en ce sens que chaque nation européenne doit se conformer à la loi commune telle qu'établie par les traités approuvés par tous, autant d'ailleurs ceux de l'Union européenne que du Conseil de l'Europe. En même temps, les nations s'affirment elles-mêmes par cette acceptation d'un droit propre à tous. Plus encore, en particulier en temps de guerre, le droit partagé constitue un élément de protection contre les assauts, tant guerriers qu'idéologiques, d'ennemis qui ont désigné l'Europe comme un ennemi à abattre. Ce droit est noué à la puissance, qui porte en elle l'exigence d'un continent européen rassemblé au complet – et cette puissance est l'extension du domaine du droit.

---

1. F. Lemaître et P. Ricard, « Sur l'Ukraine, “Trump pourrait mettre les Européens face à leurs contradictions” », entretien avec J.-M. Guéhenno, *Le Monde*, 1er et 2 décembre 2024.

Les élargissements, ou l'avènement d'une autre Europe

De manière logique, les élargissements successifs de l'Union européenne, en particulier les derniers, ont fait de celle-ci une alliance d'une autre nature. Quatre ans après le premier élargissement en particulier aux pays d'Europe centrale et orientale (2004), la Russie portait la guerre sur le continent européen, en Géorgie d'abord (2008), puis en Ukraine (2014), révisant de fait les frontières de certains pays européens. L'UE en tant que telle, et d'abord comme projet de liberté et de démocratie, était dans le viseur de Poutine, certainement plus encore que l'OTAN. En 2013, la Russie avait ordonné au président ukrainien de l'époque, dans les mains de Moscou, de renoncer à l'accord d'association avec l'Union européenne, provoquant la révolution de Maïdan, portée par les valeurs européennes. L'une des premières décisions de Rêve géorgien, après les élections falsifiées d'octobre 2024, a été, je l'ai rappelé, d'officialiser, là aussi sur instruction du Kremlin, le torpillage de tout rapprochement de la Géorgie avec l'UE qui lui avait conféré le statut de pays candidat en décembre 2023. Sans succès cette fois, en Moldavie, le 20 octobre 2024, la Russie a lancé une propagande massive pour tenter de faire dérailler le référendum sur l'UE et d'empêcher la réélection de Maia Sandu, Européenne convaincue, à la présidence du pays (élections du 20 octobre et du 3 novembre 2024). En Roumanie, lors de la présidentielle du 24 novembre 2024, annulée par la suite, elle s'est efforcée de faire élire un candidat complotiste et prorusse, arrêté le 26 février 2025 sur fond de suspicion de financements occultes par la Russie. Moscou ambitionne d'ailleurs toujours de faire tomber Sofia dans son escarcelle afin de contrôler la mer Noire, Géorgie, Ukraine, Roumanie et Bulgarie en étant les États riverains.

Jamais le futur de l'UE n'a été aussi menacé. Sa disparition, si les tendances centrifuges se poursuivent, est loin d'être un scénario impossible. Une non-défaite de la Russie ne pourrait que l'accélérer. L'insuccès de l'Europe en matière de sécurité aurait des conséquences dont on ne mesure pas encore l'étendue sur ses acquis économiques et sociaux. Plus profondément encore, elle précipiterait la destruction des principes de l'État de droit qui sont au cœur de la légitimité de l'Union européenne : que pourrait-il en rester, en effet, si l'Europe se révélait dépourvue de la volonté d'assurer l'intégrité et la souveraineté des pays de la grande Europe qui se trouvent menacés, et de mettre fin aux crimes de masse ? Enfin, la sécurité des citoyens européens se trouverait affaiblie par l'arrêt net qui en résulterait du processus d'élargissement.

Or, cette continuation est nécessaire pour de multiples raisons. D'abord, elle augmenterait la masse critique de l'UE, ce qui ne pourrait que renforcer son marché intérieur et sa capacité de mutualiser les investissements dans des secteurs déterminants pour son économie. Elle conditionne sa capacité d'innovation et sa sécurité dans tous les domaines. Elle pourrait, à cet égard – ce qui supposera des décisions déterminantes –, contrarier dans les nouveaux pays membres des investissements incontrôlés de puissances comme la Chine qui renforceraient la dépendance et accroîtraient l'affaiblissement de l'Europe tout entière. Il faut certes reconnaître que plusieurs États actuellement membres sont loin d'être exemplaires en la matière.

Ensuite, l'UE ne pourra devenir un continent en sécurité que s'il parvient à intégrer dans le même espace de protection et d'interdépendance le plus d'États possible au sein de l'espace géographique européen. L'article 42-7 du traité de l'Union européenne définit les linéaments de cette sécurité et fait d'ailleurs une référence explicite à l'article 5 du traité de Washington relatif à l'OTAN. En font d'ailleurs partie plusieurs pays européens non membres de l'UE, soit qu'ils l'aient quittée (Royaume-Uni) ou ne souhaitent pas y entrer (Norvège, Islande), soit qu'ils n'aient pas encore rejoint le club européen (Monténégro, Albanie, Macédoine du Nord), sans parler de la Turquie, pays candidat, mais dont les perspectives d'adhésion sont ténues. Quel que soit le futur de la relation avec les États-Unis, cet impératif de sécurité impose en soi l'élargissement si l'on ne veut pas que certains de ces pays recherchent d'autres alliances.

En troisième lieu, les derniers élargissements comme ceux à venir non seulement font basculer vers le centre et l'est de l'Europe son point de gravité, mais déplace tout entière cette dernière vers la zone principale du conflit en cours situé en son centre. Certes, ce basculement ne met nullement en cause le regard qu'elle doit porter sur la zone méditerranéenne. Elle ne le saurait d'autant moins que les conflits dans l'est de l'Europe et ceux au sud, à l'extérieur, ne sont aucunement décorrélés – emprise russe sur la Syrie pendant treize ans, lien entre Moscou et Alger, complicité entre la première et Téhéran, influence et présence russes en Libye et dans plusieurs pays d'Afrique notamment. Mais l'Europe est devenue un continent en guerre. Certains auraient bien imaginé une Europe de l'Ouest claquemurée sur elle-même, laissant son orient aux mains d'une puissance dictatoriale réputée stable. Encore au commencement de la guerre russe contre l'Ukraine en 2014, beaucoup voyaient une soumission de Kyiv à Moscou comme une forme de protection comme si, après avoir contrôlé l'Ukraine, la Russie n'irait pas plus loin. Les prétendus avantages des blocs, idée qui séduit encore certains analystes prompts à mettre une équivalence entre la guerre froide et la stabilité, font partie des impensés qui ont la vie dure. Ils font comme droit au récit russe d'une déstabilisation par les progrès de la démocratie. Les illusions et la vue courte d'une telle conception du monde, excluant toute une partie de l'Europe de son existence, commencent, quoique imparfaitement, à se dissiper.

Nous ne saurions omettre une quatrième raison : les élargissements permettent de donner un poids aux petits et moyens États, renforçant ainsi la stabilité de l'ensemble. Les élargissements les font, tous ensemble, participer à une chaîne de sécurité qui, à la fois, garantit leur indépendance et ne fait pas dépendre la défense sur les seuls plus grands. Elle fait aussi entendre une autre vision de la sécurité collective, finalement plus réaliste et englobante que celle des plus grands États européens (France, Allemagne, mais aussi Royaume-Uni) davantage enclins à faire droit à la conception, démentie par les faits, d'une politique exclusive des grandes puissances. Le poids combiné de petits et moyens États portant la même exigence et disposant d'une identique conscience historique est un facteur déterminant dans la potentielle force nouvelle de l'Europe. Ces alliances commencent d'ailleurs de plus en plus à voir le jour, même si les plus grands pays parviennent encore, par habitude, à pouvoir bloquer certains débats, *a fortiori* certaines décisions. C'est d'ailleurs ce qui fait le succès spécifique de l'Europe, pourvue en quelque façon de plusieurs arbres pollinisateurs. Dans les autres régions du monde, ce sont eux qui manquent le plus.

Si les élargissements devaient aller à leur terme, ce qu'aujourd'hui rien ne garantit, l'Union européenne pourrait passer de vingt-sept à trente-huit États : aux six pays des Balkans occidentaux (Monténégro, Macédoine du Nord, Albanie, Serbie, Bosnie-Herzégovine, Kosovo) s'ajouteraient l'Ukraine et la Moldavie, qui ont entamé les négociations, ainsi que la Géorgie, une fois délivrée de son pouvoir prorusse illégitime, l'Arménie, qui se reconnaît une vocation européenne, et un Bélarus libéré de son dictateur Viktor Loukachenko. L'Europe formerait un tout cohérent à l'ouest de la Russie et à son sud occidental. Finalement, serait ainsi achevé le rêve de ses pères fondateurs : une zone de paix et de plus grande prospérité. Nous en sommes certes encore loin.

Un scénario opposé constituerait un désastre pour les peuples européens. Cela constituerait une double illusion que de penser que l'Union européenne puisse être sûre, donc prospère – sans sécurité, les risques constituent un obstacle à la prospérité –, sans que l'Ukraine soit libérée, la Géorgie et le Bélarus démocratiques et les pays des Balkans intégrés à l'Union.

D'une part, l'UE n'est pas une zone isolée du reste du continent. Une mainmise de la Russie sur une partie de la grande Europe ne laisserait pas le reste de l'Union européenne en paix. Elle lancerait le signal que l'UE ne souhaite pas défendre les principes qui sont les siens et est aveugle quant à sa sécurité future. L'OTAN montrerait son irrésolution en ne protégeant pas les pays situés à sa frontière extérieure puisque l'attaque contre ces pays voisins serait en réalité une menace directe pour elle-même. Cette prophétie pourrait bien se réaliser.

D'autre part, l'absence de résolution de l'UE et de l'Alliance atlantique dans la défense de l'intégrité territoriale de l'Ukraine et des garanties accordées au destin européen de Tbilissi et de Chisinau serait un message adressé à certains pays des Balkans autant qu'aux gouvernements de l'UE tentés par un pas en direction de Moscou. Les tendances centrifuges au sein de l'Union pourraient avoir raison de son unité comme de sa sécurité. Ce serait similairement une indication dont se saisirait encore plus Pékin qui aurait encore davantage porte ouverte dans plusieurs pays européens, membres ou non de l'UE.

Les petites et moyennes nations, axes d'une résistance européenne

Dans ce contexte, les petits et moyens États de l'Union européenne constituent le principal mouvement de résistance. D'abord, ils ont été parmi les plus fervents soutiens de l'Ukraine en termes à la fois de moyens et d'initiatives. L'Estonie consacre 2,2 % de son PIB en aide à Kyiv (hors fonds transitant par l'UE), suivie par le Danemark (2 %), la Lituanie (1,7 %), la Lettonie (1,5 %), la Finlande et la Suède (0,9 %) et les Pays-Bas (0,8 %)[1]. Le Danemark et les Pays-Bas ont été à l'origine de l'envoi des avions F-16 à l'Ukraine ; hors UE, la Norvège devrait suivre et la Belgique beaucoup plus tard. La plupart des pays d'Europe centrale et orientale ainsi que nordiques ont demandé régulièrement que les limitations de frappes ukrainiennes sur le territoire russe soient levées avant que Washington n'y consente tardivement du bout des lèvres deux mois avant la fin de la présidence Biden[2]. La République tchèque a été à l'origine de

1. Montants cumulés sur la période entre le 24 janvier 2022 et le 31 octobre 2024. Chiffres de l'Institute for the World Economy de Kiel.

2. « Les États-Unis autorisent l'Ukraine à utiliser des missiles à longue portée », *Le Monde*, 17 novembre 2024.

l'initiative d'achat d'obus pour Kyiv[1]. L'Estonie, appuyée par la France et la Pologne[2], a lancé l'idée d'une émission d'obligations européennes pour l'Ukraine.

Ensuite, ces pays ont pris la mesure d'une nécessité d'agir, quitte à opérer des reconversions significatives avec leur ancienne politique : ce fut le cas de la Finlande[3] et de la Suède[4] lorsqu'elles décidèrent de rejoindre l'OTAN. Bien avant 2022, beaucoup de ces États avaient lancé aussi des initiatives pour se muscler en matière de cybersécurité et de lutte contre les manipulations de l'information où ils furent en grande partie pionniers. En décembre 2024, à la suite de la coupure de câbles sous-marins par la Russie, malgré certaines dénégations d'officiels

1. « Obus pour l'Ukraine : l'initiative tchèque "comme un lien avec Munich en 1938 et Israël en 1948" », entretien avec Tomáš Kopečný, Radio Prague International, 23 avril 2024.

2. A. Pugnet, « L'Estonie, la France et la Pologne demandent plus de financement pour l'industrie de la défense », *Euractiv*, 5 mars 2024.

3. Ce pays a pratiqué en réalité avant 2022 une « neutralité active » qui n'excluait ni un engagement de plus en plus marqué sur la scène internationale ni un accroissement de ses forces. Mais jusqu'à la guerre totale russe contre l'Ukraine, il y avait un consensus pour ne pas adhérer à l'OTAN. Celui-ci s'est radicalement renversé (voir notamment pour la période précédente, A. Beausoleil, « La Finlande, du neutralisme au multilatéralisme », *Le Grand Continent*, 4 décembre 2018).

4. C. Szumski, « La Suède devient officiellement membre de l'OTAN, après 200 ans de non-alignement militaire », *Euractiv*, 7 mars 2024. Déjà dans les années qui précédaient la guerre russe contre l'Ukraine, de plus en plus de voix à Stockholm plaidaient pour qu'il fût mis fin à la neutralité suédoise, ce qui était moins le cas à Helsinki.

occidentaux, la Finlande prit l'initiative d'arraisonner et de saisir un navire pétrolier de la flotte fantôme russe[1] – navires sans signal naviguant sous des pavillons de complaisance transportant des biens sous sanctions, notamment du pétrole – qui avait sectionné un câble et transportait aussi du matériel d'espionnage. Auparavant, la tendance était plutôt à la discrétion et à l'absence de réponse.

Au sein même des institutions de l'Union, le choix de l'ancienne Première ministre estonienne Kaja Kallas comme haute représentante pour la politique étrangère et de sécurité, et de l'ancien Premier ministre lituanien Andrius Kubilius comme commissaire européen à la Défense, poste nouvellement créé, témoigne du poids croissant de petits États qui ont vu juste au sein du « gouvernement » de l'UE. Cela ne traduit pas seulement le déplacement déjà évoqué du centre de gravité de l'Europe, mais la reconnaissance d'une meilleure prescience des risques par certains petits États, marginalisant les plus grands.

Des alliances sous-régionales se forment aussi entre ces pays : certaines sont devenues caduques comme le groupe de Visegrad, les positions de la Hongrie et désormais de la Slovaquie étant incompatibles avec celles de la République tchèque et de la Pologne. D'autres se développent, en particulier l'alliance nordique et

1. R. Milne, « Finland seizes Russian shadow fleet oil tanker after cable-cutting incident », *Financial Times*, 26 décembre 2024.

balte (N8B) qui regroupe le Danemark, l'Estonie, la Finlande, l'Islande, la Lettonie, la Lituanie, la Norvège et la Suède. Ce n'est pas une simple alliance, mais également une force politique qui entend montrer la voie à l'Europe, comme en témoigne, entre autres, son engagement commun contre le pouvoir géorgien issu d'élections frauduleuses dont il demande l'annulation[1]. Sept de ces huit pays dépensent déjà plus, voire largement plus, de 2 % de leur PIB pour la défense. Ils sont les plus importants contributeurs européens par rapport à leur PIB à la défense de l'Ukraine et plusieurs d'entre eux, notamment la Finlande, disposent de forces de dissuasion conventionnelles crédibles en cas d'attaque russe[2]. Ensemble, ils ont aussi les moyens de contrer les menaces en mer Baltique[3]. S'il leur reste encore à progresser pour définir certaines postures communes, notamment accueil de troupes de l'OTAN sur leur territoire[4], ces pays disposent de la capacité de peser politiquement et militairement de telle sorte qu'ils ne soient pas marginalisés dans, par exemple, les processus de décision relatifs à l'Ukraine.

---

1. « Nordic, Baltic countries urge Georgia to consider new elections », LRT, 30 décembre 2024.

2. M. Ålander, « The Nordic-Baltic Region: An Example for NATO », Center for European Policy Analysis (CEPA), 9 février 2024.

3. A. Wieslander, « How the Nordic-Baltic states are leading the way on European security », Atlantic Council, *New Atlanticist*, 4 décembre 2024.

4. K. Friis, « Reviving Nordic Security and Defense Cooperation », Carnegie Endowment for International Peace, 2 octobre 2024.

Pour ces États et d'autres en Europe, des mécanismes comme le format Normandie encadrant les discussions liées aux accords de Minsk, où l'Allemagne et la France représentaient l'Union européenne, ne pourraient plus passer. Ils en gardent un souvenir pénible, sinon humiliant.

On peut aussi mentionner l'Initiative des trois mers (Baltique, Adriatique et mer Noire) dont les treize États[1] – avec une association de l'Ukraine et de la Moldavie – entendent développer des initiatives économiques communes, notamment dans le domaine des transports, du numérique et des terminaux gaziers. Ils ont toutefois trop de divergences, en raison notamment de la présence de la Hongrie, de la Slovaquie et de l'Autriche, pour peser dans le domaine politique même si l'idée initiale, portée notamment par la Pologne et la Croatie, était bien, avant la guerre totale russe contre l'Ukraine, de lever toute dépendance envers Moscou. Le fonds d'investissement créé permet toutefois d'aboutir à des projets structurants entre pays de l'Initiative partageant les mêmes ambitions. En tant que telles, les infrastructures que les pays concernés pourront développer sont un plus dans l'intégration des pays européens grâce aux transports, un moteur de croissance et une manière de contrer des investissements dans ces secteurs qui pourraient notamment venir de la Chine ou de la Turquie. L'Initiative s'inscrit donc dans une stratégie européenne bien comprise.

1. M. Mielczarek, « L'Initiative des trois mers, un projet pour bâtir une Europe détachée de la Russie », RFI, 15 juin 2024.

Le dynamisme politique apparaît aujourd'hui plus fort du côté de l'Europe centrale et orientale ainsi que nordique que du côté de son flanc sud. Le groupe EuroMed qui regroupe aujourd'hui neuf États du sud de l'Europe, dits de culture gréco-latine, n'a lancé aucune initiative d'envergure, ni économique ni politique. Il en va de même, dans un autre contexte, de l'Union pour la Méditerranée (UPM) qui regroupe les Vingt-Sept et quinze pays du Sud, malgré l'existence de fonds spécifiques. Beaucoup d'autres groupements sous-régionaux[1], tels le triangle de Slavkov, la Nouvelle Ligue hanséatique ou le Forum de Salzbourg, servent parfois de caucus internes à l'UE, mais peuvent difficilement être considérés comme susceptibles de porter des initiatives nouvelles structurantes. Certains ont un agenda surtout défensif sur les questions d'immigration.

Il existe donc une sorte de partage des tâches, essentiellement liées à la prise de conscience des risques majeurs en matière de sécurité. Les pays du nord, de l'est et parfois du centre de l'Union européenne sont aujourd'hui devant une forme d'urgence que ceux du sud paraissent moins connaître. Pourtant, ces derniers pourraient et sans doute devraient considérer le rôle potentiellement décisif qu'ils seraient à même de jouer dans un monde où, sans le secours des États-Unis, l'Europe est conduite à contrer des

1. Pour une vision d'ensemble et une typologie, voir I. Cooper et F. Fabbrini, « Regional Groups in the European Union: Mapping an Unexplored Form of Differentiation », *European Papers*, 7/2, 2022, p. 949-968.

menaces ou des formes d'empiétement de puissances hostiles. C'est le cas notamment des pays du sud de l'Europe, pour certains en direction de l'Amérique latine, pour d'autres du Moyen-Orient. Dans aucun cas, il ne pourrait s'agir d'une politique séparée au sein de l'UE, mais au contraire qui pourra bénéficier du soutien de tous dans le cadre d'une division du travail.

Europe : la puissance d'un non-empire

Ce qui détermine la puissance potentielle de l'Europe tient à ce qu'elle est le contraire d'un empire. C'est un atout en matière de légitimité dans un monde où celui-ci est rejeté. L'Europe n'a pas de volonté de conquête et peut montrer que la puissance qu'elle devrait pouvoir déployer n'est pas d'accaparement, mais de protection. Elle n'a ni la volonté, ni d'ailleurs le pouvoir, ni l'hégémonie, mais elle peut renforcer les alliances. En s'inscrivant comme puissance de justice, y compris dans la solidarité avec les pays les moins avancés, elle illustre son long compagnonnage avec le principe du droit[1]. Elle le pourra d'autant mieux que ses petites et moyennes nations

1. Sur l'articulation du droit et de la puissance en Europe, je me permets de renvoyer à N. Tenzer, « Europe-puissance : comment bâtir un projet réaliste ? », *Diploweb*, 6 décembre 2020 ; « L'Europe, la puissance et le droit : les mots et les choses », *L'ENA hors les murs*, nº 502, décembre 2020 ; « Devant l'urgence historique, l'Europe géopolitique est la seule réponse », *HuffPost*, 4 mars 2019 ; « L'Europe de 2030 : Comprendre les dynamiques de l'UE », *The Conversation*, 9 mai 2016.

y seront dominantes et que les plus grandes, notamment France et Allemagne, y paraîtront fondues dans un ensemble commun. Elles prêteront leur force à celui-ci, mais n'agiront pas pour elles-mêmes de manière exclusive.

S'il existe une vocation de l'Europe, ce ne peut être que celle-ci : protéger et préserver, en son sein et au-delà de son espace propre, les petites et moyennes nations. C'est en cela aussi que la défense de pays agressés ou accaparés comme l'Ukraine, la Géorgie, le Bélarus et l'Arménie est si essentielle. Si elle n'en a pas la volonté et rechigne à aligner les moyens nécessaires, elle perdra toute crédibilité auprès des autres nations du monde. C'est aujourd'hui, parce qu'elle est de fait en guerre, là que se joue son destin futur comme puissance mondiale, en même temps que son avenir propre devant la menace de son propre anéantissement.

Or, l'Europe paraît souvent aujourd'hui aux abonnés absents. Certes, elle a montré sa relative unité devant la guerre totale russe et, pris dans son acception englobante, c'est-à-dire au-delà de la seule Union européenne (Royaume-Uni et Norvège notamment), elle a fourni plus d'aide à l'Ukraine que les États-Unis. Ses petits pays, qui savaient de quoi il retournait, ont, pour la plupart, octroyé, proportionnellement à leur richesse nationale, plus d'assistance que les autres. Elle est loin toutefois d'avoir accompli tout ce qu'elle pouvait réaliser. Elle n'est ainsi pas encore passée en économie de guerre même si, en mars 2025, enfin, plusieurs États s'engagent dans cette voie. La plupart de ses pays ne se sont pas mis en mesure d'augmenter leur budget de défense à 3 ou 4 % du PIB et l'on verra au cours de l'année 2025 si la courbe des dépenses est suffisamment redressée. Ils n'ont pas encore pris conscience – ou bien cette conscience a été loin de se transformer en action – du risque qu'entraînerait une paix factice en Ukraine qui trahirait leur engagement sur la souveraineté et l'intégrité territoriale de cette nation. Le soutien de Washington à Moscou devrait finalement leur faire comprendre qu'il n'y a pas de voie intermédiaire. Nous sommes dans le tout ou rien. *Il n'existe pas de solution diplomatique au problème russe.*

Plus encore, alors qu'elle porte, plus que tout autre groupe de nations, le poids de l'héritage de Nuremberg et du mandat qu'il lui a conféré, elle peine à articuler, de manière quotidienne, le rappel des crimes de masse commis aujourd'hui par Moscou, hier par Assad, et l'obligation de les juger. Elle demeure dans le possible accommodement que prépare son silence. Elle oublie les principes qu'elle a elle-même établis par le biais de textes juridiques fondamentaux. Elle n'entend pas le fait que la possible normalisation des criminels contre l'humanité, résultat implacable de toute négociation avec la Russie, serait aussi un coup porté à sa puissance. Elle ne perçoit pas non plus que c'est le droit, et la volonté de l'appliquer – à l'intérieur et par-delà ses frontières –, qui la tient ensemble, bien plus que l'économie. Elle fait de nouveau droit à son ancienne dépolitisation en tenant à l'écart de ses pensées le retour du mal politique. Elle oublie enfin que, derrière l'agression contre les petites nations, ce sont les personnes singulières qui se trouvent menacées. Alors que certains gouvernements européens prennent leur liberté par rapport à la règle de droit, cette érosion du socle commun, d'autant plus visible qu'il ne serait plus protégé à l'extérieur des frontières de l'UE, mais sur le sol européen, serait un coup supplémentaire qui lui serait porté.

Plus globalement, l'UE voit s'accroître les attitudes de cavalier seul de plusieurs de ses États. Celles-ci pourraient encore s'accentuer dans le cadre des pressions exercées sur l'Europe par l'administration Trump. Certains pays pourraient connaître la tentation, que ce soit sur le plan commercial, mais aussi diplomatique et militaire, de contourner l'Union européenne pour chercher un arrangement avantageux auprès du président américain. Sous les mandats d'Angela Merkel et Olaf Scholz, l'Allemagne, dont les dirigeants sont hantés par le spectre de la désindustrialisation et de la perte de compétitivité, a manifesté de moins en moins d'appétence pour le compromis au sein du Conseil européen et paraissait peu concernée par la solidarité d'ensemble dès lors qu'elle considérait devoir y perdre sur le court terme. Le nouveau chancelier, Friedrich Merz, semble enclin à revenir sur ce tropisme, au moins en matière de politique étrangère et de défense. Les mêmes égoïsmes, suicidaires pour l'ensemble, se manifestent en matière d'investissements et de mise en commun d'un potentiel de recherche et développement. C'est particulièrement criant dans le domaine des industries de défense et, globalement, cela contribue à expliquer le retard de l'Europe en matière d'investissements de long terme. Sur le plan diplomatique, cela fait aussi longtemps que le couple franco-allemand, même associé à la Pologne dans le cadre du triangle de Weimar, ne peut plus être le moteur diplomatique de l'Europe, ni d'ailleurs porteur de sa transformation institutionnelle. Le salut de l'Europe passe par la conscience de l'égalité fondamentale des nations qui la composent dès lors qu'elles jouent un rôle conforme à sa vocation. Il repose aussi sur la projection à l'extérieur de ce modèle finalement unique. Pour autant, cela suppose que l'Europe apparaisse comme un facteur de puissance et non de désordre institutionnel.

Devant les attaques de la Russie, les démonstrations du projet hégémonique de Pékin et la volonté de Trump d'affirmer l'Amérique comme puissance radicalement anti-européenne, l'Europe ne mérite pas les lamentations fatalistes. Nous avons commencé à le voir dans ce qui précède : elle peut encore jouer un rôle déterminant sur de nombreux continents. Son reflux de puissance n'est pas inscrit dans sa démographie ni dans la longue négligence qui fut la sienne devant les dangers stratégiques pourtant annoncés et les menaces économiques. Elle dispose en réalité à elle seule des moyens de faire gagner l'Ukraine et de vaincre la Russie. En matière stratégique autant qu'économique, elle doit apprendre que seule l'acceptation du risque peut contrarier l'asservissement des nations. Mais si elle renonce à toute offensive sur le plan militaire et à toute affirmation de ses principes et si elle reste dans le propos convenu et modéré sur le plan diplomatique, elle ne démentira pas les prophéties en ce sens. Il lui faut, notamment, dans le contexte de la guerre russe en Ukraine, prendre des mesures déterminantes qui seront le signe de sa volonté de puissance. Elle devra notamment, sous condition que Washington, Londres et Tokyo fassent de même, saisir les 210 milliards d'euros d'avoirs gelés de la Banque centrale russe situés en Europe pour les transférer à Kyiv[1], en cessant d'y opposer des arguties juridiques et financières infondées[2], qui cachent mal la volonté de certains de reprendre langue un jour avec Moscou. Elle sera obligée d'engager les sacrifices nécessaires pour se réarmer de manière massive. Elle aura la responsabilité de ne rien lâcher sur la punition des crimes imprescriptibles commis principalement par la Russie et d'appliquer l'ensemble des commandements de la Cour pénale internationale. Il lui faudra lutter par tous les moyens contre la domination de Moscou sur la Géorgie et le Bélarus. Elle ne saurait chercher des accommodements avec la Chine, voire l'Inde et le Brésil, sous prétexte qu'ils seraient des États du Sud. Il lui sera nécessaire de mettre en place un système équivalent à celui américain sur les sanctions

1. Voir notamment N. Bouzou, E. Daoud, A. Garapon, O. Havrylchyk, M. Jodeau, O. Passet, T. Piketty, S. Rollet, D. Schnapper et N. Tenzer, « Guerre en Ukraine : “La confiscation des avoirs publics russes constituerait une avance sur les réparations” », *Le Monde*, 16 avril 2024.

2. Y. Ziskina, J. Firestone et T. Nesterchuk, « No more excuses: Debunking arguments against seizing Russian state assets for Ukraine », European Policy Centre (EPC), 7 juin 2024.

extraterritoriales[1]. Enfin, elle se gardera d'accepter un espoir de paix précaire qui annoncerait sa future soumission. Sur plusieurs de ces sujets, la plupart des petits et moyens États de l'Union européenne se sont montrés plus vocaux que les grands. Ils sont la voix autant que la voie de l'avenir.

1. Si l'euro n'a pas la puissance internationale du dollar, il reste que l'UE pourrait faire beaucoup plus, mais il semble que certains pays, là aussi les plus grands, redoutent toujours les conséquences possibles pour leur diplomatie et refusent les épreuves de force. Sur ces hésitations, voir notamment J. Liboreiro, « Les sanctions de l'UE contre la Russie face au dilemme de l'extraterritorialité », Euronews, 11 mai 2023.

6

La désorganisation africaine

Évoquant l'Europe, je soulignai l'avantage déterminant que représentait l'existence d'une multitude de petits et moyens États, innovateurs, portant une parole forte et inspirante, capables de résister aux plus grands, mus, chacun, par une histoire singulière et capables de féconder la compréhension de l'histoire au présent. En comparaison, l'Afrique subsaharienne manque de tels États, le Kenya et le Ghana faisant sans doute figure d'exception, malgré des déceptions récentes pour le premier liées notamment à un comportement brutal des forces de sécurité[1] et un processus démocratique encore imparfait pour le second[2], notamment en matière de

---

1. Voir notamment les rapports d'IDEA – Global State of Democracy Initiative pour l'année 2023 et le rapport de 2024 de Freedom House qui pointent une répression accrue des manifestations et la fragilité de la liberté des médias, quand bien même le pays reste une démocratie.

2. S. Yerkes, E Hogan, « Ghana's Presidential Contest Shows Why Democracy Requires More Than Well-Run Elections », Carnegie Endowment for International Peace, 19 décembre 2024.

confiance dans la justice. Un État autoritaire, comme le Rwanda, espère assumer un tel leadership, notamment en développant ses relations avec les capitales occidentales et en s'érigeant en pionnier de l'administration numérique, comme pour témoigner de la modernité du pays par la connectivité de ses citoyens. Or, les accusations de soutien à la rébellion M23 en République démocratique du Congo et la volonté de museler toute opposition sont susceptibles de jeter une ombre sur ce tableau. L'Afrique compte peu d'États capables de se projeter sur la scène internationale et de dirigeants tenant un discours direct et porteurs d'une vision. Certains font figure d'exception, comme l'ancienne présidente du Liberia Ellen Johnson Sirleaf, même si son héritage est aujourd'hui réévalué et souvent critiqué[1].

Les organisations régionales, l'Union africaine, et sous-régionales, la Communauté économique des États de l'Afrique de l'Ouest (CEDEAO) – quittée d'ailleurs en janvier 2025 par le Mali, le Niger et le Burkina Faso, tombés dans l'escarcelle de Moscou et qui créent l'Alliance des États du Sahel (AES), et ainsi mise en danger[2] –, la Communauté d'Afrique de l'Est et

1. Prix Nobel de la paix en 2011, présidente du Liberia de 2006 à 2018 et première femme africaine élue au suffrage universel direct, elle a remis son pays, ravagé par la guerre, sur le devant de la scène, mais son bilan est loin d'être immaculé (voir notamment T. Ford, « Ellen Johnson Sirleaf: The legacy of Africa's first elected female president », BBC, 22 janvier 2018).

2. Le Togo pourrait d'ailleurs suivre, posant des risques sur la cohésion de la CEDEAO et sur sa solidité économique

la Communauté de développement de l'Afrique australe (SADC), ont un rôle limité. De manière générale, les États africains ne souhaitent pas se doter de moyens collectifs d'action, notamment sur le plan militaire. Le fait est qu'il n'y a guère de regroupements de pays africains pour porter un message unifié sur le plan politique – même rarement au demeurant sur les questions de développement.

Contrairement à une légende, l'Afrique n'est pas dépourvue d'histoire. Sans doute est-ce la plupart du temps une histoire de domination, de colonisation, d'oppression, d'esclavage souvent. C'est une histoire de guerres, extérieures et civiles, et de conquêtes, mais aussi de massacres sans fin jusqu'à aujourd'hui. Mais c'est aussi une histoire de culture, d'art et de souffrances partagées. Cette histoire commence d'ailleurs à se raconter, à s'exposer et à parvenir à un récit exact, nuancé, complet – il suffit d'aller visiter, entre autres, le musée de l'Esclavage à Zanzibar.

Les pays africains peuvent être divisés ou unis, démocratiques ou tyranniques, avec une multitude de nuances. Leurs divisions mêmes, en communautés assumées comme telles, sont parfois la source de conflits infinis ou au contraire apaisées.

(voir notamment « Après le retrait du Burkina, du Mali et du Niger, quel avenir pour la Cedeao ? », AFP, 27 janvier 2025 ; « En Afrique de l'Ouest, les tensions diplomatiques redéfinissent les flux commerciaux », AFP, 27 janvier 2025). Sur les motivations du Togo et les risques posés, voir l'entretien avec Koffi Amessou Adaba, « Adhésion du Togo à l'Alliance des États du Sahel : un pari semé d'embûches », *The Conversation*, 5 février 2025.

Les pays dans un état de faillite (Somalie), d'insécurité majeure (Nigeria, République démocratique du Congo, Tchad), passés dans la main de juntes militaires liées à la Russie (Mali, Niger, République centrafricaine, Burkina Faso), totalitaire (Érythrée) ou dictatoriaux, en proie à une corruption massive (Soudan du Sud, Guinée équatoriale, Burundi, Tchad, Guinée-Bissau, Congo, République démocratique du Congo) ne peuvent jouer un tel rôle. Ceux qui ont en partie soigné ce mal n'ont souvent pas la masse critique : Cap-Vert, Sao Tomé-et-Principe, les Seychelles, Maurice, Namibie, Botswana. Le Sénégal connaît une transition politique perçue souvent comme hasardeuse et la situation politique en Côte d'Ivoire ne garantit pas la stabilité à moyen terme. L'Afrique du Sud joue son rôle propre sans capacité ni volonté de rassemblement et, comme membre des BRICS+, émet des positions souvent contestées (lien avec la Russie notamment).

Pourtant, imaginer l'Afrique comme un continent voué à la corruption et au népotisme, enfermé dans des guerres fratricides, incapable de faire émerger des talents et rivé à un sous-développement d'autant plus mortifère qu'elle sera le seul endroit de la planète à connaître une expansion démographique fulgurante au cours du siècle est non seulement un préjugé raciste, mais aussi une distorsion de la réalité. Il existe quelques contrastes saisissants. D'un côté, une partie de la classe politique africaine paraît souvent soucieuse d'abord de jouir des avantages du pouvoir. Fréquemment corrompue, elle semble dépourvue d'une ambition pour son propre pays. Ses récriminations, souvent justes, envers l'Occident manquent de crédibilité en raison de ses pratiques internes. D'un autre côté, on est impressionné par le dynamisme, le talent et l'intelligence de nombreux responsables d'ONG, particulièrement des femmes, de start-up et de professionnels de toutes catégories, médecins, avocats, ingénieurs. Ils créent de la solidarité, de la richesse et du savoir, mais essaient aussi d'allumer la flamme de la liberté et de la justice quand elle est éteinte.

Il faut tenter d'explorer les raisons de cette distance, dont les nations de l'Ouest, notamment européennes, portent une lourde responsabilité, et imaginer les voies et moyens d'une affirmation mondiale des États africains, conforme à la fois aux enjeux stratégiques futurs de l'Afrique et à sa démographie. Laisser l'Afrique s'enfoncer dans une forme de marginalisation politique due à sa domination, c'est prendre un risque majeur pour l'ensemble des nations démocratiques.

L'Afrique, ou l'absence stratégique

Ce qu'il convient d'appeler le manque stratégique de l'Afrique est d'abord lié à sa difficulté à s'affirmer comme acteur, et non pas à l'absence d'implication stratégique pour le monde entier de ses évolutions. De nombreux Africains le perçoivent ainsi : la politique de leurs dirigeants – avec certes de notables exceptions – leur paraît dictée par des liens de soumission, de complaisance ou de dépendance soit envers les anciennes puissances coloniales, soit le plus souvent envers d'autres pays.

Certaines juntes au pouvoir voient dans ces éléments étrangers une manière, en réalité peu durable, de conforter leur propre pouvoir. Les nouveaux putschistes se sentent rassurés par ces gardes prétoriennes. Des pays comme la Chine, la Russie, la Turquie ou certains États du Golfe sont aussi moins regardants envers la corruption et les pays de l'OCDE ne sauraient assouplir leurs exigences en la matière, à la fois pour des raisons de principe et de bon développement.

D'autres estiment, parfois non sans raison, qu'un pays comme la Chine, beaucoup moins la Russie, les aide à se développer plus rapidement et plus durablement que les États démocratiques qui sont aujourd'hui incapables d'aligner les mêmes moyens, faute de puissance financière et, surtout, de stratégie organisée. D'ores et déjà, la Chine est le premier partenaire commercial de l'Afrique avec 151,8 milliards d'échanges au premier semestre 2024[1]. De ce point de vue, il peut sembler ironique que, en 2023, Washington se soit félicité des 14,2 milliards d'accords commerciaux conclus avec le continent[2]. Malgré le ralentissement de sa croissance, Pékin promet des financements supérieurs à l'Afrique que ceux offerts par les Européens. Elle y a déployé aussi

1. « La Chine promet "un soutien financier" de 50 milliards de dollars à l'Afrique dans les trois prochaines années », *Le Monde*, 5 septembre 2024.

2. « Les États-Unis saluent une année "record" pour le commerce avec l'Afrique », *Le Monde*, 13 décembre 2023.

des investissements considérables depuis deux décennies, au point d'être devenue le premier investisseur sur le continent africain. C'est particulièrement vrai dans le secteur des infrastructures où la part chinoise était de 40 % en 2021 et reste en augmentation constante, alors que la part de l'UE et des États-Unis a diminué en dix ans de respectivement 44 à 34 % et de 24 à 6,7 %[1].

Comme le résume le géographe et spécialiste de la Chine Emmanuel Véron, cette stratégie de Pékin poursuit quatre objectifs : se présenter comme un « grand pays en développement », en développant un récit opposé à celui du « consensus de Washington », éviter l'émergence d'une coalition anti-chinoise dans les enceintes internationales, sécuriser des approvisionnements que Pékin considère comme vitaux et discréditer, comme le fait Moscou de son côté, les démocraties occidentales[2]. Pour ce faire, elle poursuit sa politique d'influence à grand renfort de moyens auprès d'une partie des élites politiques africaines. Sur un plan idéologique, elle se sert de l'Afrique comme un vecteur « d'antagonisation du monde ». S'y ajoute un engagement croissant de Pékin en matière de fourniture d'armement (deuxième fournisseur) et de mise en place d'infrastructures portuaires. Les moyens de résistance de nombre d'États africains paraissent dès lors ténus.

1. W. Shepard, « Quelle stratégie pour la Chine en Afrique ? », *Forbes*, 8 novembre 2021.

2. E. Véron, « Chine-Afrique : une relation asymétrique et stratégique pour Pékin », Fondation méditerranéenne d'études stratégiques (FMES), 23 mai 2024.

Certes, cette dépendance, qui passe aussi par la dette[1], est variable selon les pays africains, mais cet effet de masse créé par Pékin est paralysant pour la plupart d'entre eux.

Certaines tentatives de desserrement de l'étau ont été certes mises en place par les États-Unis, notamment à travers la loi sur la croissance et les possibilités en Afrique (AGOA) de 2000 qui accorde aux pays africains, sous certaines conditions, un accès libre de droits et de quotas au marché américain[2]. Cela a permis à plusieurs d'entre eux de développer leurs investissements et d'accéder à ce marché, renforçant l'attractivité autant que l'image des États-Unis. Mais la présidence Trump fait planer des menaces sur la poursuite de cet accord qui s'achève en 2025. S'il était rompu, cela placerait encore plus le continent sous la dépendance chinoise. De manière traditionnelle et bipartisane, il existe certes un consensus en matière de développement de l'Afrique auquel participent tant l'État fédéral américain qu'un nombre significatif de grandes ONG. Pour autant il est généralement

1. Pour tenter d'atténuer le problème, certains soulignent ainsi que, par rapport aux autres bailleurs, y compris multilatéraux, la dette africaine localisée en Chine ne représente que 12,5 % de sa dette totale. Mais cela peut apparaître aussi comme un effet en trompe-l'œil dès que cette dette est liée à des investissements essentiels pour le pays en question (voir T. Amare, A. Vines, « China–Africa summit: Why the continent has more options than ever », Chatham House, 2 octobre 2024).

2. « Commerce Afrique/États-Unis : l'Agoa expire en 2025, un expert analyse ses réalisations en 23 ans », entretien avec David Luke, *The Conversation*, 15 novembre 2023.

constaté que l'Afrique n'a pas été la priorité de Washington. Elle devrait le devenir encore moins avec Trump. Malgré une attention accrue portée aux actions de la Chine, aussi bien sur le plan économique que sur ceux de la sécurité et de l'influence politique, il n'existe pas de stratégie construite ni d'action rivalisant avec celle de Pékin en matière de moyens déployés[1]. Le retrait en 2024 de la base américaine au Niger, en parallèle de celui des troupes françaises, fait figure de symbole.

La présence russe en Afrique constitue par elle-même un échec des puissances démocratiques. Celle-ci n'a fait que s'accroître au cours des dernières années, au détriment en particulier de la France[2], mais plus globalement des pays libres – et des États africains concernés. Moscou est aussi devenu le premier fournisseur d'armes à l'Afrique devant la Chine et, loin derrière, la France et les États-Unis[3], même si ce mouvement pourrait se tarir en raison des difficultés de l'économie russe et de la priorité accordée à sa guerre contre l'Ukraine et, demain, l'Europe. Avec peu d'investissements et des échanges économiques

1. Pour une vue d'ensemble, voir N. Vilboux, « La stratégie de sécurité américaine en Afrique », Fondation pour la Recherche stratégique, Observatoire des États-Unis, rapport 9, 26 mai 2017. Depuis la parution de cette étude il y a huit ans, la situation s'est encore détériorée au détriment des États-Unis.

2. Voir notamment A. Antil, T. Vircoulon et F. Giovalucchi, « Thématiques, acteurs et fonctions du discours anti-français en Afrique francophone », *Études de l'IFRI*, juin 2023.

3. M. Douet, « La Russie, premier vendeur d'armes en Afrique subsaharienne », *Le Monde*, 27 mars 2023.

limités[1], malgré des annonces fracassantes de la part de Moscou, celle-ci a développé une présence militaire au Mali, en République centrafricaine, au Burkina, au Niger, en Libye, au Soudan, désormais au Tchad. Elle garde des liens forts avec les anciens pays communistes liés jadis à l'URSS (Angola, Guinée, Mozambique)[2]. Le groupe Wagner, devenu Africa Corps après la mort de Prigojine, y a mis en place une politique organisée à la fois de subversion, de coups de main et de prédation. La milice y a commis, comme ailleurs, de nombreuses atrocités sur des civils africains[3]. La Russie a surtout lancé des stratégies d'influence auxquelles ni la France ni ses alliés n'ont prêté attention alors qu'elles étaient encore *in statu nascendi*. Il y avait, il est vrai, en France, une période où il ne fallait pas « prendre le risque de saboter la relation franco-russe », selon les paroles d'un officiel. Cela a conduit à renoncer à tout effort de vigilance et de réaction, là comme ailleurs. Moscou tient un discours qui résonne auprès d'opinions publiques attachées aux prétendues « valeurs traditionnelles » et promptes à dénigrer l'Occident. L'Afrique fait partie des guerres transversales qu'elle lance contre le monde libre.

---

1. Ce paradoxe est bien souligné dans F. Bobin, B. Quénelle, « L'Afrique, nouvelle ligne de front entre l'Occident et la Russie », *Le Monde*, 21 août 2024.

2. Pour une vision historique, voir N. Telepneva, « Militariser l'Afrique : les origines soviétiques d'une doctrine russe », *Le Grand Continent*, 28 avril 2024.

3. S. Miansoni, « Mali : l'armée et les mercenaires de Wagner coupables d'atrocités, selon Human Rights Watch », *Libération*, 24 juillet 2023.

Elle reflète une stratégie pensée à laquelle seule sa défaite en Ukraine pourrait mettre un terme.

Certes, de nombreux pays africains prennent conscience à la fois des dangers à long terme de la politique chinoise de quasi-achat de l'Afrique et des risques de sécurité posés par la Russie, qui ne cherche pas à contenir l'influence djihadiste. Des exemples abondent du rejet de la présence de centaines de milliers de travailleurs chinois par les Africains, parfois accompagnés par des forces de sécurité privées[1]. Des ONG s'alarment des dégâts sur l'environnement de nombreux projets d'infrastructures ou des infractions aux droits de l'homme causées par les méthodes d'exploitation. Les gouvernements les plus raisonnables ne pourraient que voir d'un bon œil une présence européenne accrue ou le remplacement de la Chine par d'autres pays d'Asie à l'attitude moins invasive. Cette prise de conscience progressive ne s'est toutefois pas encore transformée en initiatives communes portées par plusieurs pays en raison même de la faiblesse des États africains.

1. Voir P. Nantulya, « Chinese Security Contractors in Africa », Carnegie Endowment for International Peace, 8 octobre 2020. Certaines sources font toutefois état d'une diminution forte des travailleurs chinois au cours des années 2020-2022 en raison de la crise sanitaire (voir notamment « Data: Chinese Workers in Africa 2009-2022 », Johns Hopkins School of Advanced International Studies, China Africa Research Initiative, s. d.).

Sauver les États d'Afrique

L'urgence, pour les puissances démocratiques, consiste à sauver les pays africains. Sans État capable de protéger ses citoyens, de leur assurer une vie décente et l'accès aux biens publics, et, pour ce faire, de collecter des ressources, aucun redressement ne sera possible. Il est essentiel aussi de donner à ces États les moyens de conduire des discussions et négociations internationales, et de les rendre suffisamment forts et transparents pour qu'ils ne cèdent pas à la tentation de s'en remettre à des parrains étrangers. Dans un troisième temps, certains États pourront s'ériger en exemples, inspirer d'autres pays de leur environnement et apparaître comme des porteurs de solutions dans les forums internationaux.

Pour beaucoup d'entre eux (Somalie, Guinée-Bissau, Mali, République centrafricaine), il s'agit de les sauver de la faillite[1] et de l'effondrement, notamment lorsqu'ils sont gangrenés par des forces paramilitaires, milices et parfois groupes djihadistes qui y commettent exactions et pillages en tout genre. Il est frappant de voir que, dans l'index, par définition discutable comme tout agrégat composite, établi par le Fund for Peace, des États fragiles[2], les pays africains figurent en bas du classement. Il existe certes quelques

1. Sur la notion d'État failli et les limites ou échecs des actions entreprises, voir notamment T. Vircoulon, « Repenser l'aide aux États faillis », *The Conversation*, 30 janvier 2020.

2. Fragile States Index : https://fragilestatesindex.org/global-data.

exceptions, quoique sans garantie de durée : le Gabon, le Sénégal, l'Eswatini, la Gambie, la Tanzanie, le Lesotho, le Bénin notamment figurent en milieu de classement, et le Ghana, la Namibie, le Cap-Vert, le Botswana, Maurice et les Seychelles se rapprochent du premier tiers et, pour les deux derniers, y figurent. La faillite ou la quasi-disparition des institutions publiques n'implique toutefois pas l'absence d'organisation et, particulièrement, l'éclatement et le démembrement de la société. Certains d'entre eux disposent d'un réseau d'associations locales et parfois d'Églises qui assurent, souvent de manière précaire et toujours menacée, certains services de base. Ce sont ces institutions sociales qui permettront un jour à ces États de sortir de l'enfer.

Pour d'autres – en réalité souvent les mêmes (Soudan[1], Soudan du Sud, République démocratique du Congo) –, la priorité consiste à mettre fin à une guerre civile qui s'installe, faisant des centaines de milliers de victimes et des millions de déplacés qui vivent dans des situations précaires ou de famine. Ces guerres sont souvent exploitées par des puissances étrangères qui cherchent à gagner par là influence et richesses. Certains pays sont dans un état de quasi-guerre ou bien connaissent la présence de groupes terroristes menaçants : Nigeria, Tchad, Niger, Mozambique notamment.

Pour d'autres encore, l'objectif consiste à faire pression sur les élites au pouvoir largement corrompues et qui sont potentiellement les plus

1. « Guerre au Soudan : sortir du silence », *Le Monde*, 16 août 2024.

sensibles aux menées d'États prédateurs. C'est un des points les plus sensibles pour les démocraties. Certains suggèrent qu'elles soient moins regardantes afin d'accroître leur prise sur ces États, mais cela serait tomber dans un piège redoutable qui affaiblirait leurs principes et, finalement, nuirait au développement de ces États eux-mêmes. La corruption en Afrique reste un phénomène majeur : selon Transparency International, 90 % des pays africains ont un indice inférieur à 50[1], malgré de fortes améliorations au Botswana, aux Seychelles et en Côte d'Ivoire. Somalie, Soudan du Sud et Guinée équatoriale figurent en bas du classement, suivis notamment par le Liberia et le Mali. Un pays riche comme le Gabon (avant la chute du gouvernement Bongo dont le clan est resté au pouvoir pendant plus de cinquante ans) connaissait un score désastreux.

Enfin, dans un quatrième cas de figure, la tâche prioritaire consiste à consolider les États qui sont engagés dans la bonne direction afin d'éviter qu'ils ne subissent une désagrégation toujours possible. Dans un environnement souvent peu propice et avec une absence de soutien des organisations régionales, certains restent de fait vulnérables à des entreprises étrangères de déstabilisation et d'achat.

On pourrait ajouter que l'Afrique est la région au monde qui a connu le plus de tentatives de coup d'État depuis 1950 (44 % des 491 coups

1. « IPC 2023 : en Afrique subsaharienne, la corruption détourne les ressources destinées aux services publics », Transparency International, 2024.

d'État)[1]. Depuis 1990, elle en a subi plus que le reste du monde, avec un taux de réussite plus élevé, en particulier dans la région du Sahel. Ceux-ci sont toutefois d'une nature différente : renversement d'un pouvoir plus ou moins démocratique, établissement d'une junte militaire, appui direct ou dissimulé de forces étrangères, renversement d'un gouvernement jugé corrompu et abusif notamment. Il reste que cette situation témoigne de la fragilité étatique de la région.

Cette situation n'empêche pas des succès dans certains domaines comme l'innovation[2] (Maurice, Afrique du Sud, Botswana en Afrique subsaharienne, Maroc et Tunisie en Afrique du Nord), l'entrepreneuriat, dans lequel les femmes africaines jouent un rôle de premier plan en termes de dynamisme et de création de valeur[3], et même la consolidation des acquis démocratiques[4], quoique trop souvent réversibles. La diversité des

1. A. Chaudhuri, D. Fruchter et A. Farrugia, « Multiplication des coups d'État en Afrique : une nouvelle ère plus instable ? », COFACE, *Les Publications économiques de COFACE*, 30 avril 2024.

2. J. Mutarambirwa, « Le classement des 5 pays africains les plus innovants », *Forbes*, 2024. Comme le relève l'auteur, compte tenu des conditions de développement de l'Afrique, les pays africains qui réussissent montrent leur capacité à « surperformer ». Il y ajoute le Burundi, le Rwanda et Madagascar.

3. Voir l'étude du Women in Africa Philantropy (WIA), *Women in Africa Entrepreneurship: A Path to Women's Empowerment ?*, septembre 2018.

4. Voir notamment N. Cheeseman, « Democracy in Africa: success stories that have defied the odds », *The Conversation*, 23 juillet 2019. Certains exemples cités par l'auteur, signe aussi de la fragilité des progrès, ne pourraient plus être considérés comme des succès cinq ans après.

communautés, comme le montrent les exemples du Ghana, de Maurice et de la Tanzanie notamment, n'est pas en tant que telle un obstacle ni à ces réussites, ni au progrès de l'État de droit, ni à la mise en place d'institutions solides. Or, outre que la plupart des pays d'Afrique ne connaissent pas de tels succès, ceux-ci n'attestent pas toujours la force de l'État, son indépendance par rapport aux pressions extérieures, un développement équilibré et durable, et une absence de corruption. Le caractère démocratique des institutions et le progrès économique n'empêchent pas l'existence d'une corruption élevée et d'une influence forte notamment de la Chine, comme le montre l'exemple du Kenya, entré dans la liste grise du Groupe d'action financière (GAFI) de l'OCDE et de l'Union européenne et dont Pékin détient 62,5 % de la dette externe[1]. Ce même pays fait face aussi à des protestations de plus en plus nombreuses qui traduisent une crise lourde de la démocratie en raison notamment de la faiblesse des institutions représentatives, au premier rang desquelles le Parlement[2]. Autant il est avéré que les organisations de la société civile peuvent, dans plusieurs cas, pallier les déficiences des services étatiques et parfois imposer certains reculs à des gouvernements corrompus, autant elles n'ont qu'un pouvoir très limité en matière de relations internationales et, dans les

1. Direction générale du Trésor, *Kenya. Situation économique et financière*, 12 juin 2024.

2. K. Opalo, « What's behind Kenya's "leaderless" protests? », *Good Authority*, 19 juillet 2024.

cas les plus graves, de conjuration des entreprises extérieures d'influence et de soumission.

Il reste qu'un nouvel engagement de la part des puissances démocratiques est possible pour aider certains États dont le développement a été un relatif succès à assurer un leadership dans leur région. Un pays comme la Tanzanie, notamment, pourrait accéder à un tel rôle. Une étude récente suggérait récemment certains axes qui pourraient y contribuer : renoncement à des pratiques non démocratiques, diversification des partenaires, transparence sur les investissements, instauration d'un débat ouvert sur la politique étrangère afin d'éviter que le choix de certains partenaires ne préempte l'avenir du pays pour longtemps[1].

Un continent déterminant

Pendant longtemps, l'Afrique fut considérée comme non existante sur le plan politique et comme balayée dans l'analyse des relations internationales. En 1992, Francis Fukuyama l'excluait à dessein de son schéma d'ensemble comme toutes les zones où les conflits permanents ne lui paraissaient pas susceptibles d'affecter l'ordre global[2]. Aussi terribles fussent-elles, ces guerres locales, selon lui, n'étaient pas susceptibles de modifier le cours de l'histoire globale.

1. F. Kell, A. Masabo et T. Feltes, « Reviving Tanzania's regional leadership and global engagement. Priorities for an effective foreign policy reset », Chatham House, avril 2024.

2. F. Fukuyama, *La Fin de l'histoire et le dernier homme*, Flammarion, 1992.

On pourrait gloser longtemps sur le propos d'ensemble, corrigé ensuite par son auteur, le fait était que les guerres globales qu'on revoyait poindre dix ans après la disparition de l'Union soviétique n'avaient pas l'Afrique comme élément déterminant. En sens inverse, d'autres analystes, en dehors même de la sphère du développement, s'intéressaient à l'Afrique plutôt en raison de son poids dans l'histoire des anciens colonisateurs. Leur perspective était pour ainsi dire régionale, mais pas davantage globale. Au demeurant, même à l'époque de la guerre froide, où certains pays d'Afrique servaient de champ clos à l'affrontement entre l'Est et l'Ouest, la centralité du continent était loin d'être perçue.

Cette tendance se poursuit aujourd'hui : plusieurs livres d'experts avisés de la stratégie internationale ne mentionnent pas l'Afrique, sinon au détour d'une phrase. Elle demeure, avec l'Amérique latine, la grande absente. On peut certes considérer quelques bonnes raisons, dont mon propos se fait aussi l'écho : les solutions aux problèmes de nature stratégique que pose l'Afrique aujourd'hui, indépendamment là aussi des enjeux, étroitement reliés, de son développement, sont tout sauf immédiates. Le désengagement américain et le retrait rapide des troupes françaises qui y furent longtemps stationnées, Djibouti faisant figure d'exception[1], alimentent un certain fatalisme quant au recul des démocraties occidentales, en particulier de ce continent.

1. « La France et Djibouti renouvellent leur partenariat de défense », *Le Monde*, 25 juillet 2024.

Autant on peut prévoir un retrait contraint de la Russie le jour, peut-être encore différé, où elle aura été battue par les armes en Ukraine, autant il paraît exister une résignation quant à la présence chinoise.

Or, le continent africain est devenu un enjeu, parfois immédiat en raison des risques terroristes accentués par la faillite de certains États, toujours à moyen et long terme pour des raisons multiples.

L'une des plus structurelles est la démographie : l'Afrique pourrait compter, on l'a vu, en 2100, 3,8 milliards d'habitants, soit un peu plus d'un quart de la population mondiale, et déjà 2,4 milliards en 2050 selon les chiffres de la Banque mondiale. Ces populations devront être nourries, éduquées et employées. Cela alimente aussi les fantasmes migratoires des opinions publiques, notamment en Europe, de manière toutefois largement infondée, même si les flux migratoires en provenance de l'Afrique vont nécessairement augmenter[1]. La croissance exponentielle de la population africaine constitue en elle-même un plaidoyer pour que son développement, notamment de ses villes, soit maîtrisé, organisé, durable et conforme à ce qu'on appelle les « bonnes pratiques ». Il est douteux qu'un développement à la chinoise y contribue. Or, faute de cette organisation de la croissance démographique de l'Afrique et notamment la

1. Voir le raisonnement très argumenté sur ces deux points de B. Tertrais, *Le Choc démographique*, Odile Jacob, 2020, notamment chapitre 6.

planification de nouveaux espaces pour la loger, sans nuire aux équilibres de ses écosystèmes, les perspectives de croissance des conflits et de toutes les formes de criminalité seront devant nous. Cela ne pourra qu'avoir des conséquences majeures de sécurité sur le reste du monde.

Ensuite, l'Afrique reste un continent essentiel en termes de matières premières, en particulier de minerais critiques dont elle détient 30 % des ressources mondiales[1]. Certaines de ses régions apparaissent aussi comme un grenier du monde. Ses côtes et zones économiques exclusives sont aussi souvent riches en ressources halieutiques qui doivent être gérées afin de ne pas rencontrer très prochainement un risque d'épuisement[2], mais aussi de destruction par les pollutions marines. Le problème majeur paraît celui de l'exploitation et de la prédation de plusieurs de ses ressources par la Chine, lequel renvoie à une double problématique.

D'un côté, laisser la présence chinoise encore se renforcer lui permettrait d'acquérir un surcroît de puissance en même temps qu'elle poserait un risque majeur pour le développement des technologies par les autres pays de tous les continents. Cette captation dominante deviendrait pour la Chine un instrument de chantage et représenterait donc une menace sécuritaire de premier plan.

---

1. A. Martin, « Le boom des minerais critiques peut-il bénéficier à l'Afrique ? », *Alternatives économiques*, 2 janvier 2025.

2. P. Jacquemot, « L'Afrique face à l'épuisement de ses ressources de la pêche maritime », Policy Center for the New South, *Policy Brief* 35/24, 23 juillet 2024.

D'un autre côté, de nombreux pays africains se trouveraient dépossédés d'une ressource précieuse leur permettant de financer leur développement. Si certains pays commencent à s'insurger contre les pratiques tarifaires de Pékin, une dépendance encore accrue diminuerait leur faculté de résistance. Une mainmise chinoise sur les ports essentiels africains constituerait aussi un danger tant pour les pays en question que pour les autres nations.

Enfin, la perpétuation des conflits violents en Afrique a des conséquences lourdes sur la sécurité des démocraties, en particulier européennes. Les conflits eux-mêmes non seulement attisent le terrorisme, mais alimentent aussi les trafics en tout genre : pierres précieuses et or, drogue, minerais stratégiques, qui eux-mêmes apportent des ressources aux groupes combattants. Ils deviennent aussi un terrain de chasse commode pour les puissances révisionnistes, en particulier la Russie, avec son emprise sur une portion de la Libye, notablement accrue après la perte pour Moscou de la Syrie, mais aussi le Soudan où, de manière significative, la Russie a bloqué une résolution de l'ONU appelant à un cessez-le-feu[1], et une partie de la zone sahélienne.

L'absence de tentative sérieuse de résolution des guerres les plus durables, comme celle qui dure depuis plus de trente ans à l'est de la République

1. H. Ibrahim, « Soudan : pourquoi l'armée salue le veto russe à la résolution de l'ONU appelant à un cessez-le-feu », RFI, 20 novembre 2024.

démocratique du Congo[1], affermit les influences étrangères, accroît les schémas de corruption et renforce le poids des milices para-étatiques, qui contribuent à leur tour à la destruction des États. Le pays le plus peuplé d'Afrique, le Nigeria, secoué de conflits puissants, pâtit d'une sous-éducation et d'un chômage de masse. Certaines de ses zones échappent à tout contrôle ; le groupe djihadiste Boko Haram est loin d'être vaincu ; sa capitale, Lagos, est une des villes les plus dangereuses au monde. En 2050, il deviendra le troisième État le plus peuplé au monde, avant les États-Unis, avec 410 millions d'habitants – il en aura le double en 2100[2]. Nul aujourd'hui ne peut réellement apprécier dans son ampleur le risque sécuritaire posé par cette situation bien au-delà de ses frontières immédiates.

Le gel annoncé par Trump de l'ensemble des aides américaines, en particulier à l'Afrique, pourrait constituer une bombe à retardement, en particulier si les États-Unis diminuent de manière drastique leur contribution aux organisations internationales – le retrait de l'OMS pourrait être suivi par d'autres. Certes, l'aide au développement en tant que telle est souvent considérée comme partiellement inefficace, malgré des succès remarquables. Elle n'a pas empêché la chute de certains États. L'assistance américaine, quoique limitée, des administrations précédentes en matière de

1. C. Vogel et K. Vlassenroot, « Est de la RDC : "Les réponses internationales restent incohérentes pour stopper l'escalade du conflit" », *Le Monde*, 30 octobre 2024.

2. « Le Nigeria, "bombe à retardement" démographique », *Le Monde*, 30 janvier 2019.

lutte contre le terrorisme est loin d'avoir porté les fruits attendus. Mais d'abord l'aide au développement permet au moins d'endiguer la chute des pays dans un sous-développement absolu. Sans elle, certains États ne pourraient simplement pas survivre. Ensuite, elle évite de les rendre complètement dépendants de l'aide chinoise. Refuser de traiter le sujet du devenir de l'Afrique dans les prochaines décennies, inséparablement sur le plan du renforcement des États, de la lutte contre les menaces sécuritaires et de la prévention d'influences extérieures prédatrices reviendrait à renforcer l'insécurité du monde. Plusieurs exemples – République démocratique du Congo, Soudan, Libye, Éthiopie et Érythrée, bande sahélienne – témoignent des effets de contagion possibles qui ne pourront que s'accélérer au cours des prochaines années.

Par-delà les zones géographiques hétérogènes du continent africain, qui ont chacune leurs problématiques propres et différentes aires d'attraction, il importe de traiter de l'Afrique, au moins subsaharienne, comme d'un tout. Les divisions linguistiques en particulier sont inopérantes comme le sont, en partie, les héritages historiques dès lors qu'il faut appréhender des menaces communes. Il faut aussi se garder de l'illusion, comme elle apparaît parfois dès lors qu'il s'agit d'attribuer à l'Afrique un siège permanent au Conseil de sécurité de l'ONU, d'estimer qu'un pays pourrait avoir vocation à la représenter. C'est notamment le cas de l'Afrique du Sud, pays le plus développé d'Afrique subsaharienne, dont l'appartenance aux BRICS+ et les alliances actuelles l'empêchent de parler au nom de tous.

La priorité consiste à permettre à l'Afrique d'équilibrer les relations que chacun de ses pays entretient avec ses partenaires extérieurs. Aucun n'est *a priori* illégitime, mais les déséquilibres s'accroissent en faveur de la Chine et, plus accessoirement, d'autres pays dont l'influence ne conduit pas à la mise en place de normes démocratiques et de transparence. De manière accrue, une partie de l'Afrique est ainsi devenue un enjeu dans la lutte entre les différents États du Golfe et la Turquie, associant préoccupations commerciales, dimension idéologique et implications militaires[1]. Les Émirats arabes unis sont ainsi devenus le quatrième investisseur étranger en Afrique et commencent à ajouter les mines aux infrastructures traditionnelles, notamment portuaires[2]. Une étude récente montrait que, parfois, leur assistance à un État, en l'occurrence l'Éthiopie, ne les empêchait pas d'accueillir l'or provenant de trafics illicites dans les zones en guerre de ce pays, faute de contrôles suffisamment rigoureux[3]. L'Afrique pâtit de la corruption d'une partie de ses élites, mais ses

1. Voir notamment N. Bagayoko, « Présence et influence des puissances moyen-orientales en Afrique subsaharienne », Fondation méditerranéenne d'études stratégiques (FMES), 31 janvier 2024 ; S. Geneste, « L'Afrique, terrain de jeu privilégié des investisseurs du Golfe », RFI, 3 janvier 2025.

2. D. Money, « The UAE Has Set Its Sights on Africa's Critical Minerals », *World Policy Review*, 17 avril 2024.

3. A. A. Demissie et A. Soliman, « Illicit gold is exacerbating Ethiopia's conflicts », Chatham House, 2 octobre 2024.

zones grises alimentent aussi la corruption du monde.

Une étude récente montrait que les Africains étaient parfaitement conscients de l'accroissement des risques que posait un développement à la fois incontrôlé, sous-financé, mal géré et caractérisé par une absence de prise de responsabilité des États occidentaux[1]. Notamment, ils mesurent à la fois les dangers et l'injustice, reproduisant des griefs anciens de l'époque coloniale, qui consiste à ce que d'autres accaparent les ressources, minières notamment, sans laisser les Africains en assurer la transformation et la finition. Ils voient aussi le peu d'empressement de certains pays occidentaux à mettre en place des mécanismes plus rigoureux et sévères dans la lutte contre la corruption et la traque des flux illicites qui privent l'Afrique de plusieurs points de PIB. Le même rapport signale que de nombreux Africains considèrent que « les BRICS+ risquent de donner la priorité aux perspectives des puissances émergentes tout en continuant à marginaliser les pays plus pauvres et moins puissants ». Ils remarquent que « le Sud n'a pas besoin de s'appuyer sur la Chine pour faire entendre sa voix et agir ». Enfin, ils estimaient que « les puissances moyennes doivent s'unir pour élaborer un programme de réforme ». Il reste à voir comment ces résolutions sages pourront être mises en ordre de bataille.

---

1. S. Patrick, E. Sidiropoulos et E. Hogan, « Reimagining Global Economic Governance: African and Global Perspectives », Carnegie Endowment for International Peace, 16 septembre 2024.

7

Le Moyen-Orient sans unité ni stratégie

La grande région Moyen-Orient (Iran, Turquie, États du Golfe, Machrek, Irak et Maghreb) est dépourvue d'unité politique et géographique. Elle se définit comme une terre où l'islam, sauf en Israël, est la religion dominante, mais où existent de fortes minorités qui ne sont pas musulmanes (Liban, Syrie, Égypte). Elle ne correspond pas exactement aux pays de la Ligue arabe (des pays non arabes de la région n'y figurent pas, notamment l'Iran et la Turquie, laquelle ne dispose que d'un statut d'observateur depuis 2011) et la Ligue comprend des pays africains hors de la zone Moyen-Orient (Soudan, Djibouti, Comores, Somalie). Plusieurs des pays de la région sont traversés par des conflits violents : Syrie jusqu'au début décembre 2024, Yémen, Israël/Palestine, Liban, Libye et, dans une moindre mesure aujourd'hui, Irak.

C'est aussi une zone où, à la différence de l'Europe et de l'Asie, on ne voit pas surgir de petite ou moyenne nation capable de tirer ou de fédérer une partie des autres. Certaines en auraient certes la volonté : Iran, Égypte à certains moments de son histoire, Turquie, qui en est le plus près, Arabie saoudite et, plus encore, Émirats arabes unis.

L'Iran, indépendamment de son régime et de sa religion dominante, est certainement trop peu arabe, ce qui est aussi le cas de la Turquie. Téhéran reste – quoiqu'un peu moins depuis les frappes décisives d'Israël sur le Hezbollah et la mise en place début 2025 d'un nouveau gouvernement au Liban – une puissance d'influence, mais par la disruption, le désordre et souvent le crime.

La Turquie est forte par ses multiples rivalités, ses relais religieux et son entrepreneuriat dynamique et sa double allégeance à l'OTAN et à un autre monde, mais elle n'a pas de rôle fédérateur régional, encore moins d'inspirateur mondial. Elle reste toutefois une puissance montante, potentiellement décisive dans les équilibres régionaux et parfois au-delà.

Le Caire, malgré des élites remarquables, est comme collé au jeu à la petite semaine des dirigeants de l'armée[1] qui contrôlent les orientations du pays en même temps qu'une large part de son économie improductive. Un pouvoir kleptocratique ne se projette ni vers l'avenir ni vers l'extérieur.

Mohammed ben Zayed a fait des Émirats un pays influent, acteur régional incontestable, pas

---

1. V. Lachenait, « L'armée égyptienne, un Léviathan du Nil ? », *Le Grand Continent*, 25 janvier 2021 ; C. Halini, « Égypte : l'armée, capitaine d'industrie », *Libération*, 4 mars 2019.

toujours pour le meilleur – notamment quand il a cherché à réhabiliter Assad –, et une plaque tournante de nombreux trafics. Abou Dabi est souvent machiavélique dans ses interférences mais, pour cette raison même, un État dépourvu de tout rôle mondial. Il est comme l'illustration du fait que le *soft power* dont il se réclame ne fait pas une stratégie. Le gigantisme de la vision de Mohammed ben Salmane ne transforme pas davantage Riyad en une place capable de porter une stratégie globale. Sans doute d'ailleurs, tant les Émirats arabes unis que l'Arabie saoudite souffrent d'être des nations avec un peuple trop limité pour s'inscrire dans le monde comme modèles nationaux.

De quelques faux antagonismes

Les divisions du Moyen-Orient sont aussi loin d'épouser parfaitement le conflit, théologique et surtout politique, entre les sunnites et les chiites. L'Iran chiite soutient ainsi le Hamas dont les dirigeants sont sunnites ; au-delà de la zone, la Turquie, majoritairement sunnite, est fortement liée à l'Azerbaïdjan à large majorité chiite. Le chiisme lui-même comporte de nombreuses dissidences : les alaouites en Syrie, d'où provient feu le clan Assad, sont éloignés des jafarites iraniens et leurs particularités ont été exacerbées pour des raisons économiques et politiques déjà avant Assad ; les zaydites du Yémen étaient fortement critiqués par les chiites rigoristes qui voyaient parfois en eux des sunnites cachés, mais ils ont été finalement soutenus par l'Iran dans la guerre au Yémen pour des raisons politiques ; les alévis turcs sont reliés au chiisme, mais sont avant tout syncrétistes avec une influence forte du zoroastrisme et du christianisme primitif ; les Druzes de Syrie et du Liban constituent une autre dissidence du chiisme, mais cela ne les rapproche pas politiquement des alaouites. Dans le cas de Bahreïn enfin, un des plus forts alliés de l'Arabie saoudite, il y a discordance entre le roi, sunnite, et la majorité de la population, chiite.

La situation est plus compliquée aussi lorsqu'il s'agit des alliances ; l'Égypte, majoritairement sunnite, est assez proche de la Russie qui est amie avec l'Iran. Il en va de même des Émirats qui sont souvent accusés d'abriter des grosses fortunes russes[1] et d'être complaisants envers des opérations financières qui enfreignent les sanctions[2], alors même que ce qui renforce Moscou joue en faveur de Téhéran. Le Qatar, membre du Conseil de coopération du Golfe, entend garder aussi des relations correctes avec l'Iran. En 2023, Riyad et Téhéran ont annoncé également renouer leurs relations

1. Voir J.-P. Filiu, « Les Émirats dans le camp russe face à l'Ukraine », *Le Monde*, 2 avril 2023. Certes Dubaï est dans le collimateur de l'Occident à cause de son action dans le contournement des sanctions (N. Smagin, « Is the Blossoming Relationship Between Russia and the UAE Doomed? », Carnegie Endowment for International Peace, 13 avril 2023), mais pour l'instant les menaces des démocraties à son endroit n'ont eu guère d'effets.

2. N. McCrae, F. Millard et J. Swift, « Why the UAE is Becoming a Liability: The Case of Russian Sanctions Evasion », The Bruges Group, 2024.

diplomatiques[1], sans que cela se traduise par une fin des tensions. Mais cela a été perçu comme une sorte de victoire pour l'Iran, qui sortait ainsi de son isolement.

L'autre idée reçue consiste à considérer la religion comme le facteur explicatif dominant. Certes, celle-ci est invoquée régulièrement par les dirigeants et se traduit, quoique diversement, dans les lois. Elle peut être aussi le motif de harcèlement, sinon de persécutions, envers les religions autres que l'islam, bien que là aussi avec des différences notables suivant les pays et les périodes. Même des gouvernements prétendument laïques utilisent aussi des arguments religieux et recourent à des représentants religieux pour relayer leurs discours – ce fut longtemps le cas d'Assad avec le grand muphti de Damas. Les croyances religieuses sont aussi ancrées dans l'essentiel de la population.

Mais le facteur premier est politique, sur le plan tant intérieur qu'extérieur. Caractériser par exemple l'Iran comme le « régime des mollahs » comme on l'entend souvent pourrait créer l'impression que la religion est première. En réalité, celle-ci est largement instrumentalisée à des fins de domination politique. La fameuse « police des mœurs » iranienne est d'abord un outil de répression politique : elle vise la liberté en tant que telle et pas seulement la liberté par rapport à la pratique religieuse. La religion y sert à

1. F. Dazi-Héni, C. Pina et W. Ramadan-Alban, « L'accord de normalisation des relations saoudo-iraniennes signé à Pékin : regards croisés », IRSEM, 7 juin 2023.

l'asservissement d'un pays dont une partie de la société est laïque. Les *pasdaran*, autre nom du corps des Gardiens de la révolution, sont d'abord une milice chargée d'assurer la « stabilité » du régime. Si elle est placée sous le commandement du Guide suprême, elle a une mission non tant religieuse que politique au sein du pays et à l'extérieur. Le wahhabisme d'Arabie saoudite, qui impose le respect de règles religieuses strictes, est aussi un moyen de contrôle social et politique. Une société tolérante et ouverte est plus difficile à contrôler ; la dissidence y prend plus aisément place. Certes, il existe aussi, dans certaines régions, un contrôle social à proprement parler religieux, mais le contrôle politique fondé sur la religion est d'une tout autre nature. Il n'est pas différent du contrôle policier et criminel de régimes prétendument laïques comme ceux des partis Baas de l'Irak de Saddam Hussein et, plus encore, de la Syrie des Assad.

Les occasions manquées

Le Moyen-Orient est riche en occasions manquées d'affirmation du leadership de petits et moyens États. Il est aussi trop tôt pour savoir si la Syrie post-Assad, à la fois riche en talents incroyables et qui a vécu un long traumatisme, y parviendra dans quelques années.

Le Printemps arabe tunisien, longtemps considéré comme son seul succès, a été confisqué par la dérive autoritaire de Kaïs Saïed qui mène par ailleurs une politique étrangère incompréhensible[1]. Les espoirs, certes ténus, d'évolution de l'Égypte vers un régime moins répressif se sont évanouis. Le Maroc est loin d'être devenu une puissance régionale et regarde surtout vers l'Afrique subsaharienne où elle voit en partie le futur de sa prospérité. La Turquie n'est certes pas complètement une non-démocratie, mais elle s'est enfermée dans une voie si imprévisible et ambiguë diplomatiquement que son influence, forte sur le plan économique, s'est enfermée dans des contradictions insolubles, un pied dans l'OTAN, un pas en direction des BRICS+ qu'elle a demandé à rejoindre en septembre 2024 avant d'y renoncer à la fin de la même année, ainsi d'ailleurs que Riyad. Le nouvel axe russo-américain pourrait toutefois l'inciter à mettre fin à ces embardées.

Quant aux Émirats et à l'Arabie saoudite, ils ont des relations de plus en plus tendues en raison de leur lutte pour le leadership dans la région. Leur politique erratique et peu susceptible d'attirer la confiance les en rend incapables. Le Qatar joue un rôle d'influenceur – parfois au prix de certains scandales – et de médiateur, notamment dans le conflit israélo-palestinien, mais il n'apparaît pas, en raison même de cette position de balance, en mesure de jouer un rôle premier dans la région. Enfin, l'Égypte, tournée vers la Russie et engluée

---

1. T. Hill et S. Yerkes, « Tunisian Foreign Policy Under Kais Saied », Carnegie Endowment for International Peace, 11 janvier 2023. S'ajoute aux éléments mentionnés dans cet article le soutien que Saïed a apporté à Assad (B. Delmas, « Tunisie : l'embarrassant soutien à Bachar el-Assad », *Le Point*, 15 décembre 2024).

dans une crise économique et sociale profonde, n'apparaît plus comme porteuse d'un message en direction de son environnement comme elle pouvait l'être au temps de Nasser – quoi qu'on en pense par ailleurs.

La plupart de ces États toutefois possèdent un potentiel réel d'affirmation. Mais trois conditions devraient être réunies.

D'abord, sur un plan interne, le préalable est une évolution, au moins progressive, vers l'État de droit, la défense des libertés, notamment de la presse, et la lutte contre la corruption. Ces demandes furent celles de la population, notamment lors des Printemps arabes, et le demeurent aujourd'hui. Il convient de ne pas tomber dans une forme d'orientalisme, mis en avant à la fois dans ces pays et par une partie des analystes occidentaux, selon lequel les peuples de la région, voire les musulmans de manière générale, n'auraient aucune appétence pour la démocratie. L'échec tunisien, la répression du Hirak et, d'une violence incomparable, du mouvement Femme, Vie, Liberté en Iran, le face-à-face, cherché par Abdel Fattah al-Sissi, entre l'armée et les Frères musulmans, ne laissant aucun espace à l'opposition libérale, les espoirs déçus de libéralisation en Arabie saoudite et l'existence de libertés très conditionnelles aux Émirats, notamment, témoignent du chemin à parcourir.

Ensuite, il ne saurait y avoir d'émergence de ces États sur la scène internationale sans cohérence de leur politique étrangère. Celle-ci ne saurait se résumer à la lutte contre le terrorisme, notamment celui de Daech, le combat contre l'emprise de l'Iran sur certains pays ou encore, pour certains d'entre eux, le rétablissement des relations avec Israël, en particulier dans le cadre des accords d'Abraham[1], malmenés par les actions violentes d'Israël dans la bande de Gaza.

On ne voit guère les États de la région intervenir pour soutenir la paix dans plusieurs conflits. L'exemple du Soudan est emblématique : les Émirats fournissent en armes, via le Tchad et la Libye, les Forces de soutien rapide (FSR) du général Mohammed Hamdan Dagolo qui les a aidés au Yémen ; Riyad, comme Le Caire, soutient le camp adverse[2], celui des Forces armées soudanaises (FAS) du général Abdel Fattah al-Burhan, comme d'ailleurs l'Iran. La Turquie, jadis proche du régime d'Omar al-Bachir renversé en 2019, à l'instar du Qatar, tente aussi, comme auparavant l'Égypte et l'Arabie saoudite, de se poser en médiatrice pour regagner une influence jadis importante sur Khartoum et peu à peu perdue[3]. Mais à ce stade, aucun des pays concernés ne semble se faire le porte-voix de la société civile à la pointe de la révolution de 2019. Ils laissent aussi la Russie – qui joue sur les deux tableaux, soutenant officiellement la

1. Cette série de traités de paix lie Israël, les Émirats arabes unis, Bahreïn, le Soudan et le Maroc. À ce stade, l'Arabie saoudite n'a pas encore rejoint les accords.

2. Africa Defense Forum, « La rivalité entre les Saoudiens et les Émiriens encourage le conflit au Soudan », *ADF-Magazine*, 11 juin 2024.

3. Sur la politique et l'emprise turques sur le Soudan, voir E. Domingues dos Santos, « Le Soudan dans la géopolitique africaine de la Turquie. Une expérience *sotto voce* dans une région convoitée », *Notes de l'IFRI*, novembre 2023.

junte au pouvoir et aidant les FSR par le biais de Wagner – établir son emprise sur une partie du pays d'où sa milice a « exporté » 1,9 milliard de dollars d'or des mines[1] qu'elle exploitait pour financer la guerre contre l'Ukraine.

On retrouve des divisions en partie analogues dans le soutien aux diverses parties du conflit libyen : l'Égypte, ainsi que l'Arabie saoudite, les Émirats et Bahreïn, soutiennent le maréchal Khalifa Haftar et ses Forces armées libyennes (ANL) : la Turquie et le Qatar appuient le Gouvernement d'union nationale (GUN), dirigé par Abdel Hamid Dbeibah. Derrière cet affrontement militaire se joue aussi une dispute théologico-politique entre des gouvernements proches des Frères musulmans prônant un islam politique pluraliste et d'autres partisans d'un autoritarisme politique inspiré par le courant madkhaliste[2], quand bien même celui-ci ne joue qu'un rôle idéologique des plus limités dans cette guerre civile. S'y ajoutent des rivalités de puissance et de lutte pour la prééminence économique. Aucun des acteurs concernés ne paraît sincèrement animé de la volonté de parvenir à une forme de concorde nationale, ni du souhait

1. P. Obaji Jr et A. Le Touzé, « Wagner au Soudan, la ruée vers l'or », Deutsche Welle (DW), 12 mai 2023.

2. Voir les études détaillées d'Aude Thomas, « Islamisme, livraisons d'armes, et désinformation : le rôle des puissances régionales dans le conflit libyen », Fondation pour la recherche stratégique, *Notes de la FRS*, 43/2020, 26 mai 2020, et « Madkhalisme en Libye : état des lieux et perspectives d'évolution des groupes madkhalistes », *Notes de la FRS*, n° 5/2020, 17 mars 2020.

de mettre un terme à l'intervention de la Russie aux côtés du maréchal Haftar.

Au Yémen, Riyad et Abou Dabi ont conduit, au-delà des crimes de guerre dont ils sont fortement suspectés, une politique incohérente qui n'a fait que renforcer Téhéran et les groupes terroristes islamistes, d'abord Al-Qaïda, puis l'État islamique, qui y ont trouvé pendant longtemps un terrain propice. Au début, les houthistes n'avaient aucune appétence particulière pour l'Iran et étaient loin d'être hostiles à l'Arabie saoudite. Leur position s'est certes radicalisée depuis la seconde guerre d'Irak, mais ils cherchaient surtout une forme d'autonomie[1]. La division entre les deux principales tendances de l'islam n'était pas inscrite dans l'histoire du Yémen. Comme en Syrie et, de manière différente, en Libye, l'intervention de puissances régionales étrangères a renforcé ce que l'on appelle couramment le « sectarisme », outil à la fois de division et de contrôle. Au Yémen pourtant, à la différence de la Syrie et de l'Irak, les menaces de déstabilisation provenaient moins du seul Iran que de l'exacerbation du conflit en tant que tel. L'engagement dans le conflit a fait perdre à Riyad et à Abou Dabi une grande partie de leur crédibilité diplomatique. Si la guerre a baissé d'intensité depuis 2022 et l'Arabie saoudite et les Émirats se sont montrés désireux de se dégager d'un des plus meurtriers conflits

1. Pour une analyse générale du conflit au Yémen, nous renvoyons à N. Tenzer, « Yémen : stratégie de l'urgence, l'urgence d'une stratégie », *The Conversation*, 26 juin 2018.

de la région, le renforcement des actions des houthistes, y compris dans l'attaque de navires dans la mer Rouge, signe l'échec d'une stratégie.

Ces trois exemples montrent que la cohérence de la politique étrangère des pays de la région est généralement difficilement perceptible et, surtout, ne les positionne pas en faiseurs de paix. Alors même que les actions de déstabilisation de l'Iran ont crû depuis le milieu des années 2000 – il est prématuré de se prononcer sur les effets à moyen terme des coups portés au Hezbollah par Israël –, elles n'ont guère été contrées. La coalition antiterroriste a certes réduit la capacité de nuisance de Daech, en supprimant ses bastions forts et en luttant contre ses réseaux de financement, mais des cellules décentralisées de l'organisation terroriste existent toujours[1]. Il en va de même d'Al-Qaïda dans la péninsule Arabique (AQPA) qui continue d'avoir des moyens d'action[2], malgré une diminution de ses ressources et la disparition de l'un de ses chefs historiques en 2024[3]. Quand beaucoup le considèrent comme le principal conflit dans la région, par-delà le soutien de Téhéran au Hamas, les pays de la région n'ont aucunement cherché à peser sur le conflit israélo-palestinien auquel ils semblaient fondamentalement indifférents. Ce

1. L. Carr et B Carter, « The Islamic State's Global Long Game and Resurgence in Syria Poses an Evolved Threat to the West », Institute for the Study of War (ISW), 9 janvier 2025.

2. V. d'Hauthuille, « Al-Qaeda in the Arabian Peninsula: Sustained Resurgence in Yemen or Signs of Further Decline ? », Armed Conflict Location & Event Data (ACLED), 6 avril 2023.

3. « La branche d'Al-Qaïda au Yémen annonce la mort de son chef, Khalid Batarfi », *Le Monde*, 10 mars 2024.

conflit était pour le moins marginal dans leurs préoccupations.

Enfin, ces pays ne peuvent être laissés à eux-mêmes par leurs partenaires occidentaux. C'est pourtant ce qui s'est largement passé avec un désengagement marqué des principales puissances occidentales. Outre le réengagement non contré des Émirats et de l'Égypte notamment avec la Syrie d'Assad, la diplomatie américaine et celle de l'Union européenne ont été peu actives au Soudan[1]. Il en va de même pour la Libye où l'engagement de Washington, traumatisé par l'assassinat de son ambassadeur, John Christopher Stevens, le 11 septembre 2012, a été minimal[2], y compris sur la présence des troupes et mercenaires russes dans le pays. Le jeu de la France, un temps encline à soutenir Haftar[3], avant de se ranger à une position plus neutre, n'a guère été compris. Au Yémen, les États-Unis ont longtemps soutenu, y compris militairement, la coalition menée par Riyad, avant d'arrêter toute implication[4], mais

---

1. C. Hudson, « Washington Is Becoming Irrelevant in Sudan. A Sanctions Strategy Could Change That », Center for Strategic and International Studies, 11 juillet 2024 ; M. Fatima, « A diplomatic solution in Sudan demands greater US engagement with its Arab allies », Atlantic Council, 10 avril 2024.

2. Voir B. Fishman, « After 2011, the United States Stayed on the Sidelines—to Libya's Detriment », The Washington Institute for Near East Policy, 30 juin 2024 ; J. Winer, « In Libya, UN failure and Russian influence require updated US policy », Middle East Institute, 25 avril 2024.

3. M. Semo, « Libye : la France embarrassée par son soutien au maréchal Haftar », *Le Monde*, 8 avril 2019.

4. « Yemen war: Joe Biden ends support for operations in foreign policy reset », BBC, 5 février 2021 ; S. Alamer, « Biden

sans s'engager résolument dans la recherche d'une solution. Il faut considérer la protection de ses alliés contre les attaques des houthistes davantage comme une mesure d'urgence liée à des impératifs pressants de sécurité qu'à une implication diplomatique pour amener le pays à la paix. Alors que l'Égypte est considérée comme un partenaire important de l'Occident, elle se tourne, en raison du vide politique laissé par la bride lâche de Washington, vers Moscou, tout en s'efforçant de tirer des avantages des deux côtés[1]. Mais dans ce jeu, les États-Unis ont finalement laissé la Russie engranger le plus d'avantages – et ce bien avant Trump.

La situation actuelle n'est certes pas comparable en matière de possible implication du côté de l'Europe et de l'Amérique. L'Union européenne n'a qu'un poids limité dans les crises extérieures au continent européen. Si certains de ses États membres, principalement la France, peuvent avoir une diplomatie active, elle n'a eu jusqu'à présent, y compris dans la crise libanaise ou le conflit israélo-palestinien, une efficacité uniquement parce que Paris et Washington s'étaient mobilisés conjointement. Les relativement bonnes relations entre Paris et plusieurs pays du Golfe, voire l'Égypte, n'ont pas conduit à faire changer ces États d'attitude sur les conflits mentionnés, la France étant

---

and the War in Yemen : The Larger Context of the Shifts in the American Position », Carnegie Endowment for International Peace, 14 avril 2021.

1. A. Hamzawy et R. Ji, « Soviet and Russian Policies Toward Egypt: Two Snapshots », Carnegie Endowment for International Peace, 26 septembre 2024.

souvent aussi réticente à éviter les points de tension, que ce soit sur les droits de l'homme ou sur l'implication de ses partenaires dans la guerre. C'est donc l'abstention au long cours des États-Unis qui est aujourd'hui la plus problématique. Elle tend aussi à laisser le champ libre à Pékin qui renforce considérablement son empreinte dans la région[1]. Ce retrait américain durable empêche à la fois les États moyen-orientaux d'avoir une politique constructive, mais aussi de les aider à se construire comme pouvoirs responsables. Elle rend aussi difficile la mise en place de partenariats constructifs dans les pays tiers, y compris l'Afrique, pour contrer, dans l'intérêt commun, les menées de la Russie et de la Chine.

En sorte, les moyennes puissances du Moyen-Orient offrent un cas de figure différent de celles d'Afrique. Ces dernières ne savent pas comment gagner en influence sur la scène mondiale ; elles peinent à construire une stratégie ; leur impact mondial est faible, sinon à la marge par le vote de résolutions, non contraignantes, à l'Assemblée générale des Nations unies ou lors de l'élection des dirigeants des organisations internationales. Elles peinent à résister aux influences des puissances révisionnistes. Les premières, au contraire, ont de réelles ambitions internationales, ou au moins régionales ; elles disposent de moyens qui proviennent de leurs ressources énergétiques (pays du Golfe, Algérie), de leur puissance militaire et de la constitution sur la durée de soutiens locaux

1. Y. Albeck, « Xi Jinping's Vision for the Middle East », Hudson Institute, 13 juillet 2023.

(Iran) ou de leur développement entrepreneurial (Turquie). Elles sont capables, sur le plan commercial, de concurrencer les grandes puissances sur les terrains économiques extérieurs, en particulier en Afrique (Turquie, Golfe, plus marginalement Maroc). Nombre d'entre elles auraient les moyens d'être les éléments stabilisateurs de la zone. Au lieu de cela, par un jeu finalement suicidaire, beaucoup font la courte échelle à Moscou ou à Pékin, leur donnant les moyens de subvertir la région et de la rendre plus vulnérable. Aucune stratégie sensée à moyen terme n'aurait dû y conduire – sauf, peut-être, le renforcement de l'axe des dictatures. Elles ont tout à y perdre.

La Turquie, politique erratique ou puissance moyenne en devenir ?

La Turquie, puissance singulière du Moyen-Orient, est celle qui dispose le plus d'atouts pour exercer un rôle constructif au-delà de sa seule région. Cependant, l'ambiguïté, aussi habile soit-elle, ne peut définir une grande politique étrangère. Elle est l'exact contraire du leadership, qui requiert une ligne droite. Or précisément, le premier défi devant la politique de Recep Tayyip Erdoğan consiste à tenter de la comprendre – et ce n'est pas chose aisée. Autant on discerne sans trop de difficulté les intentions des régimes russe et chinois, notamment leur politique révisionniste et leurs attaques contre les démocraties libérales, autant les visées du régime turc paraissent, en large partie, obscures. Traiter la politique turque de « néo-ottomane » ne permettrait que malaisément de distinguer ses lignes de force. On ne saurait non plus la percevoir comme centrée principalement autour d'une certaine vision de l'islam politique, même si Ankara s'appuie sur des forces qui mènent une politique d'influence en ce sens tous azimuts. Cela manquerait aussi d'à-propos que d'y voir une politique d'abord expansionniste ou de contrôle d'une quelconque zone d'influence. Que l'Azerbaïdjan, allié privilégié d'Ankara sur le plan politique et militaire, tombe de plus en plus dans l'escarcelle russe, voire iranienne, traduit les limites de la politique d'influence turque. Enfin, quelle que soit l'obsession du pouvoir d'Ankara envers les tentatives d'autonomie kurde, elle ne fait qu'éclairer une partie de sa politique, notamment en Syrie avant comme après la chute d'Assad.

Pour l'Europe, la politique turque représente une double difficulté, mais traduit aussi des opportunités manquées.

D'abord, la Turquie est membre de l'OTAN et il est difficile d'imaginer qu'elle pourrait, en admettant que cela soit souhaitable, en être exclue : il est peu vraisemblable qu'il puisse exister une unanimité en ce sens au Conseil de l'Atlantique nord. Elle est aussi toujours officiellement reconnue, depuis le Conseil d'Helsinki de 1999, comme un pays candidat à l'entrée dans l'Union européenne, même si sa candidature paraît de fait gelée. Elle jouit depuis le 1er janvier 1964 d'un accord d'association avec l'UE. Elle est enfin membre du Conseil de l'Europe depuis le 13 avril 1950. L'UE lui a aussi largement sous-traité l'accueil d'une très large partie des réfugiés syriens.

Mais en second lieu, le régime turc affiche un comportement qui n'a que peu à voir avec les valeurs de l'Alliance et de l'Europe : non seulement son comportement est de plus en plus autoritaire et répressif à l'intérieur[1], mais il affiche aussi, quoique de manière fluctuante, des comportements potentiellement hostiles dans sa politique extérieure. Elle a renforcé ses liens avec la Russie avec notamment l'achat de missiles S-400 russes et a montré aussi en septembre 2021 sa volonté de développer son partenariat avec Moscou sur le plan tant militaire qu'économique. Celui-ci marque toutefois le pas depuis la guerre russe contre l'Ukraine, la Turquie soutenant cette dernière. Erdoğan ne manque pas une occasion de rappeler son soutien aux Tatars de Crimée persécutés par Moscou. Il ne reconnaît d'ailleurs pas l'annexion de la Crimée et des autres territoires ukrainiens et défend depuis 2014 la souveraineté de l'Ukraine avec laquelle la Turquie a d'ailleurs signé un partenariat stratégique en 2011.

Ankara a aussi confronté directement la Grèce, pays membre de l'OTAN comme la Turquie, et Chypre, à l'occasion de différends sur les eaux territoriales. Elle continue de souffler sur les

---

1. Les rapports des organisations des droits de l'homme soulignent les détentions arbitraires, les atteintes à la liberté d'expression, les brimades envers les opposants, l'usage de la torture en prison et les coups portés aux droits des personnes LGBT notamment (voir le dernier rapport de Human Rights Watch en particulier).

braises dans la question chypriote. Enfin, elle a aidé l'Azerbaïdjan lors du conflit meurtrier du Haut-Karabakh à l'automne 2020 et à nouveau en septembre 2022. Beaucoup pointent aussi le lien, au moins pendant une certaine période, entre une partie des services de renseignement turcs et l'État islamique[1] et le soutien apporté par la Turquie a des groupes islamistes radicaux[2], quoique non terroristes, en Europe – sans toutefois que leur influence doive être exagérée[3] –, sans parler de l'assassinat à Paris de trois opposants kurdes en janvier 2013, pour lequel l'implication des services turcs, quoique non formellement établie, fait partie des hypothèses sérieusement considérées par la justice française[4].

D'un côté, cette volonté disruptive de la Turquie[5] n'en fait pas une puissance responsable, d'autant plus qu'elle est membre de l'OTAN et du Conseil de l'Europe : les valeurs

---

1. M. Kedar, « Turkey's Relationship with ISIS Proves It Is Deserting Its European Allies », Begin-Sadat Centre for Strategic Studies, 11 octobre 2020 ; N. Bertrand, « Senior Western official: Links between Turkey and ISIS are now "undeniable" », *Business Insider*, 28 juillet 2015.

2. Voir L. Vidino, « Erdogan's Long Arm in Europe », *Foreign Policy*, 7 mai 2019.

3. W. Andureau, « Que pèse vraiment la Turquie dans l'islam de France ? », *Le Monde*, 5 novembre 2020.

4. S. Seelow, « Assassinat de militantes kurdes à Paris : la justice souligne l'implication des services secrets turcs », *Le Monde*, 22 juillet 2015.

5. M. Pierini, « How the European Union Should Tackle Turkey's Hostility », Carnegie Endowment for International Peace, 3 novembre 2020.

des deux organisations sont incompatibles avec une politique massivement attentatoire aux droits de l'homme et aux libertés essentielles. Quand bien même Ankara n'est pas entièrement un régime dictatorial comme la Russie de Poutine et la Chine de Xi Jinping, nul ne peut fermer les yeux sur l'emprisonnement à grande échelle de journalistes, d'activistes et de militants politiques, pour la grande majorité d'entre eux pacifiques. Le retrait de la Turquie de la Convention d'Istanbul sur le droit des femmes est un autre acte inacceptable, comme le furent les tentatives d'Ankara, pour l'instant inabouties, de rétablir la peine de mort. D'un autre côté, son rôle en Syrie doit être apprécié plus posément. Certes, les différents accords de Sotchi avec Moscou, où la Turquie s'était laissé manipuler en grande partie par le régime de Poutine, furent une faute lourde de politique étrangère, mais finalement Ankara n'a rien cédé d'essentiel. Son opposition permanente au régime Assad fait d'elle le pays qui compte en Syrie après la chute du régime.

Mais la question reste posée : pourrait-on imaginer que la Turquie devienne un allié conséquent et une puissance moyenne agissant en accord avec l'Union européenne et l'OTAN tant au Moyen-Orient qu'en Afrique, et contribue à contrer plus sérieusement les dangers chinois et russe ? La politique erratique actuelle, même si elle a acquis un semblant de netteté, au moins relatif, depuis 2022, peut-elle se transformer en une voie plus droite ?

Pour comprendre la politique étrangère de la Turquie, nous pouvons certes nous arrêter aux provocations de son président. Celui-ci a pu, encore en 2021, dans une vision d'inspiration classiquement impérialiste, « revendiquer » une forme de suzeraineté culturelle sur certains territoires en Syrie (Alep), Azerbaïdjan, Géorgie (Batoumi), Grèce, Irak, Bulgarie, etc. L'impérialisme turc est au demeurant surtout une forme de clause de style rhétorique, dont Erdoğan aime à user et à abuser, plus que l'expression d'une doctrine politique qu'il entend à tout prix mettre en œuvre. Cela aussi le distingue des régimes russe et chinois.

Même si, pendant un bref moment, un ministre des Affaires étrangères, Ahmet Davutoğlu (2019-2014), devenu ensuite Premier ministre, avait cherché à lui restituer une certaine rationalité doctrinale, au demeurant assez *théorique*, cela n'a été qu'un épisode relativement bref dans la période récente. Elle n'était pas non plus entièrement en concordance avec les principes démocratiques. Son caractère multidimensionnel ne la prédisposait d'ailleurs pas à une cohérence *pratique*. Bien avant l'arrivée au pouvoir d'Erdoğan, la politique turque n'était pas nécessairement plus limpide. De certaines discussions, même anciennes, avec les autorités turques, j'ai retenu parfois l'impression que les autres pays devaient faire le choix pour elle. Je me rappelle, à la fin des années 1990, des conversations avec des officiels à Ankara qui me disaient, d'autant plus aisément que je venais dans le cadre d'une mission semi-officielle : « Si vous ne nous permettez pas de regarder vers l'ouest, nous regarderons vers l'est. » Au-delà du ton quelque peu déplaisant de ce qui ressemblait à un chantage, ces propos semblaient bien plus réclamer que s'engager. De la part de ces officiels, cela ne ressemblait pas à une profession de foi européenne telle que je l'ai entendue de la bouche d'autres Turcs. Cela semblait dire : « Soit vous nous prenez dans l'Union, soit vous le regretterez, mais ne comptez pas sur nous pour être entreprenants dans la mise en conformité de nos règles et de nos standards. »

Les autorités turques n'ont cessé de fluctuer sur une série de sujets.

Sur le sujet de l'Arménie, la règle prévaut d'une non-reconnaissance du génocide arménien[1] et même d'une condamnation de toutes celles et ceux qui, en Turquie, pourraient être tentés de réclamer la vérité historique. Toutefois, cela n'a pas empêché plusieurs tentatives de reprise de dialogue, d'abord en 2014, puis plus récemment, avec Erevan. La Turquie aurait d'ailleurs tout intérêt, d'autant plus que Bakou se rapproche de manière accrue de Téhéran et de Moscou, de trouver les termes d'une concorde avec l'Arménie.

Sur la Chine, après avoir exprimé quelques critiques, au demeurant relativement légères[2], envers le régime chinois pour les crimes contre l'humanité perpétrés sur les Ouïghours, Ankara

---

1. I. Labeyrie, « La Turquie toujours dans le déni du génocide arménien », France Info, 26 avril 2021.

2. « Turkish PM Erdogan likens Xinjiang violence to "genocide" », AFP, 10 juillet 2019.

a rapidement « oublié » de quoi il s'agissait[1]. Elle semble d'ailleurs se tourner de plus en plus vers Pékin qui considère la Turquie comme un point d'entrée vers le Bassin méditerranéen. Le commerce entre les deux pays a explosé[2], au détriment de la Turquie, même si les deux puissances sont concurrentes sur plusieurs terrains de chasse communs, notamment dans les Balkans, au Moyen-Orient, en Afrique et en Asie centrale.

La relation avec les États-Unis connaît aussi des hauts et des bas. Jusqu'à la fin de la présidence Biden, Ankara percevait bien que Washington n'entendait pas se priver du recours de la Turquie qu'elle souhaitait conserver comme un allié, d'autant plus que ses tentatives de rapprochement avec Moscou semblaient terminées. Les premiers mois de Trump constituent un facteur de réengagement d'Ankara aux côtés des Européens de l'Alliance. L'indignation que suscite dans l'opinion publique occidentale la violation des droits de l'homme et notamment la persécution d'une partie de la population kurde, passera, encore davantage avec Trump, au deuxième plan. Pour autant, les autorités turques savent qu'elles ont tout intérêt à une meilleure entente avec l'Europe après le renversement d'alliance opéré par Washington – l'inverse est vrai aussi.

1. L. Altay, « Why Erdoğan Has Abandoned the Uyghurs », *Foreign Policy*, 2 mars 2021.

2. Il est passé de 10 à 45 milliards d'euros entre 2010 et 2022, faisant de Pékin le troisième partenaire d'Ankara (M. Paradon, « La Turquie, au carrefour des "nouvelles routes de la soie" », RFI, 8 septembre 2023).

Sur la question chypriote également, Ankara a, au gré des circonstances et de sa perception de l'état de l'opinion publique, balancé entre une attitude d'acceptation de l'accord négocié par l'ONU, et une attitude de soutien non modéré aux groupes les plus radicaux de la partie nord de l'île.

C'est dans leur relation avec la Russie que la position des autorités turques a été pendant longtemps la plus ambiguë. Sur le fond, la rivalité avec Moscou domine : outre la divergence majeure sur la Syrie, où Ankara s'est constamment élevée contre la mainmise d'Assad, sans avoir eu toujours les moyens de sa politique avant la chute finale du régime, elle se manifeste sur la Libye où les deux capitales sont dans des camps affrontés. Il en va de même en matière d'opposition sans compromis entre la Turquie et l'Iran, partenaire intéressé de Moscou – et réciproquement. Les rivalités économiques et politiques sont fortes dans les Balkans et certains pays d'Asie centrale. Erdoğan a toujours tenu une position ferme sur le respect de la Convention de Montreux du 20 juillet 1936, fermant l'accès à la mer Noire aux navires de guerre russes, mais aussi des pays de l'OTAN. La Turquie n'avait pas hésité non plus le 24 novembre 2015 à abattre un avion de chasse russe survolant son territoire, ce que les autres pays de l'OTAN n'ont jamais osé faire – Ankara avait en tout cas donné un signal clair à Moscou et ce genre d'incursions russes ne s'est pas reproduit. Elle a fourni l'Ukraine en drones de combat dès avant la guerre totale russe. Après avoir aidé Moscou à contourner les sanctions, elle a toutefois été sensible aux pressions du Trésor américain en arrêtant ses transactions financières avec la Russie, mais elle n'a pas cessé de faciliter le transit du pétrole russe. Ses exportations vers la Russie ont bondi[1]. Elle n'applique aucunement les sanctions occidentales. L'aéroport d'Istanbul demeure aussi ouvert aux vols vers la Russie. Ces compromissions paraissent toutefois traduire plus une volonté de favoriser les entrepreneurs turcs qu'une orientation décisive, qui serait d'ailleurs sans lendemain. Après certaines hésitations, Erdoğan a fait en sorte de ne pas recevoir Poutine en Turquie après l'arrêt de la Cour pénale internationale du 17 mars 2023, signe d'une conscience des limites à ne pas outrepasser.

La politique changeante d'Ankara envers le régime de Poutine était surtout motivée par un sentiment d'abandon – non sans un soupçon de vérité – de la part des pays occidentaux. Elle exprimait la volonté de montrer qu'elle pouvait, sans conséquence majeure, se distancer des États-Unis d'alors et des alliés, exprimant la croyance que son « autonomie stratégique » passait par une telle affirmation. Pendant longtemps, Vladimir Poutine s'est montré particulièrement habile dans l'exploitation de cette tentative disruptive de la Turquie. Il serait toutefois erroné d'y voir un quelconque prélude à une nouvelle alliance contre l'Occident, signe d'un prétendu retournement stratégique, alors qu'il s'agissait davantage d'une exploitation tactique que d'une opportunité momentanée. Même les

1. M. Jego, « Mer Noire : Turquie et Russie en eaux troubles », *Le Monde*, 4 février 2024.

tentatives de médiation de la Turquie entre Kyiv et Moscou semblent avoir été remisées. Erdoğan a fini par comprendre qu'il avait tout à perdre d'un accord par définition bancal et qui risquerait d'être favorable à la Russie. La Turquie sait faire preuve de prudence quand il le faut.

Qu'il faille dénoncer tous les « coups » d'Erdoğan relève d'une nécessité peu discutable[1]. Ne pas s'y astreindre reviendrait à banaliser ses activités de répression, son mépris des droits de l'homme et la persistance d'une volonté de nier les pages noires de son histoire : d'abord le génocide arménien certes, mais aussi la politique incroyablement brutale d'Atatürk et de gouvernements qui lui ont succédé. Il y a, de fait, une forme de continuité de la politique turque à cet égard, qui ne date pas du président actuel. Ne pas tenir bon sur les principes serait donner prise à une forme de double standard inacceptable. Ce n'est pas du renvoi dos à dos aussi que de dénoncer en même temps les crimes de l'armée et de la police turques contre la minorité kurde et l'action non moins inacceptable et souvent criminelle du PKK jusqu'à ce que son chef, Abdullah Öcalan, fin février 2025, annonce renoncer à la violence et dissoudre le mouvement. On ne saurait non plus mettre sur le même plan – il faut le répéter – le régime turc et les régimes chinois et russe, non point qu'Erdoğan n'ait pas la volonté d'enrégimenter et de mettre au pas la société turque et de réduire au silence toute voix d'opposition, mais

1. J.-M. Ripert, « Avec Erdoğan, la politique de la main ferme », *L'Express*, 17 avril 2021.

parce que, malgré la force de son armée et de ses services de renseignement, il n'en a pas la possibilité. Le contrôle et la surveillance absolus, jadis par le régime Assad, aujourd'hui par le gouvernement iranien, sont sans commune mesure avec ceux qui existent dans la Turquie actuelle. Malgré l'importance accordée par Erdoğan à l'idéologie islamiste issue notamment du courant des Frères musulmans, elle ne dispose pas de la force idéologique au service d'un pouvoir équivalente au syncrétisme poutiniste et au néocommunisme façon Xi Jinping. Son appareil de propagande n'est du reste pas comparable.

Dans l'attitude d'Erdoğan, il existe un mélange de tentative de mise en œuvre de ses menaces (affaires grecque et chypriote, Haut-Karabakh) et des gesticulations qui tiennent plus de la rhétorique à usage interne et de la vanité que d'une volonté authentique de disruption, *a fortiori* de destruction.

Dès lors, compte tenu de l'état avancé et ancien de destruction des normes et de la sécurité internationale, autant il est illusoire de conduire une politique d'engagement avec Moscou et Pékin, autant la question est différente avec Ankara. Cela suppose d'abord de tracer des limites à ne pas franchir, beaucoup plus clairement que les puissances démocratiques ne l'ont fait, notamment sur la situation des droits de l'homme en Turquie et sur la politique envers les Kurdes. Cela nécessite également de contrer de manière plus volontariste et coordonnée les influences turques dans certains pays, notamment ceux des

Balkans[1], sans parler des ingérences étrangères dans les pays occidentaux, fussent-elles plus faibles que celle de la Russie et de la Chine populaire. Mais il convient également que la Turquie comprenne les avantages qu'elle pourrait en retirer, non seulement sur le plan économique, mais aussi celui de sécurité. Un communiqué du sommet de l'OTAN du 14 juin 2021 à Bruxelles a reconnu une dette envers Ankara dans l'accueil des réfugiés syriens, mais la Turquie attendait plus, notamment en 2018, sur son rôle, fût-il intéressé, de *containment* des poussées du régime Assad et de ses alliés russe et iranien. Le manque de soutien de l'Occident sur la question syrienne et, pour tout dire, son désengagement total ont été mal ressentis à Ankara, comme du côté de l'opposition syrienne. Une politique plus conséquente de l'Ouest aurait peut-être permis de freiner le harcèlement organisé par les autorités turques sur les populations kurdes[2] et contribué à dissuader certaines fractions kurdes, en particulier le PKK et les YPG, de pactiser avec les forces militaires d'Assad.

Le président Erdoğan a été élu sans discontinuité entre 2014 et 2023. Le système présidentiel turc, avalisé par référendum en 2017, lui donne des

1. Voir notamment Z. Weise, « Turkey's Balkan comeback », *Politico*, 15 mai 2018 ; A. Aydıntaşbaş, « From myth to reality : How to understand Turkey's role in the Western Balkans », European Council on Foreign Relations (ECFR), 13 mars 2019.

2. Voir C. Salih, « Turkey, the Kurds and the fight against Islamic State », European Council on Foreign Relations (ECFR), 14 septembre 2015.

pouvoirs renforcés. Toutefois, le système turc n'est pas analogue aux systèmes dictatoriaux de la Chine et de la Russie, pour lesquelles l'espoir de changement dans les dix années à venir paraît beaucoup plus ténu. Le système électoral n'est pas à l'abri de fraudes, mais celles-ci restent moins massives qu'en Russie et, malgré la répression d'une partie de l'opposition, on ne peut comparer la Turquie au système de parti unique chinois. Certes, le président turc peut être réélu indéfiniment, mais l'opposition y existe et Erdoğan est obligé de prêter une plus grande attention aux forces rivales qu'il ne peut écraser. L'épisode de l'élection du maire d'opposition à Istanbul est d'ailleurs exemplaire : après avoir fait annuler les élections, celui-ci a pu l'emporter avec encore plus de suffrages lors de nouvelles élections. Le système turc est autoritaire et répressif, mais il laisse encore ouvertes des possibilités de changement au sommet.

Ni les États-Unis ni l'Europe ne peuvent se permettre de « laisser filer » la Turquie. Celle-ci, au demeurant, a encore plus besoin de l'Occident, car elle ne pourrait que perdre à jouer avec la Chine et la Russie dans le camp des puissances destructrices. Mais cela exige que l'Europe perçoive tant les risques d'une politique erratique d'Ankara pour ses propres objectifs de sécurité, fussent-ils indirects, que la manière dont la Turquie pourrait contribuer à contrer les dangers principaux. Le manque de ligne claire de notre côté explique largement pourquoi Ankara a pu se laisser tenter par des accords, qui furent de manière prévisible sans lendemain, tant avec Moscou que Pékin. La rhétorique d'Erdoğan ne saurait cacher les inexorables faiblesses dans la mise en œuvre de ce qui n'est d'ailleurs pas une stratégie. Il en irait de même avec ses successeurs s'ils entendaient poursuivre dans la voie impossible de l'affirmation néo-impérialiste qui ne saurait produire des résultats tangibles. La Turquie se rêve peut-être en sultanat seldjoukide, mais n'a jamais depuis cent ans mené une politique de ce type. Elle ne le pourrait pas.

Il se pourrait bien aussi que les successeurs du président de l'AKP considèrent la nécessité de diminuer la pression sur la société turque comme d'embrasser un discours de moindre disruption. Cela pourrait donner lieu à deux attitudes assez contradictoires. La première, qui reprendrait la rhétorique trompeuse de Davutoğlu de « zéro problème avec les voisins », pourrait conduire à un accommodement avec la Russie et la Chine. La Turquie se priverait alors de tout rôle régional, *a fortiori* global. Une seconde attitude pourrait combiner un engagement démocratique plus fort sur le plan intérieur et une plus grande cohérence avec les positions de l'Europe et de l'Alliance atlantique notamment sur la Chine et la Russie. Ankara se renforcerait en influence, en légitimité et en respectabilité auprès des pays du Sud. C'est loin de constituer un acquis, mais l'Alliance gagnerait à définir un cadre pour ses relations futures avec Ankara si cela se produisait.

Comme cela a été souligné dans un intéressant article[1], il est aussi important que l'Europe ne

1. A. Aydıntaşbaş et C. Bianco, « Useful enemies : How the Turkey-UAE rivalry is remaking the Middle East », European Council on Foreign Relations (ECFR), 15 mars 2021.

paraisse pas cautionner, voire alimenter, d'autres rivalités, notamment celles entre la Turquie et les Émirats arabes unis, et ne cherchent pas à prendre parti. Ankara est certainement plus crédible qu'Abou Dabi et, finalement, sans doute moins cynique. Mais elle doit trouver sa voie propre sans apparaître aux yeux de ses partenaires comme un relais du « Nord global ». L'approche cohérente que l'Europe doit avoir avec la Turquie va de pair avec celle qu'elle doit adopter avec les pays du Golfe : recherche d'une cohérence de l'action et prévention de tout rapprochement avec ses ennemis. Tant la première que les seconds pâtissent d'une forme de désengagement de l'Ouest et d'une absence de volonté de recadrage, la peur de représailles étant un signe de faiblesse, sinon de soumission. Cela les conduit à mener une stratégie solitaire qui peut être en contradiction ou, du moins, sans cohérence avec nos intérêts propres. La division des positions européennes sur la Libye en constitue un exemple où certains n'ont pas perçu assez tôt le jeu dangereux de Moscou et, dès lors, pas cherché à contrer les soutiens que le Kremlin a obtenus au Moyen-Orient et en Égypte. Le désengagement de l'Ouest laisse le champ libre à des puissances pour qui le premier combat à mener est de conforter tout régime autoritaire supposé stable. Elles mènent une politique hostile à nos intérêts. Il faut reconnaître à Ankara, aussi inconfortable que nous dussions être avec sa rhétorique islamiste, n'a pas joué ce jeu-là.

La politique erratique de la Turquie est sans avenir et elle peut être nuisible à l'Europe, notamment en donnant des armes à ses adversaires. Les Européens doivent se déprendre de la tentation de penser qu'ils n'ont aucune prise. Mais cela suppose que l'Europe sache où elle veut aller – ce qui est n'est pas encore vraiment acquis. Permettre à la Turquie d'évoluer de telle sorte qu'elle devienne la puissance majeure du Moyen-Orient en renonçant à ses postures rhétoriques abstraites et à ses incohérences stratégiques constitue un objectif réaliste de politique étrangère. Certes, sa concrétisation dépend des choix politiques d'Ankara, non des Européens. Ses élites, dont certaines furent un temps attirées par l'idée d'une voie eurasiatique, sont suffisamment intelligentes pour comprendre que la Turquie a tout intérêt à explorer une clairière moins sombre.

8

France et Royaume-Uni : des moyennes puissances mondiales ?

Parmi les puissances moyennes, ou anciennes grandes puissances déchues, la France et le Royaume-Uni font figure d'exception. L'une et l'autre puissances nucléaires, les seules à ce jour en Europe, membres permanents du Conseil de sécurité des Nations unies, puissances coloniales défuntes, vainqueurs de la Seconde Guerre mondiale, l'une par son leadership dans le combat, l'autre par la magie de conviction du général de Gaulle et l'action héroïque de la Résistance, le royaume et la République ont beaucoup en commun. Mes collègues officiers se plaisent souvent à parler d'une forte fraternité d'armes entre les deux nations ; ce sont les deux seuls pays européens à avoir une expérience longue, ancienne et parfois tragique des opérations extérieures ; elles pourront former demain, avec la Pologne, le fer de lance de la défense européenne.

Ce sont toutefois deux pays qui entretiennent un rapport différent à l'histoire. La France dispose d'un trop plein d'histoire sinon dans sa « mentalité » collective, qui n'existe probablement pas, du moins dans sa ressaisie du passé, mais finalement de peu de traditions. Toutefois, cette hyper-historicité aboutit à une forge des mythologies auxquelles même les plus grands historiens n'échappent pas toujours. Lorsque Marc Bloch, dans une phrase récupérée par certaines forces politiques au rebours de son sens originel[1], évoquait, tout ensemble, le sacre de Reims et la fête de la Fédération comme épisodes d'un rassemblement collectif des Français, il reconstruisait des dates supposément clés qui, finalement, n'ont de sens que dans leur exploitation, heureuse ou malheureuse, au présent. D'autres ont recours à la figure de Napoléon – que l'étranger nous renvoie parfois, rarement de manière élogieuse – alors que son règne fut celui d'une catastrophe économique et d'une saignée sans précédent. Beaucoup font dire à de Gaulle ce qu'il ne pensait pas, mais lui-même avait une vision sélective de l'histoire des Français afin de défendre « une certaine idée de la France » et de placer celle-ci au-dessus des premiers[2]. Ce besoin d'histoire est d'autant plus fort que la nation est divisée et que la France n'est pas guérie du traumatisme de la collaboration. Le Royaume-Uni a plus de traditions que d'histoire dans sa façon de se définir par rapport à son passé. La tradition, comme continuité, remplace l'histoire et ses ruptures. Elle permet de supporter

1. Voir notamment J.-M. Pottier, « L'incessante récupération de Marc Bloch par le Front national », *Slate*, 2 décembre 2015.

2. J'ai développé cette thèse dans N. Tenzer, *La Face cachée du gaullisme. De Gaulle ou l'introuvable tradition politique*, Hachette Littératures, 1998.

les déchirures historiques. Le Royaume-Uni a le Commonwealth plus modeste que les Français dans la réminiscence de leur « grandeur ».

Mais l'une et l'autre, comme moyennes nations importantes aujourd'hui, ont besoin de purger leur passé pour se projeter sur la scène internationale. Londres pensait être grande par le Brexit alors qu'elle aurait pu l'être par l'Union européenne. La France a souvent péché par orgueil ; le Royaume-Uni, après le choc de son auto-dégradation, se voit un rôle trop modeste par rapport à ce que pourrait être son ambition. La force de l'une et de l'autre désormais tient moins à l'affirmation de soi qu'à son action en direction des autres. Elles accéderont à une nouvelle puissance en faisant quasiment oublier ce que leur histoire a charrié et en se reconstruisant par une appartenance collective exemplaire.

Ce sont certes deux nations abîmées, hantées par un sentiment de déclin qu'elles ont parfois provoqué : l'une avec le Brexit, l'autre avec une polarisation politique croissante et avec une très ancienne et profonde spirale de l'endettement. Ce sont deux nations, certes pas les seules, qui n'ont pas trouvé un modèle économique durable de développement ni conçu une manière convaincante de peser sur la scène internationale. Cela ne signifie certes pas que, sur ce dernier plan, elles n'aient pas de par leur histoire et leur place singulière parmi les nations, des atouts considérables, mais elles demeurent des puissances hésitantes. L'une et l'autre, curieusement, ont un problème ancien tant avec les États-Unis qu'avec l'Europe.

Le dilemme américain

La relation britanno-américaine est traditionnellement forte, à la fois pour des raisons historiques, notamment liées aux deux guerres mondiales, et pour des raisons stratégiques : quoique puissance nucléaire, Londres continue de compter sur Washington pour sa dissuasion. Cette « relation spéciale », selon les mots de Winston Churchill, se déploie de manière intense dans le domaine du renseignement et trouve une forme de culmination dans le suivisme de Tony Blair dans la guerre d'Irak lancée par George W. Bush.

Inversement toutefois, la Chambre des communes britannique a précédé Barack Obama en s'opposant à toute intervention en Syrie en 2013[1] à un moment où la plupart des analystes pensaient que le Président avait pris la décision de frapper le régime Assad. C'est finalement ce dernier qui a suivi la position britannique – pour de tout autres raisons – en refusant de mettre en application ses lignes rouges, laissant la France isolée dans sa position. Les deux pays s'alignèrent donc finalement. Dans les deux cas, le souvenir de l'Irak est un facteur majeur d'explication[2].

---

1. Sur cet épisode et la trahison des travaillistes menés par Ed Miliband, voir N. Watt et N. Hopkins, « Cameron forced to rule out British attack on Syria after MPs reject motion », *The Guardian*, 30 août 2013.

2. Dans le cas britannique – différente de la décision américaine, prise solitairement par Obama, car elle fut collective et inspirée aussi par des petits calculs politiques –, on se réfèrera

De même, avec les États-Unis et l'Australie, le Royaume-Uni a torpillé le projet de sous-marins français pour créer l'AUKUS.

Cette relation n'a pas toujours été sans revers, notamment lorsque, conjointement, la Maison Blanche et le Kremlin s'opposèrent au 10 Downing Street, comme d'ailleurs à l'Élysée, lors de l'affaire du canal de Suez à la fin de l'année 1956. Le Royaume-Uni a aussi manifesté une certaine frustration en raison des limitations imposées par l'équipe de Joe Biden en matière d'aide à l'Ukraine où elle avait une approche plus offensive à propos de la guerre russe. En somme, Londres commence à comprendre qu'elle a tout intérêt à pouvoir se démarquer de Washington à la fois dans sa politique étrangère prise globalement et pour sa propre sécurité. La seconde présidence Trump sera un moment de vérité pour le Royaume-Uni, conduisant à la fin de la « relation spéciale ».

Entre Paris et Washington, la nature de la relation est plus complexe. Au-delà de la rhétorique diplomatique sur « le plus vieil allié », les relations entre les deux puissances sont faites de rivalité, de défiance et d'incompréhension, encore renforcées par les maladresses des acteurs politiques des deux côtés de l'Atlantique.

La rivalité est d'autant plus forte que les deux pays se rêvent sous les couleurs de l'universalisme. Ils se veulent – ou en tout cas se voulaient

---

notamment à J. Kaarbo et D. Kenealy, « No, Prime Minister: Explaining the House of Commons' Vote on Intervention in Syria », *European Security*, 2016, vol. 25/1.

avant le surgissement de Trump – porteurs d'un message à délivrer au monde, même si la grandiloquence du projet paraît éloignée des faits. Ni les États-Unis, phare de la liberté, ni la France, patrie des droits de l'homme, n'ont été, sauf à des moments très spécifiques de l'histoire – on pense au rôle de René Cassin dans la rédaction de la Déclaration universelle des droits de l'homme –, fidèles à cette devise – ou à ce cliché parfois auto-entretenu. L'une comme l'autre ont souvent fermé les yeux sur des violations majeures des droits de l'homme ou des crimes imprescriptibles alors même que nulle *Realpolitik* ne les y contraignait. Toujours est-il que cette compétition s'est poursuivie à bas bruit. Paris cherchait à se présenter comme un acteur plus neutre dans sa défense des libertés alors que Washington était plus vocal dans sa stratégie de puissance. Les États-Unis tentent parfois de présenter la France comme une puissance plus ambiguë vis-à-vis de certains régimes dictatoriaux, voire un pays n'ayant pas complètement largué certains comportements néocoloniaux.

La défiance s'installe souvent aussi. Sans remonter aux fortes tensions entre le général de Gaulle et les États-Unis – réticence de Roosevelt à le reconnaître, mise à l'écart du Général lors du débarquement en Afrique du Nord, non-invitation de la France aux conférences de Yalta et de Potsdam –, tant le retrait de Paris du commandement intégré de l'OTAN (février 1966) que sa critique de l'intervention militaire américaine au Vietnam (notamment discours de Phnom Penh du 1er septembre 1966) et sa non-participation à la seconde guerre d'Irak, par ailleurs justifiée, furent gardés dans les mémoires. Inversement, l'affaire du canal de Suez, l'abandon de l'étalon-or par Washington, l'AUKUS, les rivalités entre Airbus et Boeing, ou encore l'absence d'information préalable sur le retrait des troupes d'Afghanistan et la mise en place de l'*Inflation Reduction Act* (IRA) par l'administration Biden apparurent comme des mauvais coups. Pour autant, la France a toujours montré que l'alliance avec les États-Unis était plus forte que tout : solidarité lors de la descente d'un avion espion américain au-dessus de l'URSS (mai 1960), blocus de Berlin et construction du Mur (1961), affaire des missiles soviétiques à Cuba (été 1962), soutien à l'Alliance atlantique lors du discours du Général devant le Congrès des États-Unis (25 avril 1960), réengagement dans l'OTAN à l'expiration du traité (avril 1969), soutien au développement des missiles Pershing II en Europe et dénonciation du déploiement des euromissiles soviétiques, engagement de la France après les attentats du 11 septembre 2001 et intervention en Afghanistan notamment.

L'incompréhension existe aussi des deux côtés. Washington ne perçoit pas la France comme la « grande puissance » qu'elle entend être et a souvent tendance à privilégier Berlin ou Varsovie, après le Brexit, comme ses points d'entrée dans l'Union européenne. Tout se passe comme si l'indépendance de la France en matière nucléaire non seulement ne passait pas, mais contaminait pour ainsi dire les autres domaines. Sur la zone Asie-Pacifique, la France reste perçue comme une puissance très secondaire. Inversement, Paris ne comprend pas la quasi-abstention de Washington sur les dossiers africains, sauf parfois en matière de renseignement militaire. Elle perçoit mal sa stratégie au Moyen-Orient, faite de flux et reflux, pas davantage d'ailleurs que sa position à l'égard de la Chine, dont les États-Unis restent dépendants, mais qu'ils entendent contrer. Enfin, elle ne saisit pas la posture de Washington envers l'Union européenne, qui alterne entre tentative d'affaiblissement, pour des raisons essentiellement économiques, et demande de plus grande robustesse, en particulier en matière de sécurité. Rien de cela n'exclut consultations régulières et coopération approfondie entre les forces armées. La seconde présidence Trump ne pourra qu'acter une rupture, mais pour les raisons inverses de celles qui animaient les réticences passées.

L'Europe avec nous

Il peut paraître paradoxal d'insister conjointement sur le rapport compliqué que tant le Royaume-Uni que la France entretiennent avec l'Union européenne. Certes, la relation de Londres avec celle-ci fut toujours malaisée et jamais apaisée avant de culminer avec le Brexit. Pourtant, le Royaume-Uni reste attaché comme un aimant à l'Europe, même quand il la rejette : il se définit par rapport à elle, beaucoup plus que dans son lien avec l'Amérique, soit qu'il y perçoive une entrave à son destin mondial, soit qu'il y voie son terrain de chasse économique naturel – après le Brexit, les importations et exportations de biens depuis et vers l'UE ont temporairement chuté, mais sont vite reparties à la hausse, même si les échanges de services peinent à retrouver les niveaux d'avant[1].

La France a certes été l'un des pères fondateurs de l'Europe intégrée et aucun président de la République n'a jamais remis en cause son appartenance à l'UE. Certes, comme d'autres pays, elle a vu l'euroscepticisme y monter avec le poids grandissant de partis souverainistes. Le vote du 29 mai 2005 hostile au référendum sur le traité constitutionnel européen fut une première alarme. Mais même en dehors de ces sphères, la France conserve un problème européen, tout en défendant l'Europe et en la promouvant. Tantôt Paris voit en l'Europe une « France en grand », tantôt elle est tentée – quoique moins aujourd'hui qu'hier – de considérer l'UE comme un directoire entre grands pays, tantôt encore elle projette en elle sa propre politique extérieure, en la voyant telle une sorte d'adjuvant plus ou moins efficace. Sans doute la France n'est-elle pas seule dans ce cas, mais la diversité, toujours accrue de l'Union européenne, hétérogénéité qu'elle ne peut maîtriser, demeure pour elle une forme d'encombrement.

Mais pour les deux pays, la guerre totale russe contre l'Ukraine et, de manière chaque jour plus criante, l'hostilité de Trump et de son équipe à l'Europe et à ses principes fondateurs transposés

1. L. Adjiman et B. Cabot, « Les conséquences économiques du Brexit pour le Royaume-Uni », Direction générale du Trésor, note 343, avril 2024.

dans la règle de droit internationale, ont commencé à faire évoluer les positions à l'endroit de l'Europe. Les deux moyennes grandes puissances que sont la France et le Royaume-Uni commencent à comprendre qu'elles peuvent jouer un rôle en s'appuyant sur toutes les forces de l'Europe et pas seulement en comptant sur ses plus grands États. Même si la Communauté politique européenne (CPE)[1], lancée par Emmanuel Macron, demeure encore une instance de dialogue souple et non structurée en une organisation internationale, son existence témoigne d'une prise de conscience que l'UE doit concevoir son action dans le cadre d'une « Europe complète », quand bien même tous les pays membres de la CPE n'auront pas vocation à rejoindre l'Union. L'unité stratégique de l'Europe exige la prise en compte de l'ensemble de ses parties.

Malgré le regret qui se fait jour dans l'opinion publique britannique d'avoir cédé aux sirènes du Brexit[2], il y a peu de chance, au moins dans un avenir proche, que Londres parcoure le chemin inverse. Le traumatisme administratif que fut la négociation de l'accord de sortie pour les fonctionnaires et dirigeants des autres pays de l'Union rendra pour longtemps cette demande

---

1. Voir notamment S. Greene, E. Lucas et N. Tenzer, « The Road to Chişinău: The European Political Community. How the European Political Community Can – and Cannot – Address the Wider Continent's Conundrums », Center for European Policy Analysis (CEPA), 23 mai 2023.

2. Le « Bregret » animait entre 55 et 60 % des Britanniques en janvier 2024 (voir notamment « "Bregret" : quand le Royaume-Uni regrette le Brexit », France Inter, 9 janvier 2024).

inacceptable. Pour autant, une des priorités du Premier ministre Keir Starmer fut de reprendre contact avec plusieurs de ses partenaires de l'UE. Ces relations se sont intensifiées au cours de l'année 2024. Il est souvent considéré que le classique triangle de Weimar (Paris, Berlin, Varsovie), souvent dysfonctionnel en raison des positions de l'un de ses membres – l'Allemagne d'Olaf Scholz en raison de ses pas de deux sur l'Ukraine, hier Paris lorsqu'elle était réticente envers les nouveaux élargissements, ou Varsovie, en raison des positions hostiles à l'État de droit et à certaines règles européennes lorsque le parti ultraconservateur Droit et Justice (PiS) dirigeait le pays –, ne pourrait que s'enrichir et s'équilibrer de la présence de Londres.

Ce retour du Royaume-Uni sur la scène européenne est aussi une forme de réapparition sur la scène internationale d'un pays non seulement endommagé par le Brexit, mais considéré aussi comme trop placé dans l'ombre de Washington pour être pleinement reconnu comme un acteur pleinement européen. Il est dû essentiellement à la position forte de Londres en matière de soutien à Kyiv et à des capacités de défense qui restent remarquables, malgré, comme la France, un sacrifice de ses composantes traditionnelles au cours des vingt dernières années. Londres pourrait ainsi retrouver le rôle joué pendant la Seconde Guerre mondiale et la guerre froide comme acteur majeur de la défense du continent, et pas seulement comme force de projection par ses opérations extérieures en dehors de l'Europe.

Dans cette perspective, le Royaume-Uni aura tout intérêt, et ses partenaires de l'UE aussi, à ce qu'un nouvel accord soit trouvé qui permette de pallier les conséquences les plus néfastes du Brexit sur sa croissance et ses facultés d'investissement. Un Royaume-Uni économiquement affaibli ne pourra pas consacrer une part suffisante de ses finances publiques à un nouvel effort de défense substantiel. Actuellement, Londres consacre 2,15 % du PIB à sa défense et envisageait de le porter à 2,5 % en 2030[1], chiffre désormais annoncé pour 2027. Compte tenu des risques d'une guerre russe sur le continent par-delà l'Ukraine et du nouvel axe Washington-Moscou, cela risque toutefois de ne pas être suffisant. Elle devra également montrer qu'elle peut, en réévaluant radicalement sa relation avec Washington, acquérir plus d'autonomie et agir en entité européenne. Cela vaut pour son industrie de défense qui devra gagner en indépendance par rapport aux États-Unis et privilégier les coopérations en matière d'industrie de défense avec le reste de l'Europe. Cela nécessitera aussi, compte tenu des positions de l'administration Trump aujourd'hui sur l'Ukraine, demain la Chine, voire l'Asie centrale, de trouver une voie potentiellement discordante. La solidarité avec l'Europe sera sa nouvelle frontière.

Paris aura également à trouver un nouveau point d'équilibre en commençant à effectuer

1. I. Feuerstein, « Le Royaume-Uni renforce encore son budget militaire face aux nouvelles menaces », *Les Échos*, 23 avril 2024 ; « Keir Starmer s'engage à porter les dépenses de défense du Royaume-Uni à 2,5 % du PIB d'ici 2027 », Euronews, 25 février 2025.

plusieurs révisions de certaines de ses positions traditionnelles dont on doit attendre qu'elles se poursuivent afin de regagner une crédibilité européenne perdue aux yeux de certains de ses alliés. En effet, la mansuétude de la France à l'égard de la Russie jusqu'en 2022 et la relation longtemps privilégiée avec l'Allemagne, malgré le succès du plan de relance post-Covid largement lancé à l'initiative des deux pays, ont laissé croire à une tentative de jeu solitaire de Paris, contraire aux intérêts et aux avertissements de ses alliés. Cet axe Paris-Berlin est mort deux fois : la première, lorsque la proposition d'un sommet UE/Russie à l'été 2021 et l'adoubement de l'initiative germanique d'un accord d'investissement avec la Chine ont été rejetés, l'une par la plupart des autres chefs d'État et de gouvernement, l'autre par le Parlement européen ; une seconde fois, lorsque la France et l'Allemagne se sont trouvées en désaccord frontal sur l'Ukraine, la seconde freinant, parfois avec force, les propositions françaises, émises notamment depuis le 26 février 2024 sur la possibilité d'envoi de troupes de divers pays européens pour sécuriser l'Ukraine[1]. Cette relation pourra certes évoluer avec le nouveau chancelier, Friedrich Merz, mais elle ne saurait être dominante par rapport aux autres nations.

La France a depuis opéré une politique d'engagement plus marqué à l'égard des pays d'Europe centrale et orientale, allant jusqu'à reconnaître

1. H. Septier et AFP, « Guerre en Ukraine : Scholz contredit Macron et s'oppose à l'envoi de soldats occidentaux sur place », BFMTV, 27 février 2024.

qu'elle n'avait pas suffisamment écouté ces pays[1], en particulier en matière de risques posés par Moscou. Emmanuel Macron a aussi soutenu plusieurs idées lancées par leurs dirigeants, notamment une coalition pour l'achat d'obus et des obligations européennes pour l'Ukraine. La compréhension s'installe aussi en France que la position d'une troisième voie entre la Russie, la Chine et les États-Unis devait être sérieusement nuancée, quand bien même le contexte de la présidence Trump conforte cette rhétorique ancienne parce que ces trois pays deviennent alignés. Paris peut certes être amenée à se distancer de Washington lorsque cette dernière est sur une position de repli, mais ce n'est que pour apporter un plus en matière de sécurité européenne, pas un moins, et surtout pas une politique de cousinage avec Moscou ou Pékin. Il n'y a pas de voie singulière française en ce domaine, mais uniquement une voie européenne. La posture visant à présenter la France comme une « puissance d'équilibre(s)[2] » n'est pas tenable dès lors qu'elle ne vise pas l'équilibre du continent européen et laisse les menaces sans réponse. Enfin, la France, qui paraissait pendant longtemps ne pas trop assumer publiquement son appartenance à l'OTAN, au point que celle-ci soit rarement

1. Discours d'Emmanuel Macron devant la conférence du Globsec à Bratislava le 31 mai 2023. Voir notamment N. Tenzer, « Macron Signals a Transformation in Security Policy », CEPA, 9 juin 2023.

2. Pour une critique serrée de la notion, voir A. Bondaz, « Reconceptualiser la politique étrangère et de sécurité française en Indo-Pacifique », *Notes de la FRS*, 16/2023, 7 juillet 2023.

évoquée dans les discours essentiels des chefs d'État français sur les sujets de défense, la reconnaît de plus en plus comme la structure opérationnelle en matière de sécurité.

La reprise par Emmanuel Macron du terme d'autonomie stratégique européenne[1] a pendant longtemps, faute sans doute de précision, donné lieu à des critiques acerbes de la part des alliés européens de la France. Beaucoup y voyaient surtout une forme de distance, précisément, envers l'OTAN et l'Alliance atlantique en général, alors que la politique de défense et de sécurité européenne manquait de caractère opérationnel. On parvenait généralement à discerner ce qu'elle signifiait sur le plan économique et, singulièrement, technologique, mais à la fin des années 2010 encore assez peu sur le plan de la défense. Certes, de plus en plus de voix s'étaient élevées pour alerter sur les risques d'une forme d'abandon de l'Europe par les États-Unis, tant sous la première présidence Trump que sous celle de Biden, voire celle d'Obama. Les Européens étaient incapables d'intervenir seuls en Syrie, *a fortiori* en Ukraine. Mais la passivité des Européens a duré plusieurs années. La guerre russe contre Kyiv a finalement montré la portée du concept : l'UE comme le Royaume-Uni étaient soumis au bon vouloir de Washington pour l'utilisation d'armes américaines ou ayant

1. J'ai discuté les usages de ce terme avant la guerre contre l'Ukraine, voir N. Tenzer, « Can the EU Achieve Strategic Autonomy ? On the Maturity of the EU's Foreign Policy », Tenzer Strategics, 24 juin 2021.

des composants américains. Ils dépendaient largement du renseignement des États-Unis. Jamais le manque d'une industrie de défense proprement européenne n'a paru aussi criant et porteur de dangers pour la sécurité future de l'Europe. Avec le retournement d'alliance opéré par la Maison Blanche, l'autonomie stratégique européenne devient vitale.

Retrouver l'exemplarité. Un nouveau pouvoir d'attraction ?

Plus que toute autre nation de l'Europe, le Royaume-Uni et la France se trouvent devant un défi précisément lié à la représentation historique qu'elles se donnent à elles-mêmes. L'Allemagne reste, malgré tout, quatre-vingts ans après, engluée dans son passé et ne peut, pour cette raison, jouer un rôle mondial. Le réarmement sans limite annoncé par le nouveau chancelier allemand pourrait toutefois constituer une rupture historique qu'il est trop tôt pour apprécier. La Pologne, potentiellement une nation décisive de l'Europe dans le combat à mort avec la Russie, ne peut, peut-être pour cette raison, jouer un rôle mondial, alors même que son engagement régional est déterminant. Paris et Londres en portaient la tradition, même si elles n'en ont plus – pour autant qu'elles l'aient jamais eue – la puissance effective. Aucun des deux pays n'est englué dans un passé trop présent aux yeux du reste du monde, même s'il constitue un obstacle au sein d'une partie de la population française : même le reproche régulier de leur héritage colonial, toujours sensible pour la France en Afrique, et utilisé par les puissances coloniales d'aujourd'hui pour lui porter discrédit, reste un obstacle marginal. Ils n'en auraient d'ailleurs plus les moyens. Ils n'en formulent pas l'ambition.

Jusqu'à présent, ni l'un ni l'autre n'ont été pleinement capables de jouer ce rôle, le Royaume-Uni parce que se plaçant lui-même dans l'ombre des États-Unis, la France prenant parfois le jeu solitaire pour du leadership, l'entrée tonitruante dans le monde comme un triomphe sur scène et l'iconoclasme comme une vertu admirée. Un des slogans des partisans du Brexit « *Goodbye EU, hello the world !* », qui traduisait l'ambition de renouer des liens, principalement commerciaux, avec les pays du Commonwealth, n'avait aucun sens dans le monde réel[1], la plupart de ces États ayant d'autres priorités commerciales, principalement avec leur environnement proche. L'UE offrait aussi une force commerciale dans les négociations avec les autres zones du monde que Londres ne pouvait prétendre avoir. Pour ces pays comme pour le reste du monde, le Royaume-Uni n'est pas une puissance attendue. La France ne l'est pas davantage : elle dispose des restes de la puissance, d'une diplomatie beaucoup plus présente dans le monde que les autres pays de sa taille, mais d'une puissance limitée, quand bien même ses agents parviennent parfois à faire plus que d'autres avec des moyens

1. Voir en ce sens, P. Orcier, « Le Brexit, et après ? La situation en juin 2021 », *Géoconfluences*, 4 mai 2020.

équivalents[1]. Londres comme Paris ne pourront agir et peser qu'avec d'autres, mais elles disposent au moins du pouvoir de théoriser leur action. C'est cette opportunité qu'elles doivent saisir sur le plan à la fois de leur position dans les conflits mondiaux et des régulations internationales. C'est d'autant plus vrai et indispensable que les États-Unis dirigés par Trump sont tentés non tant de se retirer que de s'imposer de manière brutale sans véritable souci de la justice de l'ordre international.

Dans aucun cas, la position de Londres et Paris ne doit être suspectée d'ambiguïté, notamment vis-à-vis des puissances révisionnistes ou en matière de droit international. Elle doit aussi prendre place dans un cadre européen, d'autant plus nécessaire qu'il reste la seule chance d'avancer de manière suffisamment puissante des solutions que les États-Unis risquent de refuser désormais d'apporter pendant longtemps. Ni le Royaume-Uni ni la France ne peuvent avancer de manière solitaire. Pour autant, leur puissance doit être d'affirmation plus que d'équilibre. Leur rôle peut être moteur si elles entendent favoriser l'émergence et une puissance accrue des autres petites et moyennes nations qui ambitionnent de s'émanciper de la domination des puissances révisionnistes.

L'une et l'autre, pour autant, ne sont pas placées dans la même position. Le Royaume-Uni est, d'une certaine manière, plus discret que la France, même si Londres s'est révélée grâce à

1. Constat que j'ai largement développé dans *Quand la France disparaît du monde*, Grasset, 2008.

des positions fortes à propos de la guerre russe contre l'Ukraine. Mais précisément car elle était en grande partie alignée sur les États-Unis, elle est apparue moins ambiguë. La France souffre toujours d'une perception plus compliquée à la fois en raison d'une ambition mondiale plus longtemps affirmée, parfois habillée des couleurs de l'universalisme, au risque parfois de déplaire à ses alliés, et d'ambiguïtés, particulièrement au cours des vingt dernières années, à l'endroit des puissances disruptives.

Les nouvelles frontières de la France

Pour la France, un des premiers défis consiste à repenser le multilatéralisme, dont elle s'est souvent définie comme le chantre, eu égard à ses limites et à ses ambiguïtés. En raison de la paralysie du Conseil de sécurité dans les crises majeures, qui conduisent parfois à des compromis coûteux et à courte vue, l'ONU devient un facteur entravant et, pour tout dire, un obstacle s'il est considéré comme le point de passage obligé. Dans de telles crises, le multilatéralisme institutionnel ne saurait être systématiquement privilégié et il faut lui préférer un multilatéralisme *ad hoc*, bâti autour de coalitions spécifiques, en n'ayant plus les États-Unis à bord.

Devant des pays du Sud, qui exhortent à trouver des solutions multilatérales, la France doit faire valoir que, de plus en plus souvent, aussi regrettable que cela soit, les solutions futures, en matière de sécurité, de justice économique et même d'avancées dans le domaine du climat et de l'écologie, seront produites par des coalitions beaucoup plus que par un multilatéralisme pur.

Ensuite – c'est le sujet le plus délicat pour elle comme pour le Royaume-Uni –, il lui faut concevoir comment elle entend considérer la portée de sa dissuasion nucléaire et, par extension, penser la confrontation en Europe et au-delà. Comme puissance militaire, seule dans l'Union européenne dotée d'une capacité d'intervention extérieure, la France est un acteur majeur de la sécurité internationale, mais aussi spécifiquement européenne. En tant que telle, elle est encore plus destinée que les autres à considérer les menaces sécuritaires. Elle ne peut le faire qu'en relation non seulement avec la sienne propre, mais aussi avec celle de ses alliés. En particulier, l'Hexagone ne saurait nécessairement étendre dans son discours officiel, nécessairement fondé sur une certaine « ambiguïté stratégique », sa dissuasion, notamment nucléaire, à ses voisins européens. Le sujet est de sucroît éminemment sensible, vis-à-vis de l'Allemagne jusqu'à récemment[1], et les discours des présidents de la République français sur ce sujet sont toujours calibrés au millimètre. Toutefois, le périmètre de sécurité de la France

1. Deux jours avant, l'arrivée de son parti, la CDU, en tête des élections du 23 février 2025, Friedrich Merz affirmait vouloit « discuter avec les Britanniques et les Français pour savoir si leur protection nucléaire pourrait également s'étendre à nous ». (N. Alipour, T. Bourgery-Gonse, « Fridrich Merz préconise l'extension du parapluie nucléaire français et britannique à l'Allemagne », Euractiv, 21 février 2025). C'était, pour Berlin, une révolution copernicienne.

est nécessairement plus large que son seul territoire. Cette dimension européenne a d'ailleurs été affirmée depuis soixante ans, dès la présidence du général de Gaulle, et mentionné par la suite dans quasiment tous les discours officiels sans que l'automaticité d'une réponse puisse être statuée – l'ambiguïté restant le fondement de la dissuasion[1]. Il ne saurait être par définition question, et personne ne le suggère, que le pouvoir de mettre en œuvre la dissuasion soit partagé – ce n'est d'ailleurs le cas ni des États-Unis, ni du Royaume-Uni. Il n'est pas de clé qui soit mise en commun ; la décision ne peut que rester nationale et souveraine. Mais la perception d'une nouvelle réalité est devenue grandissante : les menaces globales, militaires et idéologiques pour les pays européens au sens large sont aussi un danger direct pour la France. L'éloignement de Washington des enjeux européens de sécurité, voire la mise en danger de celle-ci, accroissent la sensibilité du débat.

Au-delà de la menace terroriste mondiale, la première menace pour la France et pour l'Europe est celle portée par le régime russe. En tant que puissance européenne, et bien sûr en tant que membre de l'Alliance atlantique, la France doit être en première ligne pour y répondre. Certains, enclins à la défiance envers ce qu'on appelle parfois l'atlantisme, mais surtout indulgents envers

1. Sur la doctrine nucléaire française et sa dimension européenne, voir notamment E. Maître, « La dissuasion nucléaire française et l'enjeu européen », Fondation pour la Recherche stratégique, *Défense et industrie*, nº 18, juin 2024.

les crimes commis par le régime de Poutine, ont tenté d'inventer une fiction : celle d'une tradition gaullo-mitterrandiste[1]. Il y a été fait maintes fois justice. Le général de Gaulle, même s'il fut tenté par un non-alignement calibré et limité par souci d'abord de bâtir une force de frappe nucléaire autonome – d'où son retrait du commandement militaire intégré de l'OTAN, que la France a réintégré sous Nicolas Sarkozy, le travail ayant été préparé sous Jacques Chirac –, a toujours tenu à l'Alliance. François Hollande a annulé le contrat de livraison des porte-hélicoptères Mistral à la Russie et Emmanuel Macron a toujours tenu bon, depuis qu'il est président, sur les sanctions envers Moscou, malgré, jusqu'en 2022, ses tentatives malvenues d'apaisement.

Mais même s'il n'est pas accompagné d'actes, ce mythe de la troisième voie continue à imprégner certains milieux. La proposition de sommet UE-Russie a non seulement exacerbé les divisions de l'Europe à un moment particulièrement inopportun, mais a également nourri, involontairement, la propagande du Kremlin. Dès lors qu'il s'agit de sécurité – cela vaut aussi pour la Chine –, l'idée qu'il puisse y avoir des rivalités et des désaccords, de surcroît publics, sur les enjeux majeurs de sécurité porte un risque d'affaiblissement de l'Europe, mais aussi de la

1. Pour une critique de la notion et une remise en place de certaines réalités, voir J. Bahout, B. Haddad, O. Schmitt, B. Tertrais et N. Tenzer, « Diplomatie : la politique étrangère de la France n'est pas "néoconservatrice" », *Le Monde*, 3 juillet 2017. Voir aussi J. Vaïsse, « Le passé d'un oxymore. Le débat français de politique étrangère », *Esprit*, novembre 2017.

France. En somme, le sujet aujourd'hui n'est pas tant celui du processus que celui des objectifs. Pour la France, l'Europe et ses alliés, il ne saurait être celui de la « stabilité stratégique », selon le mot malheureux employé par Joe Biden lors de sa rencontre avec Poutine en juin 2021[1]. Si la France est, d'après une expression diplomatique un peu satisfaite, attendue, c'est bien dans la capacité à répondre durablement à cette menace.

La France peut être de ce point de vue placée dans une situation ambiguë. Comme membre du P5, elle a pu être tentée de jouer en priorité cette carte et même être séduite par l'idée de quasi officialiser ce groupe. Or, en raison de la position de rupture de la Russie et, de plus en plus fréquemment, de la Chine, ce jeu allait à l'encontre des objectifs de sécurité de la France et de l'Europe. La plus grande affirmation des puissances révisionnistes rendait les discussions souvent sans issue et les négociations une forme de jeu de dupes. Paris a fini par le comprendre, mais cela a pesé pendant longtemps sur sa réputation.

Les marges de manœuvre de la France paraissent dès lors réduites. Elles le sont d'ailleurs d'autant plus que Paris semble parfois paralysée dans sa capacité à porter des propositions,

1. L'expression a été utilisée dans le cadre de la prévention du risque de confrontation nucléaire, mais son acception est souvent conçue comme plus large. Elle a volé en éclats à la suite de la guerre totale lancée par la Russie contre l'Ukraine. Pour une analyse détaillée, voir notamment D. Minzarari, « Making Sense of the Contested Biden-Putin Summit. Russia Instrumentalises Strategic Stability Risks to Influence US Behaviour », Stiftung Wissenschaft und Politik (SWP), 6 juillet 2021.

sauf dans des domaines assez consensuels entre démocraties comme la lutte contre le changement climatique.

Surtout, la France mesure de plus en plus cette réalité : seule, elle ne peut concevoir des initiatives, car sinon elle donne l'impression de les imposer à ses alliés ; seule, elle peut encore moins les mettre en place ; seule, elle ne dispose pas des relais nécessaires. Elle a pu le mesurer, sans que cela doive toujours lui être reproché, notamment lors du conflit dans le Haut-Karabakh, où elle fut très seule en Europe à soutenir Erevan, et d'ailleurs de manière générale en Afrique où, dans la lutte contre le terrorisme, la France fut isolée. Sauf pour des actes aussi importants et justes par ailleurs, comme la reconnaissance de la responsabilité de la France dans le génocide commis par les Tutsis au Rwanda, la France ne peut porter seule une politique africaine, moyen-orientale, chinoise et russe. Son engagement partagé sur le plan stratégique dans la zone Asie-Pacifique montre qu'une stratégie de partenariat est possible et seule porteuse de succès, mais l'engagement diversifié des pays européens conduit à un poids stratégique mesuré par rapport aux puissances américaine et chinoise.

Troisième sujet majeur pour la France : songer comment elle oriente ses partenariats privilégiés au sein de l'Europe et comment elle définit ses priorités. Elle devra notamment s'interroger sur le caractère central en tout du couple franco-allemand, qui n'est d'ailleurs pas perçu ainsi outre-Rhin. Celui-ci a été un moteur de l'Europe depuis sa création. Récemment, il a montré que son bon fonctionnement permettait d'accomplir des réalisations d'intérêt commun, en particulier avec le plan de relance post-Covid-19. Sur une série d'autres sujets techniques, il pourrait rester un apport fondamental à condition que le chacun pour soi allemand ne se renforce pas. Mais en matière de politique extérieure, ce couple n'a pas été au cours des dix dernières années le plus pertinent qui soit, indépendamment des dirigeants des deux pays. La faiblesse actuelle du triangle de Weimar en est, de ce point de vue, un signe alarmant. Sur les sujets stratégiques liés à la Russie et à son environnement proche (guerre russe contre l'Ukraine, mainmise sur le Bélarus et la Géorgie, Balkans, Moldavie, Arménie notamment), l'alliance déterminante doit inclure les pays d'Europe centrale et orientale et les pays nordiques ainsi que le Royaume-Uni, et, de manière de plus en plus indispensable, le Japon, la Corée du Sud, l'Australie et Taïwan. Il est heureux que Paris ait révisé en ce sens ses orientations. Les relations bilatérales, nécessaires au sein de l'UE, ne sauraient avoir un caractère exclusif.

Cela signifie que la France doit d'abord chercher à unir les pays européens, et non tenter de raviver leurs divisions. Elle ne saurait certes mettre sous le boisseau des divergences aussi fondamentales que celles qui concernent la règle de droit – avec la Hongrie, le sujet est d'ailleurs d'autant plus fort qu'il s'accompagne de différends stratégiques sur la Russie et la Chine – ou encore la corruption, que certains pays paraissent peu enclins à vouloir combattre. Devant les menaces premières, la recherche de l'unité doit prévaloir. De manière générale, toute faiblesse dans la réponse aux menaces éloigne de l'objectif d'Europe puissance. Des progrès, encore insuffisants, ont été réalisés au sujet de la Russie. Ils demeurent encore peu perceptibles sur la Chine sur laquelle, à l'instar d'autres pays européens, Paris se trouve encore en retrait. La définition de la menace chinoise reste encore formulée en termes ambigus, comme en témoigne la phraséologie adoptée par l'UE qui désigne Pékin comme « partenaire, compétiteur et rival systémique ».

La France, comme tous les autres pays, doit à la fois pousser des réalisations concrètes, et reconnaître aussi les limites de ce que l'Union européenne a jusqu'à présent été capable d'accomplir. L'Europe des faux-semblants dessert finalement la cause de l'Europe : l'Europe de la défense, marquée aujourd'hui surtout par des programmes d'armement, n'a avancé que trop lentement y compris par rapport à l'agenda prévu, au moins jusqu'en 2025. En matière de sécurité, on ne saurait « sur-vendre » et « sous-réaliser » : en particulier, la défense collective, longtemps considérée comme ne faisant pas partie des projets européens en raison de l'existence de l'OTAN, ne se fera pas sans une augmentation plus que considérable des budgets pour produire les garanties de sécurité qui sont celles de l'article 5 du traité de Washington. Beaucoup doutent d'ailleurs que la volonté politique d'y parvenir soit là, malgré le tocsin sonné par le retournement de l'Amérique.

Par un paradoxe trop peu relevé, la défense européenne telle que conçue par Paris requiert qu'elle s'engage davantage dans l'OTAN non seulement sur le plan opérationnel – elle le fait déjà – mais aussi sur le plan intellectuel. Si Paris entend être un allié fort, capable également de discuter d'égal à égal de projets stratégiques dans le cadre de cette organisation, elle doit devenir une force de proposition. Alors que Washington est passé de l'autre côté du miroir, c'est le moment pour que le président de la République pose à nouveau, dans un discours structuré, ses ambitions pour l'organisation de Haren. Les liens complexes entre la politique commune de sécurité et de défense et l'OTAN doivent gagner en précision au-delà des rencontres régulières. Une sortie, de droit ou de fait, des États-Unis de l'organisation clarifierait paradoxalement les choses.

Enfin, le quatrième défi consiste à articuler la puissance à la démocratie.

Le discours sur « la France, patrie des droits de l'homme » fait souvent partie des propos convenus. La question – qui ne se pose d'ailleurs pas qu'à elle seule – consiste à se demander quels sont les leviers d'action efficaces et tout en évitant de prêter le flanc à l'accusation de complaisance et d'une attitude à géométrie variable. Emmanuel Macron a prononcé deux discours exemplaires à la tribune des Nations unies en 2017 et 2018, l'un où il s'engageait à se tenir aux côtés des combattants de la liberté partout dans le monde, l'autre où, contre le relativisme et le culturalisme, il défendait leur universalité. Mais dans la réalité des faits, y compris parfois sur le plan intérieur dans l'accueil des dissidents ou réfugiés politiques menacés dans leur pays, la traduction en politique étrangère marque singulièrement le pas. Ce n'est d'ailleurs pas entièrement nouveau. On se rappelle l'abandon de cette ambition par François Mitterrand, notamment dans sa politique africaine, un an après le début de son premier mandat.

Le combat pour les droits de l'homme n'est pas politiquement suffisamment porté. Sauf dans le cas d'Assad, que le président français a qualifié à raison de criminel contre l'humanité, certains crimes de guerre ou contre l'humanité, perpétrés notamment par les régimes russe et chinois, n'ont pas été explicitement désignés comme tels, alors même que cette qualification légale est déterminante. La France a paru aussi assez réticente, sans que cela soit clairement explicité, à soutenir le projet, au demeurant insuffisamment précisé, de Joe Biden d'alliance pour la démocratie.

Ce manque d'engagement explicite peut aussi peser sur les dénonciations régulières par la France des manquements à l'État de droit dans certains pays européens, quand bien même ces accusations ne visent pas certains pays dont les réseaux de corruption peuvent laisser augurer une certaine complicité.

Cela supposerait que la France réexamine trois présupposés implicites qui semblent parfois nourrir sa diplomatie.

Le premier est qu'il est possible d'obtenir quelque chose en échange du relatif silence et de l'absence de mesures suffisamment fortes de la part de régimes qui violent massivement les droits de l'homme. Les leviers de l'abstention ne fonctionnent pas, en particulier avec la Russie et avec la Chine qui n'ont jamais changé de comportement. Sur plusieurs pays du Moyen-Orient, le silence n'a pas non plus servi à obtenir d'eux une politique plus cohérente dans la région, notamment en Syrie, en Égypte et en Libye. L'argument de la *Realpolitik* n'a pas marché, car il ne pouvait fonctionner. Les moyens de pression – et nous en disposons, surtout si nous les coordonnons avec nos alliés – peuvent être progressivement plus concluants.

Le deuxième présupposé est qu'il est possible dans tous les cas d'obtenir des résultats par la diplomatie et ce qu'on appelle dans son jargon le « processus politique ». La France notamment a passé beaucoup de temps à pousser des espoirs vains, comme avec le *small group* sur la Syrie et son attachement au comité constitutionnel. Il était pourtant clair dès le départ que cela ne fonctionnerait pas. De même, il était prévisible que les efforts déployés au Conseil de sécurité des Nations unies ne produiraient aucun résultat. Certes, la France n'est certainement pas le principal responsable : l'appui de l'Union européenne, malgré des déclarations, a été opérationnellement nul et les États-Unis, que ce soit sous Obama ou pendant le premier mandat de Trump, sont restés rivés à une politique irresponsable de non-intervention. Mais quand la voie diplomatique échoue, il faut le reconnaître et chercher d'autres moyens. Il faut sortir des fictions diplomatiques.

Le troisième présupposé, idéologique en ce sens qu'il est contraire au principe de réalité, réside dans le mythe de la stabilité. Celle-ci conduit à soutenir des régimes tyranniques au prétexte qu'ils permettent d'éviter des maux encore plus graves, comme l'embrasement d'un pays ou d'une région et l'arrivée au pouvoir d'extrémistes, notamment islamistes. Une telle politique a inspiré des gouvernements français précédents dans le soutien à Ben Ali en Tunisie ; il a conduit dans le passé aussi à fermer les yeux sur le gouvernement de Hafez el-Assad, malgré des attaques directement portées contre la France ; il aboutit aujourd'hui notamment à jeter un voile sur les agissements d'Abdul Fattah al-Sissi en Égypte, alors qu'il n'offre aucune garantie de sécurité à moyen terme et ne mène pas nécessairement une politique étrangère cohérente avec la nôtre au Moyen-Orient. Le soutien jadis apporté à Khalifa Haftar en Libye n'était pas un choix avisé en matière de stabilité.

Une politique cohérente sur le plan des droits de l'homme est non seulement une question de principe, mais elle est seule à permettre à moyen terme de s'allier les forces démocratiques du pays qui, peut-être à échéance lointaine, finiront par l'emporter. Elle donne une légitimité à la France comme à tous les pays qui défendent une politique plus affirmative en ce domaine. Elle permet aussi de s'affirmer comme une puissance de médiation dans les périodes de transition et, si elle s'accompagne d'une politique d'accueil et de formation des futures élites de ces pays, de s'imposer comme une nation digne de confiance et de respect.

Ces quelques éléments montrent aussi la voie pour que la France s'engage dans une politique d'abord tournée, au-delà de l'Europe, dans un soutien prioritaire aux petites et moyennes nations. Elle a certes commencé à le faire en réorientant ses partenariats européens et dans le domaine de l'aide au développement. Elle le pratique aussi sur le plan commercial, mais sans nécessairement l'articuler à une vision politique, y compris en direction de l'Asie centrale. Si elle a opéré une large reconversion à l'endroit de Moscou, celle-ci reste à parfaire en direction de Pékin, mais aussi de Delhi, de Brasilia et d'Abou Dabi. La francophonie peut aussi apparaître comme une forme d'impasse quand elle n'est pas articulée à une mobilisation de type politique : elle ne structure pas en tant que telle une vision.

Paris aurait pu dès l'abord marquer un engagement beaucoup plus décisif et fort envers le nouveau gouvernement syrien, engagement qui n'est pas antinomique de la vigilance. Elle aurait eu une occasion exemplaire de montrer qu'elle se tenait aux côtés d'un peuple qui s'était libéré par lui-même[1]. Il s'est affirmé avec deux mois de retard. Un apport massif d'aide humanitaire, d'assistance technique et un soutien affirmé au travail d'enquête sur les crimes du régime Assad auraient pu immédiatement positionner la

1. Voir A. Lazarègue, « Chute de Bachar el-Assad : quel rôle la France pourrait-elle jouer dans la reconstruction de la Syrie ? », *Le Figaro*, 9 décembre 2024.

France comme leader européen, avec un impact bien au-delà de la zone. On l'a vu : l'Ukraine a eu plus qu'elle une position exemplaire dans sa forme d'engagement avec le nouveau régime syrien.

Paris reste encore trop prisonnière d'une conception hiérarchique du monde où les peuples n'occupent pas une place déterminante. Seule, surtout, elle ne peut rien accomplir de grand. Elle a la capacité de prendre des initiatives, reconnues comme telles, tout en apprenant à s'effacer. Sur le renforcement des petites et moyennes nations du monde désireuses de s'émanciper, elle devra davantage travailler en format caucus avec les bons partenaires de l'Union européenne, comme elle a commencé à le faire à propos de l'Ukraine.

9

L'Ukraine : le modèle de la nation du futur

La guerre totale russe contre l'Ukraine fut un moment, et le demeure à ce jour, de dramatiques leçons sur lesquelles je me suis penché dans mon ouvrage précédent[1]. Le refus de la grande majorité des dirigeants occidentaux de percevoir la menace russe et de repenser en conséquence leurs concepts stratégiques, la sous-estimation de la portée des crimes de masse perpétrés par Moscou, la longue condescendance envers l'Ukraine et les « petites nations » de l'Europe, et l'oubli de l'importance du respect du droit international en termes de sécurité furent et restent au nombre des points aveugles qui ont autorisé la catastrophe.

Toutefois, par-delà ces enseignements négatifs, se profile un enseignement positif : l'émergence de l'Ukraine comme modèle de la nation du futur. Certes, chacun a admiré le courage inouï d'une majorité d'Ukrainiens, leur force au combat, leur inventivité et leur conscience historique forgée

1. *Notre guerre. Le crime et l'oubli. Pour une pensée stratégique*, *op. cit.*

par le drame. Chacun a aussi remarqué que, en raison de la guerre d'agression, ils avaient parachevé leur existence en tant que nation. Ceux qui, y compris certains anciens prorusses du Donbass, ont eu un moment la tentation de regarder ailleurs tant ils ressentaient un mépris de Kyiv à leur endroit se sont, en quasi-totalité, rangé derrière la bannière ukrainienne.

Plus encore, ils ont montré cette nation au monde qui l'avait comme écartée de leur intelligence. Chacun a enfin constaté que les Ukrainiens avaient défendu l'Europe, seuls, et qu'ils étaient devenus la nation européenne par excellence, supérieure par leur engagement aux anciennes sociétés européennes et à leurs États. Mais en considérant cela, ils n'ont entrevu qu'une partie de l'image. Ils n'ont pas analysé ce que signifiait la construction d'une nation libre, tant sur le plan intérieur qu'en matière de projection sur le monde. Sans doute est-ce d'ailleurs cela que les Russes redoutent le plus : non seulement d'avoir une démocratie intégrale à leurs frontières, mais aussi d'assister à la construction d'un modèle opposé à leur schéma de domination, en somme une nation non nationaliste au sens où l'on entend généralement cet adjectif en Europe. La peur de la contagion démocratique explique aussi largement pourquoi Pékin aide la Russie dans sa guerre, mais elle redoute aussi plus que tout qu'émerge un autre modèle de nation.

Histoire d'une émancipation

L'histoire de l'émancipation de l'Ukraine ne commence pas à la période récente de la révolution orange, de Maïdan et de la résistance à l'agression russe, ni même lors du référendum d'indépendance de 1991. Elle plonge dans un lointain passé où l'affirmation ukrainienne s'est progressivement construite dans des alliances, notamment avec les anciennes Pologne et Lituanie, et dans des oppositions, pour partie au monde russe et à l'Asie. Nation qui faisait figure de carrefour européen autant que de rassemblement de parcelles d'autres mondes, elle n'a vu le jour certes que récemment, en 1917, avant d'être assimilée et engloutie dans l'empire soviétique.

Les données fondamentales de la nation ukrainienne étaient cependant déjà là et furent pour la première fois synthétisées en la figure de Taras Chevtchenko, perçu comme le symbole de la culture ukrainienne, même s'il écrivait aussi en russe. La réalité est que l'Ukraine est une nation multiethnique, multiconfessionnelle et caractérisée par le multilinguisme. Mais ni la langue, ni l'origine « ethnique », ni les liens anciens avec d'autres appartenances ne sont des obstacles au sentiment d'appartenance. Au contraire, celui-ci se fonde sur des traditions et des origines plurielles. Elle rassemble notamment des orthodoxes orientaux – tout en rompant avec le patriarcat de Moscou, instrument de domination plus qu'expression d'une foi et d'une doctrine théologique – et occidentaux, des musulmans, des juifs et des athées.

La composante musulmane est fondatrice, car la communauté tatare est partie intégrante de la nation ukrainienne, à la fois par le souvenir fondateur de la déportation et du martyre des Tatars de Crimée par Staline en 1944 – appelé *Sürgünlik*, ce qui signifie « exil » – qui coûta la vie à plus de 100 000 personnes et doit être considéré comme un génocide. Cette politique systématique de destruction de leur culture et de persécution à large échelle continue dans la Crimée illégalement occupée par la Russie depuis 2014.

Les juifs d'Ukraine, anéantis de manière massive par les nazis[1], parfois avec l'aide de supplétifs nationaux comme dans toute l'Europe, redeviennent une composante reconnue de la nation ukrainienne aujourd'hui, non seulement parce que Volodymyr Zelensky est juif – comme le fut d'ailleurs Volodymyr Hroïsman, le dernier Premier ministre de son prédécesseur Petro Porochenko –, mais aussi de plus en plus par solidarité intellectuelle devant la persécution. Le grand rabbin d'Ukraine, Moshe Reuven Azman, est devenu une figure clé de la nation, à la fois par son rôle humanitaire et son action de plaidoyer

1. On estime à 1,5 million le nombre de Juifs ukrainiens – en fonction des frontières actuelles de l'Ukraine – assassinés par les nazis, essentiellement par des fusillades, d'où l'appellation de « Shoah par balles », perpétrées par les *Einsatzgruppen* et de la Waffen SS. Ainsi, le quart des Juifs assassinés étaient ukrainiens (voir notamment « Les fusillades massives des juifs en Ukraine 1941-1944. La Shoah par balles », Mémorial de la Shoah, 6 janvier 2008).

international pour l'aide à Kyiv. L'Ukraine abrite aussi Ouman, lieu d'un des plus grands pèlerinages au monde, qui accueille des dizaines de milliers de juifs sur la tombe du rabbin Nahman[1], alors même que Netanyahou, traditionnel allié de Poutine, montre peu d'empressement à aider Kyiv et a même voté « non » avec les États-Unis de Trump, la Russie, la Corée du Nord, l'Érythrée et le Bélarus notamment, la résolution du 24 février 2025 condamnant l'agression de l'Ukraine par la Russie. Ouman fut aussi l'un des lieux témoins d'un des pires épisodes de la Shoah. Ce sera d'ailleurs l'un des travaux essentiels de l'après-guerre de faire en sorte que les Ukrainiens effectuent ce retour aux pages noires de leur propre pays et qu'ils placent la Shoah par balles au même rang que l'Holodomor.

La composante « ethniquement » russe de la nation ukrainienne est certainement celle qui est la moins comprise, en particulier en raison de la diffusion intense des récits du Kremlin, notamment sur les « peuples frères », réitérée à plusieurs reprises par Poutine. Comme le rappelle l'historien Serhii Plokhy, « si les Russes constituent 17 % de la population ukrainienne, seuls 5 % des personnes interrogées se déclarent exclusivement russes : les autres se définissent à la fois comme russes et ukrainiennes[2] ». De surcroît, la reconnaissance

1. Voir notamment J.-P. Filiu, « Les leçons d'un pèlerinage juif en Ukraine », *Le Monde*, 24 septembre 2023.

2. S. Plokhy, *Aux portes de l'Europe. Histoire de l'Ukraine*, Gallimard, 2022, p. 499.

par une personne de sa « russianité » et *a fortiori* l'usage de la langue russe n'impliquent en aucune façon un soutien à l'invasion russe. Comme le remarque aussi Plokhy, les nombreuses anciennes frontières administratives et culturelles et distinctions régionales issues de l'histoire – notamment Galicie, Transcarpatie, Bucovine, Volhynie, Podolie – ne fragmentent pas le pays. Les distinctions convergent vers l'unité. De fait, « on est face à un patchwork de zones de transition linguistique, culturelle, économique et politique, qui relient les différentes régions entre elles et maintiennent l'unité du pays[1] ». Ce sont les ressorts de cette unité qu'il s'agit de comprendre.

La nation ukrainienne, tout en conservant ses héritages historiques multiples et parfois conflictuels dans son passé, se définit comme une nation politique, et non, à la différence de la Russie actuelle, comme une nation ethnique. Chacune de ses composantes supposément telles ne disent rien précisément sur le plan politique. Les origines peuvent susciter des fiertés ou des réminiscences – pensons aux cosaques notamment –, mais non des projections vers le futur. Il est d'ailleurs significatif que les partis dits ultranationalistes ne recueillent aujourd'hui en Ukraine qu'à peine 1 % des suffrages. Ce qu'on nomme « nationalisme ukrainien » recouvre à la fois un patriotisme exacerbé par l'agression russe et un nationalisme politique de sauvegarde de la nation et de l'État, non un nationalisme

1. *Ibid.*, p. 501.

ethnique. Ce qui unit la nation ukrainienne est d'abord un projet politique, tourné vers l'Europe et marqué par l'idéal d'une société ouverte, en opposition radicale avec celui de la Russie. C'est la politique qui définit la nation, non la nation qui définit la politique.

Sans doute, aujourd'hui, l'essentiel des Ukrainiens est animé par une haine des Russes qui transcende largement celle envers Poutine. Certains y perçoivent une forme de nationalisme classique, défini essentiellement par la « haine des autres » selon la formule connue de Romain Gary[1]. Somme, toute, une telle haine des « boches » animait les Français pendant les deux guerres mondiales. Comment d'ailleurs s'en étonner dès lors que des centaines de milliers de Russes perpètrent chaque jour en Ukraine des crimes contre l'humanité massifs ? Dans une guerre totale, il n'est plus possible de faire la distinction entre le régime et le peuple, entre le gouvernement et la nation. Mais cette forme de nationalisme n'est pas constitutive de la nation ukrainienne ; c'est l'opposition politique à la Russie qui est ici motrice. On peut même écrire que « c'est plutôt un miracle que l'Ukraine n'ait pas succombé au nationalisme[2] » au sens traditionnel de ce mot.

L'affirmation de la nation ukrainienne prend des formes en réalité inséparablement culturelles

---

1. *Éducation européenne*, Gallimard, 1956 ; éd. « Folio », 1996, p. 246.

2. K. Schlögel, *L'avenir se joue à Kyiv. Leçons ukrainiennes*, Gallimard, 2024, p. 83.

et politiques et elle remonte à la période soviétique. Je n'en prendrai qu'un exemple : celui d'Alla Horska (1929-1970)[1]. L'histoire de cette artiste, une histoire faite de résistance et de ténèbres, résonne singulièrement aujourd'hui. Je ne saurais ici résumer sa trop brève vie à laquelle le KGB a mis un terme brutal le 23 novembre 1970, ni me pencher sur une œuvre diverse, réalisée dans des conditions de plus en plus contraintes, incertaines et précaires, et vouée de son présent même souvent à l'effacement et à la destruction. Une de ses mosaïques, en honneur aux ouvriers d'Azovstal, qui devait être une révérence aux travailleurs autant glorifiés qu'en réalité opprimés par le soviétisme, avait déjà été recouverte en raison de sa rupture avec les canons acceptés – l'arbre de vie et la libération. Puis redévoilée après que l'Ukraine eut recouvré son indépendance, elle devait être terriblement mutilée lors de l'anéantissement de Marioupol par les troupes de Moscou. La continuité dans le crime et la destruction est partie intégrante de l'histoire de l'Ukraine ; elle n'échappe pas à l'envahissement du présent par le passé. La conscience du présent passe souvent par le truchement d'une époque qui n'est jamais révolue, mais toujours resurgit comme la lave d'un volcan ravageur jamais apaisé.

1. Voir N. Tenzer, « A Story of Crime and Oppression. Alla Horska, Ukraine, War, and Memorial Continuity », Tenzer Strategics, 10 mai 2024. Le 23 mars 2024, grâce à mon ami Constantin Sigov, j'ai eu la chance de visiter à Kyiv l'exposition que la Maison ukrainienne a consacrée à Alla Horska sous la direction de la commissaire de l'exposition, Olena Grozovska.

L'histoire d'Alla Horska, c'est encore une autre entrée dans l'histoire : celle de la résistance et de la libération, celle du dépassement de ses conditions d'origine – russophone, elle avait décidé d'apprendre l'ukrainien, langue utilisée pour écrire son journal intime – et de l'appui sur les figures du passé, notamment Taras Chevtchenko, pour les faire surgir comme nos contemporains du devoir. Le dessiner derrière des barreaux, comme elle le fit sur ses vitraux, était déjà signifier que la nation ukrainienne était enfermée. Les Soviétiques ne laissèrent d'ailleurs pas longtemps l'œuvre réalisée pour l'université de Kyiv exister – c'était non loin, de l'autre côté du parc exactement, du monastère Saint-Michel-au-Dôme-d'Or où l'on rend hommage aujourd'hui à ceux qui, depuis Maïdan, sont tombés. Il n'en demeure ici qu'un témoignage photographique, lointain comme les mauvaises photos de certains livres anciens, mais dont la distance même est signe de ce que fut la volonté de son effacement.

Ces réalités sont sans doute d'autant plus essentielles, sinon vitales, pour l'Ukraine que la structure même de son récit ne saurait épouser celle, écrasante, de Moscou. L'histoire selon Poutine n'a aucun rapport avec l'histoire telle qu'elle s'est réellement passée. On sait qu'elle en élimine la terreur stalinienne[1], la complicité

1. Voir notamment A. Free, « Back in the USSR: New high school textbooks in Russia whitewash Stalin's terror as Putin wages war on historical memory », *The Conversation*, 23 janvier 2024.

active dans le crime avec l'Allemagne nazie[1] comme les crimes subséquents du communisme. L'histoire russe est aussi une histoire prédatrice. Elle vise à annexer l'histoire des autres peuples de l'ancienne URSS pour non seulement la faire sienne, mais aussi la déformer à sa façon. Ce qui constitue la possible dignité, mais aussi la portée, de l'histoire écrite au présent réside dans la sélection qu'elle opère entre les faits dignes et les épisodes abjects, non dans la glorification inconditionnelle de l'ensemble du passé. Pour sélectionner, il faut connaître. Or, précisément, Moscou en abolit toute connaissance.

Ce que dit l'histoire terrible d'Alla Horska, la persécution dont elle et ses compagnons furent les victimes et son assassinat, c'est l'héroïsme qui fut le leur et qui leur a permis d'entrer dans le dramatique panthéon de celles et ceux qui sont tombés pour avoir défendu la liberté ou ont succombé parce qu'ils la chérissaient, des victimes de l'Holodomor, de la répression stalinienne qui n'a pas cessé après la mort du tyran, aux morts de Maïdan, puis de plus de onze ans de guerre. Cette histoire décrit l'ignominie des assassins et des tortionnaires, ceux de l'URSS jadis comme de la Russie aujourd'hui, mais aussi des collaborateurs. L'histoire de l'Ukraine, comme celle, de manière souvent proche, de tous les pays européens, est à la fois celle de l'Holodomor et celle

1. Voir notamment O. Schmitt, « Comment la Russie réécrit l'histoire de la Seconde Guerre mondiale », *Slate*, 25 janvier 2017.

de la Shoah par balles. On ne peut opposer les mémoires, ni même en privilégier une. La seule vraie différence, de nature politique et qui porte en elle l'avenir ou l'absence de futur, tient dans la volonté d'établir la vérité ou de perpétuer le mensonge, d'abord toujours pour dissimuler les crimes du présent. Telle est la nature exacte des révisionnismes tant russe que chinois.

Je crois utile de citer ici l'exemple du musée des Occupations et de la Liberté de Tallinn. S'il fallait une preuve de l'exemplarité démocratique de l'Estonie, elle pourrait bien se situer là. Ce musée témoigne simultanément de l'héroïsme des résistants et de la honte de ceux qui ont collaboré avec les forces d'oppression. Il dispose d'une séquence interactive où les citoyens d'aujourd'hui, notamment les plus jeunes qui n'ont connu l'occupation ni nazie ni soviétique, sont incités à se poser des questions – car il ne saurait y avoir de réponse certaine – sur ce qu'ils auraient fait et pourquoi. Le débat est aussi présent ailleurs, notamment en Lituanie, mais il l'est sans doute moins, après un débat lourd sur l'ouverture des archives de la Stasi et le film à forte audience *La Vie des autres*, dans la partie orientale de l'Allemagne aujourd'hui.

Alla Horska fut aussi exploratrice de l'histoire ukrainienne. Telle était finalement la seule manière de parvenir à faire la paix avec son passé et d'empêcher que son cauchemar renouvelé ne s'invite comme soleil brûlant dans notre présent.

Car il convient de tenir ensemble l'Holodomor, Babyn Yar, les tombes de Bykivnia, l'ensemble des exactions du NKVD et du KGB et les crimes présents de la Russie en Ukraine. C'est le crime qui dit l'histoire, car il ne peut être disjoint de la résistance qui lui fut opposée et de l'héroïsme. Dans le cas de l'Ukraine, plus que pour la quasi-totalité des autres nations, le crime est tant la permanence que le fil.

Alla Horska et ses compagnons ne pouvaient penser la réaffirmation de la nation sans le regard qu'il nous fallait lui porter. Elle avait ainsi dessiné ces mains désespérées qui sortaient des fosses communes de Babyn Yar où les nazis et leurs supplétifs avaient enterré leurs victimes, assassinées d'une balle, certaines respirant encore. Comme l'écrivait récemment Jonathan Littell dans son fascinant livre *Un endroit inconvénient*, à l'époque communiste, on en avait effacé les traces car l'histoire officielle soviétique, en réalité, n'aimait guère que l'on parlât de la Shoah[1]. Mais la faute suprême, selon l'occupant soviétique, d'Alla Horska et de ses amis fut d'enquêter sur, et de révéler, les charniers de Bykivnia[2].

En août 1962, Alla Horska, le metteur en scène et réalisateur Les Tanyuk (1938-2016) et le poète et journaliste Vasyl Symonenko (1935-1963), en tant que membres de la commission du Club de la jeunesse créative, censée « enquêter sur les

1. J. Littell et A. d'Agata, *Un endroit inconvénient*, Gallimard, 2023, notamment p. 28-30. Mais l'histoire d'appropriation n'est pas finie, déchirant aussi la conscience ukrainienne contemporaine.

2. Voir J.-P. Filiu, « Les fantômes de la terreur stalinienne aux portes de Kyiv », *Le Monde*, 5 mars 2023.

crimes de la période d'anarchie stalinienne », ont visité le lieu d'inhumation massive des victimes du NKVD dans la forêt de Bykivnia. Ils avaient appris l'existence de ce lieu de sépulture effrayant[1]. Les autorités officielles avaient imputé les massacres aux Allemands. En réalité, de 1937 à 1941, donc avant l'occupation allemande de Kyiv, des camions bâchés circulaient ici chaque nuit pour transporter vers la forêt les corps des « ennemis du peuple » torturés dans les prisons de la capitale. Ils ont été déversés dans des fosses préparées à l'avance, saupoudrés de chaux et recouverts de terre. Les experts qui ont examiné les restes des victimes remarquèrent que la plupart des crânes présentaient des trous provenant d'une balle à l'arrière de la tête. On devait d'ailleurs découvrir plus tard des restes de soldats polonais assassinés par les Soviétiques dont les noms figurent sur la liste de Katyn.

Ce qu'Alla Horska a vu à Bykivnia l'a profondément impressionnée. Ses amis et elles ne pouvaient laisser dans l'obscurité ou la déformation de tels crimes. Parmi les corps se trouvent des ossements d'enfants. Ils écrivirent une déclaration officielle au conseil municipal de Kyiv demandant d'enquêter sur ces tombes. Nulle réponse ne vint. Au lieu de cela, Simonenko fut battu par la police politique à la gare de Smila et devait en mourir peu de temps après, Tanyuk

1. C. Berkhoff, « Bykivnia: how grave robbers, activists, and foreigners ended official silence about Stalin's mass graves near Kyiv », dans E. Anstett et J.-M. Dreyfus, *Human Remains and Identification. Mass Violence, Genocide, and the "Forensic Turn"*, Manchester University Press, 2015, p. 59-82.

attaqué à Odessa et Horska surveillée en permanence. Cependant, les informations sur les charniers de Bykivnia se répandirent officieusement dans les cercles de l'intelligentsia ukrainienne et, à la fin des années 1980, elles devinrent publiques. L'initiative fut prise après la libération de l'Ukraine de créer un complexe mémorial en hommage aux victimes du régime communiste. 30 000 à 50 000 personnes pourraient être enterrées dans la forêt de Bykivnia. À ce jour, les noms de famille de plus de 18 500 personnes ont été établis. Le chemin est court de Bykivnia à Izioum, des salles de torture du NKVD à celles de la Russie de Poutine à Kherson[1] et ailleurs. En 2021, un autre charnier datant de l'ère stalinienne fut découvert dans la région d'Odessa[2].

Les crimes du stalinisme furent certes commis dans toutes les républiques de l'URSS. Toutefois, dans des pays comme la Géorgie et l'Ukraine notamment, et dans toutes celles qui ne sont pas russes, elles portent une signification spécifique. Partout, dans l'ex-Union soviétique, ce sont des crimes contre l'humanité, mais dans les républiques non russes, ce sont, littéralement, des crimes impériaux et coloniaux. L'histoire de l'affirmation de l'indépendance de l'Ukraine est *aussi* histoire de la lutte contre l'oppression. L'affirmation d'une culture ukrainienne propre est non seulement une revendication pour et

---

1. I. Koshiw, « Kherson torture centres were planned by Russian state, say lawyers », *The Guardian*, 2 mars 2023.
2. « Stalin-era mass grave found in Ukraine », BBC, 26 août 2021.

par elle-même, mais une exigence vitale et une protection contre le crime. Ce sont ces deux dimensions qu'il convient d'embrasser pour comprendre la réalité ukrainienne. Ce qu'on appelle parfois « libération par la culture » devient existentiel devant le crime qui se confond ici avec la volonté d'éradication de la liberté, mais aussi de la population elle-même – physiquement. De ce point de vue, l'ambition de suppression de la culture ukrainienne et des personnes obéit à un même mouvement. La destruction du patrimoine ukrainien[1], et spécifiquement tatar en Crimée[2], est inséparable du génocide entrepris contre la population ukrainienne. En rendant publiques ses premières manifestations du temps du communisme, l'histoire d'Alla Horska fait surgir ce projet premier.

Elle fait en réalité plus que cela. Elle montre *a contrario* que la défense de la culture des « petites nations » est une entreprise de protection dès lors qu'elle s'inscrit dans une *politique* dont la fin est tout sauf d'abord culturelle. L'affirmation de la légitimité des nations est certes d'abord refus de céder à une vision impériale de leur droit prétendu à une domination sur ce qu'ils revendiquent, au mépris de l'ensemble des règles du droit international, comme leur zone d'influence. Mais elle est aussi choix

1. Voir notamment D. Matravers, « Destruction of Ukrainian heritage: why losing historical icons can leave a long shadow », *The Conversation*, 1er décembre 2023.

2. Voir en particulier H. Coynash, « Why Are We Letting Russia Destroy a 16th Century Palace in Crimea? », Atlantic Council, 11 janvier 2018.

de nouvelles alliances, librement déterminées, donc de nouvelles promesses. La nation ukrainienne ne se dépeint pas elle-même comme isolée dans le monde, comme n'appartenant à aucun ensemble, encore moins comme ayant un droit, en tant que nation et *a fortiori* comme nation agressée, à s'affranchir de toute règle. Elle inscrit sa culture dans une appartenance commune, à la fois spécifique donc, mais signifiant plus qu'elle-même. Elle est attachement au passé parce qu'il est porte sur l'avenir et libération des déterminismes que d'autres, en l'occurrence l'Union soviétique puis la Russie, voulaient lui imposer. Quand l'Ukraine se tourne vers l'Europe, elle affirme – c'est en effet un acte de volonté, non une sorte de « découverte » – sa culture comme européenne. Elle effectue – sans doute doit-elle d'ailleurs certes encore progresser à la fois dans la conscience de ce mouvement et l'élimination de figures douteuses qui renvoient à un nationalisme non européen – le mouvement finalement accompli par les autres pays de l'Europe. Le passé de l'Europe n'est pas entièrement glorieux : terre des droits de l'homme, de la liberté et de la règle du droit, de l'émancipation des religions politiques et des droits sociaux, elle fut aussi la terre nourricière de l'Inquisition, de la Terreur, de l'antisémitisme, du nazisme, du communisme totalitaire et du colonialisme.

En *choisissant* dans leur culture, les éléments qui concourent à l'émancipation, les Ukrainiens la diffusent non pas comme fermeture, mais comme pont. Le sauvetage de la nation ukrainienne n'est pas « nationaliste » au sens où l'on entend usuellement ce terme. Certes, cette tentation peut exister dans certaines franges de la société ukrainienne et elle peut être encore nourrie par la frustration et le ressentiment devant les atermoiements dans la fourniture d'une aide militaire *décisive* par les nations démocratiques. On comprendrait aussi que, demain, Kyiv éprouve des difficultés à faire confiance à ses alliés déclarés ou institutionnels et qu'elle soit tentée par un jeu de cavalier seul. La trahison américaine pèsera pendant des décennies dans sa conscience collective. Personne ne peut non plus dire comment évoluera la scène politique ukrainienne dans les dix ou vingt prochaines années. Mais la réalité aujourd'hui est celle d'un nationalisme anti-européen qui fait un pour cent des voix aux élections – peu de pays de l'UE peuvent en dire autant. Demain, dominera vraisemblablement la fierté d'avoir combattu pour l'Europe, pour les droits et pour la dignité contre un ennemi absolu et total. La fierté oblige aussi.

C'est donc le combat actuel des Ukrainiens, à la fois pour leur survie et pour les principes fondateurs de l'Europe, qui à la fois permet la réappropriation de leur culture et lui en donne sa signification. C'est l'histoire au présent qui rend possible le surgissement du passé historique et le fait contemporain et, en cela, nécessaire. De manière concrète, elle révèle à la lumière du jour des écrivains ukrainiens que la domination de la « culture russe » dans les esprits avait conservés dans l'ombre. Il existe aussi désormais une écriture de guerre, comme il y eut une écriture des camps nazis, indispensable, unique et qui atteint l'universalité. Inversement, la Russie détruit sa propre histoire et anéantit, d'une certaine façon, sa propre culture. Elle annihile son histoire en la faussant, rendant une partie de celle-ci au silence et exploitant les mensonges historiques pour les mettre au service d'une cause catastrophique, celle de l'extermination. Sans doute, n'abolit-elle pas Tolstoï, Pouchkine, Tchekhov, Moussorgski et Répine, mais elle les enterre dans un passé qui ne peut plus se considérer au présent. Elle fait finalement resurgir le crime comme le fondement de son histoire avec un éclat sombre qui écrase tout le reste et rend l'art et la grâce presque accessoires dans la perception collective.

L'écriture russe est vouée pour longtemps à rester une écriture de la honte. Je cite ainsi régulièrement cette confession de l'écrivain russe en exil Mikhaïl Chichkine, ayant le courage d'appeler à une repentance nationale des Russes pour les crimes de masse commis en Ukraine : « Ma langue est devenue la langue des assassins[1]. »

Un écrivain allemand aujourd'hui écrit toujours, ou du moins est-il en principe frappé par cette obligation, à l'ombre de la Shoah. Demain, un écrivain russe, au moins digne de ce nom, ne pourra qu'écrire à l'ombre du génocide commis en Ukraine et de l'oppression totalitaire. Alors que ses prédécesseurs avaient exclu l'Ukraine et les autres pays colonisés par Moscou, il ou

1. F. Georgesco, « Mikhaïl Chichkine, écrivain russe : “Ma langue est devenue la langue des assassins” », *Le Monde*, 14 juin 2023.

elle sera sommé d'écrire selon la langue des Ukrainiens, des Syriens, des Tchétchènes, des Bélarusses, des Géorgiens et des autres peuples assassinés par la Russie. Cela fera d'ailleurs demain partie de cette rédemption indispensable : écrire dans la langue des autres. Il ne pourra plus jamais y avoir de fierté russe. Elle restera à jamais hantée par les grandes figures que furent Victoria Amelina[1], Volodymyr Vakulenko[2], Yuriy Kerpatenko[3], Maksym Kryvtsov[4] et tant d'autres, assassinés et dont l'œuvre guidera les

1. Écrivaine réputée, devenue aussi enquêtrice sur les crimes de guerre commis par la Russie, « Vika » est morte le 1er juillet 2023, assassinée par les Russes dans une frappe visant une pizzeria de Kramatorsk. Je lui ai rendu hommage dans N. Tenzer, « The Murdered Writer and the Stains of Our Unconsciousness. Reflection on Our Strategic Childishness », Tenzer Strategics, 4 juillet 2023.

2. Poète, écrivain pour la jeunesse et activiste, il a été assassiné par les Russes dans la région de Kharkiv entre le 24 mars et le 12 mai 2022. Il avait enterré son journal, miraculeusement retrouvé, qui a été édité par Victoria Amelina (voir A. Chemin, « Guerre en Ukraine : l'histoire tragique de Volodymyr Vakoulenko, poète et martyr de l'invasion russe », *Le Monde*, 6 janvier 2023). Son corps reposait dans la tombe 319 du charnier d'Izioum.

3. Chef d'orchestre et compositeur, il a été assassiné par les Russes chez lui à Kherson le 13 octobre 2022 (voir mon hommage dans N. Tenzer, « Intermezzo Doloroso. On the Art and Resistance, and Meaning of Music… and Death. A Tribute to Yuriy Kerpatenko, A Ukrainian Hero », Tenzer Strategics, 18 octobre 2022).

4. Poète, activiste, participant à Maïdan et déjà aux premiers combats contre l'envahisseur en 2014-2015, Maksym Kryvtsov a été tué par les Russes sur le front le 7 janvier 2024. Voir notamment A. Chapple, « Machine-Gun Poet : The Work and Untimely Death of Maksym Kryvtsov », Radio Free Europe/Radio Liberty, 11 janvier 2024.

lettres que nous tracerons ou les sons que nous donnerons à entendre. C'est aussi le testament ukrainien que nous impose d'écrire Alla Horska.

Une conscience historique tournée vers le futur

Cette conscience historique se tournera bientôt vers le futur, lorsque la guerre sera terminée et que l'Ukraine aura gagné. En réalité, elle le regarde déjà, et ce dès les premiers jours de la guerre totale. J'ai pu le constater lors de mes cinq déplacements dans ce pays depuis le 24 février 2022 : bien sûr, les Ukrainiens évoquent d'abord leur présent, celui des victimes, des mutilés, des bombardements incessants sur les populations civiles, des nuits sans sommeil et de la nécessité urgente, chaque jour plus urgente depuis le début, que l'Occident démocratique fasse d'abord son devoir. Mais ils parlent aussi abondamment de l'avenir, de la reconstruction, de la paix retrouvée, de la possibilité de se lever sans penser que, peut-être, le jour présent sera le dernier. Sans doute parce que l'Ukraine fut une des nations les plus martyrisées d'Europe au XXe siècle et les plus atteintes par les crimes au XXIe, elle se sent comme un devoir de montrer qu'elle peut devenir la plus exemplaire.

Mais cette exemplarité, par définition, ne vaut pas que pour elle-même. Elle pourrait tendre à s'ériger, par-delà les différences culturelles et politiques, comme un modèle de la nation libre et démocratique du futur. Se forgera peut-être une sorte de modèle ukrainien qui inspire déjà des pays comme la Syrie et Taïwan, eux-mêmes projetant aussi leurs propres leçons en direction de l'Ukraine. Cela va bien au-delà de la solidarité avec ces peuples, dans un cas asservi pendant plus de cinq décennies, pour l'autre menacé. Mais cela ira plus loin que ces seuls pays : la manière dont l'Ukraine a géré la pluralité de ses communautés et les fracas de son histoire en s'affirmant comme démocratie, tranchant ainsi avec le modèle plus rigide et contraignant de Singapour, pourrait inspirer plusieurs pays d'Afrique et d'Asie. Sur un tout autre plan, la façon dont elle a pu développer, dans les pires conditions possibles, de nouvelles armes quasi inconnues ailleurs pour dissuader et frapper l'ennemi russe[1], pourrait devenir un modèle beaucoup plus performant que celui qu'Israël a jadis mis en place dans des conditions finalement plus aisées. Demain, mais cela a déjà commencé, bien des pays qui sortent aussi de guerres atroces, laissant une population blessée dans son âme et dans sa chair, apprendra du programme de réhabilitation des invalides de guerre et des personnes, combattants comme civils, adultes comme enfants, durablement traumatisées.

La leçon de l'Ukraine sera donc multiple, mais elle pourrait se résumer par cette question à plusieurs composantes : comment un pays

1. Il existe ainsi une véritable révolution technologique des drones opérée par les Ukrainiens. Sur ses conséquences dans l'art de la guerre, voir notamment U. Franke, « Drones in Ukraine: Four lessons for the West », European Council on Foreign Relations (ECFR), 10 janvier 2025.

faible devient-il fort ? Comment une nation, donnée pour vaincue, finit-elle par remporter bien plus que la guerre ? Comment un peuple que beaucoup ignoraient devient-il une source d'inspiration ? Certes, ces choses ne sont pas véritablement reproductibles tant chaque situation est différente. Elles ne sont pas aisément formalisables même si, après la fin de la guerre en Ukraine, surgiront certainement une série de livres pour expliquer comment et pourquoi Kyiv a su résister et comment il est possible d'en apprendre quelque chose d'utile pour nous. D'autres écrits, plus sceptiques quant à toute possibilité d'universalisation, reviendront certainement sur les données historiques propres qui peuvent contribuer à expliquer ce que la nation ukrainienne a réalisé. On pourrait ajouter que si, par malheur, cela ne se produisait pas, la leçon ukrainienne demeurerait, puisqu'il serait aisé, et d'ailleurs juste, d'en imputer la responsabilité – l'immense culpabilité historique – aux prétendus alliés de Kyiv.

On peut imaginer que, si la Russie est défaite en Ukraine, des pays d'Asie centrale qui visent à s'émanciper de Moscou, chercheront à acquérir une nouvelle force et qu'elles s'inspireront de la diplomatie conduite discrètement par Kyiv pour se trouver des alliés. Les plus grandes démocraties d'Afrique pourraient suivre, y compris sur le plan économique et commercial. D'autres pays encore chercheront à promouvoir la fierté de leur peuple non par le conflit et des liens mortifères avec des régimes dictatoriaux, mais en réfléchissant à une voie d'exemplarité. Évidemment, tout cela reste incertain eu égard au nouveau cousinage américano-russe et de la détermination trop faible de l'Europe, mais le fait même de montrer qu'une prétendue grande puissance peut être vaincue fera réfléchir beaucoup à leurs propres liens de dépendance.

L'affirmation de soi : solitude et pragmatisme

Dans des circonstances certes moins cruelles, de nombreux dirigeants de moyens et petits États ont sans doute partiellement expérimenté ce qu'a éprouvé le président Zelensky : un sentiment de solitude. Le 24 février 2022, il s'est trouvé seul devant un moment où *tout* reposait sur lui. Il était placé devant un moment de *kairos*, où il ne peut y avoir ni tergiversation ni hésitation, mais seulement résolution. Les Américains, dit-on, lui avaient proposé de partir avec sa famille ; les Russes avaient déjà établi la liste des personnes à éliminer ; il ne pouvait être certain de rien – puisqu'il ne pouvait prévoir à ce moment-là ni l'extraordinaire mouvement de résistance des Ukrainiens ni les déficiences massives de l'armée russe –, sauf d'une chose : les Alliés n'interviendraient pas directement pour repousser l'ennemi. Il ne savait rien de la vaillance, mais tout de la lâcheté.

Volodymyr Zelensky est donc resté avec son gouvernement et son cabinet, et la résistance s'est organisée. L'Ukraine a aussi reçu, d'abord au compte-gouttes, puis de manière plus importante, mais jamais jusqu'à aujourd'hui, au niveau requis, des armes occidentales. Elles étaient à peine suffisantes pour résister, trop limitées pour protéger la population ukrainienne, et beaucoup trop chichement accordées pour espérer reprendre l'avantage. Cette solitude, qui demeure aujourd'hui, est celle de tout un peuple qui a compris qu'il ne pourrait à la fin des fins compter que sur lui-même.

Devant cette réalité, le chef d'État ukrainien a agi avec pragmatisme autant qu'avec un art consommé de la communication. Non seulement il a cherché à desserrer, les uns après les autres, les obstacles qui demeuraient à la livraison de l'aide internationale, mais il a aussi, par petits bouts, formulé une doctrine de politique étrangère qui dépassait les enjeux vitaux propres à son pays. Ce discours a été appuyé par des actions qui ont marqué les esprits : déblocage partiel du blocus céréalier imposé par Moscou, puis total[1], décidé par Kyiv, grâce à sa maîtrise des mers, alors que certains alliés et l'ONU étaient encore craintifs après la dénonciation de l'accord céréalier par la Russie le 17 juillet 2023, « Initiative céréalière de la mer Noire » (août-septembre 2022) et surtout programme « Grain d'Ukraine » lancé par le président Zelensky le 26 novembre 2022 qui ont permis la livraison de céréales à des pays qui en manquaient – encore en décembre 2024, à l'endroit de la

1. Voir notamment A. Bijotat, D. Ingiusto, « Mer Noire : comment l'Ukraine a déjoué le blocus céréalier imposé par la Russie », *Le Figaro*, 22 avril 2024.

Syrie désormais libérée d'Assad[1] –, adhésion de l'Ukraine, effective au 1er janvier 2025, au Statut de Rome régissant la Cour pénale internationale, fabrication des drones les plus performants au monde et de missiles capables de frapper en profondeur le territoire russe, notamment.

Dans son discours du 28 juin 2023[2] devant la Rada pour le vingt-septième anniversaire de l'adoption de la Constitution ukrainienne, le président Zelensky a livré un plan détaillé pour son propre pays en même temps que pour ses relations avec les voisins. Il a notamment exprimé ceci, témoignant d'une vision mondiale jamais exprimée telle quelle par les dirigeants occidentaux :

> La victoire de l'Ukraine est une garantie de sécurité et de restauration de l'intégrité territoriale pour la Moldavie. La victoire de l'Ukraine est une chance historique pour l'intégrité territoriale de la Géorgie, et c'est une chance pacifique. La victoire de l'Ukraine est une nouvelle force pour l'ensemble du Caucase du Sud. La victoire de l'Ukraine, c'est la liberté et la paix pour le Bélarus. En outre, la libération de la Crimée de l'occupation russe et la garantie d'une mer Noire sûre, ainsi que la défaite du ruscisme[3], fourniront l'énergie nécessaire pour que l'axe Baltique-mer Noire fonctionne au niveau de ses capacités réelles

1. « Zelensky annonce l'envoi de 500 tonnes de farine de blé en Syrie », *L'Orient-Le Jour*, 27 décembre 2024.
2. Discours à lire en anglais sur le site de la présidence ukrainienne : president.gov.ua/en/news/ukrayina-peremogi-bude-krayinoyu-gidnoyu-svoyih-geroyiv-vist-83869
3. Le « ruscisme » est un mot-valise pour « fascisme russe ».

en matière de sécurité, d'économie et de culture. La victoire de l'Ukraine est une garantie de sécurité et de protection contre les manipulations extérieures, qu'elles soient militaires ou politiques, pour l'ensemble de l'Asie centrale. La victoire de l'Ukraine est une chance pour le Moyen-Orient de désamorcer la terreur. La victoire de l'Ukraine est la garantie que les pays africains, de la Libye à la République centrafricaine, ne seront plus dépouillés par les voyous russes.

Logiquement, le président Zelensky pointe aussi la contribution décisive de l'armée ukrainienne, la plus forte d'Europe et la seule à avoir l'expérience d'une guerre de haute intensité, à la défense des pays de l'OTAN. Il souligne l'apport de l'Ukraine non seulement à la sécurité alimentaire mondiale, mais aussi à la sécurité énergétique. Il met en avant le rôle que jouera Kyiv en matière de justice internationale et, sur un autre plan, dans le domaine des nouvelles technologies et de la protection de l'environnement – l'Ukraine devrait être reconstruite avec des bâtiments les moins émetteurs en dioxyde de carbone et, en raison du nombre de mutilés de guerre et civils, les plus accessibles.

Malgré des moyens limités, l'Ukraine a entrepris de plaider non seulement pour elle, mais pour un autre ordre international auprès de nombreux pays dans le monde. Elle a commencé à dessiner les axes autour desquels pourrait se recomposer un ordre mondial à la fois moins soumis aux puissances révisionnistes, mais aussi moins dépendant des grands États démocratiques.

Ce n'est nullement un hasard si le ministre des Affaires étrangères ukrainien, Andrii Sybiha, accompagné de son collègue chargé de l'Agriculture, a été le premier haut responsable occidental à rencontrer les nouveaux dirigeants syriens le 30 décembre 2024[1]. Outre l'aide alimentaire, il a évoqué l'appui déterminant que pourrait apporter Kyiv en matière d'enquête sur les crimes de guerre et contre l'humanité du régime Assad et de ses alliés russe et iranien.

On imagine l'écho que pourrait avoir l'Ukraine si elle remplaçait la Russie, qui a usurpé ce siège[2], comme membre permanent du Conseil de sécurité des Nations unies. L'Ukraine retrouve aujourd'hui certains échos inspirants, voire prophétiques, qu'ont pu avoir les vainqueurs, hors certainement l'URSS, au lendemain de la Seconde Guerre mondiale. Elle aura demain la légitimité que les autres pays occidentaux n'ont pas – ils le savent confusément et peut-être le redoutent. La victoire de l'Ukraine sera le signe que, finalement seule, malgré des aides occidentales toujours insuffisantes, une moyenne nation a pu triompher d'une prétendument grande – dont la prétendue « éternité » n'est que celle de la boursouflure, du vide et de la mort. Au-delà de son modèle de nation, cela sera une autre leçon de l'Ukraine au monde.

---

1. D. Shulzhenko *et al.*, « Ukraine's foreign minister meets with Syrian leadership in Damascus », *The Kyiv Independent*, 30 décembre 2024.

2. Voir N. Tenzer, « The UN, the Criminal and International Law. What Russia's Upcoming Presidency of the Security Council Says About Us », Tenzer Strategics, 20 mars 2023.

De plus en plus de pays comprennent qu'ils doivent s'émanciper des puissances prédatrices, mais, d'une part, ils ne savent pas comment procéder, d'autre part, ont comme intériorisé l'idée qu'ils n'ont pas de marges de manœuvre par rapport à ce phénomène de domination. Il faudrait en quelque sorte imaginer un #MeToo des petites et moyennes nations.

Certes, ce phénomène a pu d'autant plus s'installer que des dirigeants de divers pays étaient plus sensibles aux profits personnels apportés par les États révisionnistes qu'à l'intérêt de leur pays. Au mieux, ils pensaient benoîtement que les liens de dépendance n'auraient aucune conséquence et qu'ils pourraient toujours y renoncer. Mais ils ont été aussi encouragés par l'attitude d'une majorité de moyens et grands pays occidentaux qui n'ont rempli leur devoir ni de vigilance, ni d'alerte, ni de rétorsion. Peut-être, depuis Yalta, l'histoire occidentale est-elle finalement une longue accumulation de renoncements, les États clés parant certes au pire, notamment avec la création de l'OTAN, agissant au minimum pour ne pas disparaître, mais laissant se détricoter progressivement les résistances.

Parfois les Ukrainiens, au même titre qu'un grand nombre de pays d'Europe centrale et orientale, mettent-ils en avant non seulement la continuité entre la Seconde Guerre mondiale et ce qui advient maintenant – continuité et pas seulement ressemblance. Il faut probablement saisir comment une victoire de l'Ukraine sur la Russie apparaîtrait comme une revanche contre le Pacte germano-soviétique de 1939, là aussi la victoire d'une nation perçue comme secondaire contre deux grandes puissances de jadis ou de maintenant.

Ces nations, placées sous le joug soviétique pour certaines dès l'arrivée du communisme en Russie au début des années 1920, pour d'autres à la fin de la Seconde Guerre mondiale en raison de la mainmise de Staline sur leurs territoires, ont considéré soit qu'elles n'avaient pas été libérées en 1945, soit que la fin officielle de la guerre marquait en fait la continuation de leur servitude. Elles ont donc vu la période 1920-1991 ou 1939-1989 comme celle d'une domination continuée alors que l'ouest, le sud ou le nord de l'Europe percevaient bien 1945 comme une libération, donc la Libération. Pour l'Ukraine, 1991-2014 est une sorte de longue trêve, sans doute plus qu'un entre-deux-guerres. Toujours revient la question : pourquoi les Alliés n'ont-ils pas poursuivi la lutte contre Staline après avoir gagné la guerre contre Hitler ? Pourquoi, en somme, ont-ils accepté que s'instaurât un régime d'oppression et même de terreur, sous prétexte que l'URSS était devenue une alliée dans la guerre, en réalité par le seul fait de la faute de Hitler ? Sans l'attaque de l'URSS par l'Allemagne nazie, les deux seraient demeurées dans l'alliance scellée par le pacte Molotov-Ribbentrop et auraient été unies contre les Alliés. L'URSS n'avait aucune volonté de rejoindre l'alliance – au contraire. Hitler lui paraissait l'allié naturel. 1941-1945 fut une parenthèse ; l'URSS était, par essence, l'ennemie.

Il n'y a certes pas de réponse parfaitement évidente à la question de l'absence de volonté des Alliés de terminer le travail contre les totalitarismes du XXe siècle : fatigue de la guerre, impéritie des dirigeants et acceptation du fait accompli, déjà complaisance envers une « grande puissance », fût-elle alors non nucléaire, sentiment côté américain que Washington avait aussi besoin de Moscou, indifférence au sort des peuples, complication de l'opération en matière militaire – ce que semblent avoir conclu les chefs militaires britanniques qui avaient, à la demande de Churchill, élaboré un plan en ce sens[1] –, ou sans doute un mélange de ces différents facteurs. Toujours est-il que l'Ukraine reprend en quelque sorte le flambeau et – parce qu'elle fut la première agressée donc la première à combattre au nom, et pour l'avenir, des nations européennes – se trouve en situation de mettre enfin un terme à une guerre commencée, pour l'Europe, quatre-vingt-cinq ans plus tôt – et pour l'Ukraine, plus de cent. En somme, l'Ukraine en est venue, de fait, à symboliser « les Alliés » et à devoir accomplir, seule, ce qu'ils ont réalisé ensemble, mais partiellement, en 1945. En cela, la guerre est certes une guerre contre le mal absolu qu'incarne la Russie de Poutine, mais aussi la continuation de la guerre contre Hitler, et de celle qui n'a jamais eu lieu contre Staline.

1. On peut consulter l'analyse de ce plan sur les archives en ligne du gouvernement britannique : « "Operation Unthinkable": Report from the British Military leaders to Prime Minister Winston Churchill on the chances of "Operation Unthinkable" – a surprise attack on the USSR, 22 May 1945 », The National Archives.

Sans doute, beaucoup ne perçoivent-ils pas encore cette réalité historique ou ne le comprendront-ils qu'après la victoire comme une vérité éclatante. Mais l'Ukraine réactualise aussi le débat sur le réalisme. C'est, par construction, une tendance ancienne de vouloir en dénier l'existence du côté des pays qui tentent de s'émanciper, comme des peuples qui veulent se libérer. C'est leur rôle historique de montrer qu'ils ont le réalisme pour eux. Il est certes quasiment impossible de répondre à cette interrogation s'agissant de 1945. Aurait-il été réaliste de continuer le combat contre Staline ? Ou au moins, les troupes occidentales auraient-elles dû et surtout pu empêcher que les forces soviétiques, dans le cadre d'une division du travail géographique pertinente mais politiquement inconséquente, s'emparassent de l'est de l'Europe ? Ce qui paraît rétrospectivement sensé et raisonnable pourrait méconnaître les circonstances dramatiques de l'époque. Peut-être était-ce dans l'esprit de Roosevelt, puis de Truman, voire du général de Gaulle, plus certainement dans celui de Churchill, mais ce n'était pas ce qu'ils considéraient en priorité. Le débat reste vif, parfois instrumentalisé à des fins politiques, et il se poursuit à propos de l'inaction des Alliés envers l'URSS lors des répressions brutales qui suivirent : mise au pas totale de la Pologne en 1948, coup de Prague la même année marquant la fin de la Troisième République tchécoslovaque et l'entrée dans la dictature communiste, étouffement en Allemagne de l'Est des protestations de juin 1953, écrasement de la révolution hongroise de 1956 et liquidation du Printemps de Prague en 1968.

S'il est impossible de trancher la question du réalisme pour hier, il faut la reprendre aujourd'hui. L'avertissement rétrospectif sur le fait que ce qui semblait réaliste hier – laisser Staline prendre l'est de l'Europe – ne doit surtout pas être décidé finalement, même si cela ne peut être totalement contesté. Il faut aussi laisser place à l'argument qu'il n'était pas réaliste en matière de sécurité de faire capturer toute une partie de l'Europe par les Soviétiques. De même, il ne faut pas décider à l'avance ce qui est réaliste ou non, mais lier ce débat à la question de notre sécurité. On a, en janvier 2025, entendu Emmanuel Macron affirmer que « les Ukrainiens ont à mener des discussions réalistes sur les questions territoriales[1] », en même temps qu'il refusait toute capitulation de l'Ukraine. Certes, par la faute des Alliés qui ne lui ont pas fourni suffisamment d'armes et ont refusé toute intervention directe – cela demeurera à jamais leur culpabilité ultime –, l'Ukraine n'est pas *aujourd'hui* en mesure de reprendre les territoires occupés par la force. Mais cela pourrait ne pas être le cas demain. Un réalisme de court terme ne saurait se transformer en un fatalisme de long terme. Le réalisme impose aussi de considérer ce qui est le fondement de celui-ci : explorer l'ensemble

---

1. Discours du président de la République du 6 janvier 2025 à l'occasion de la Conférence des ambassadrices et des ambassadeurs, à retrouver sur le site de l'Élysée : elysee.fr/emmanuel-macron/2025/01/06/conference-des-ambassadrices-et-ambassadeurs-2025

du champ des possibles pour répondre au défi de sécurité provenant d'une puissance ennemie. Surtout, le réalisme ne saurait être le déguisement de notre absence de volonté.

Ce qu'a entrepris de réaliser Kyiv est précisément de replacer le réalisme à sa juste place : le desserrement d'un supposé déterminisme et des contraintes qu'il tente d'imposer à la stratégie internationale. C'est en cela un enseignement majeur de l'Ukraine aux autres petits et moyens États. L'Arménie l'a déjà compris ainsi que le peuple géorgien. Cela sera aussi l'immense vertu d'une victoire de l'Ukraine.

Conclusion

G-zéro ou G-infini ? La construction de la stabilité

Nul ne peut imaginer un monde sans conflits. Nul ne peut non plus concevoir une scène internationale où les plus grands et moyens États parviendraient à mettre fin à tous. Mais il est au moins possible de concevoir un espace mondial où ceux-ci seraient plus rares, mieux prévenus et limités dans leur impact sur les populations et quant à leur étendue. C'était somme toute, à leur création, l'espoir ouvert par les Nations unies et les mécanismes d'intervention et de résolution des conflits prévus par plusieurs articles de sa charte.

Pour certaines guerres, essentiellement dans les pays moins développés, ces dispositifs ont correctement fonctionné ; pour les grandes guerres, qui impliquèrent toujours des États majeurs, ils ont échoué ; dans de nombreux cas (Soudan, Éthiopie, République démocratique du Congo, Birmanie, Yémen, etc.), le sort des populations a rencontré un mélange d'indifférence et d'impuissance supposée. Les organisations régionales ont confirmé leur faiblesse et leur division.

Il est impossible d'évoquer la guerre ou plutôt les guerres contemporaines comme un phénomène unique : il y a apparemment peu de points communs entre la guerre russe contre l'Ukraine et celle qui détruit à petit feu le Yémen, entre la guerre israélo-palestinienne et celle du Soudan. La guerre qui fait rage en Ukraine, mais qui est d'abord une guerre russe, est de nature radicalement idéologique ; la deuxième évoquée ici repose sur une rivalité politique, fût-elle déguisée sous des justifications d'ethnicité ou de religion ; la troisième est une guerre historique opposant deux peuples qui veulent pour eux seuls la même terre ; la quatrième est celle de seigneurs de la guerre à la conquête de la domination et de richesses. Bien sûr, au-delà des innovations technologiques, comme les drones et parfois le perfectionnement des moyens de renseignement militaire, chaque guerre revêt des visages familiers à ceux qui ont étudié les conflits du passé : tranchées, politique de la terre brûlée, inclusion des civils dans les cibles militaires, violation constante et assumée du droit humanitaire. Pourtant, ces guerres connaissent des transmutations majeures, au sens propre de ce mot. Elles changent de nature et chaque guerre semble s'inspirer des autres avec une radicalité nouvelle.

Transmutations de la guerre

Depuis la Seconde Guerre mondiale, les interventions directes des grands États n'ont pas été toujours couronnées de succès.

La guerre de Corée s'est conclue par l'instauration d'un État totalitaire aux côtés d'une Corée du Sud, alors peu démocratique, mais qui s'est ensuite, malgré une histoire marquée par des coups d'État et des scandales de corruption au sommet, érigée en société libre et ouverte. La guerre du Vietnam a entraîné la débâcle américaine que l'on sait, marquant durablement la société et l'opinion.

L'intervention en Libye en 2011 a permis d'éviter un bain de sang à Benghazi, mais n'a pas conduit à la stabilité, et encore moins à la démocratisation du pays. Cela n'en enlève pourtant pas la légitimité, mais met en exergue les conséquences de l'impéritie dans la gestion de l'après. Celle en Afghanistan a porté un coup significatif à Al-Qaïda, mais n'a pas détruit l'organisation terroriste et, finalement, les États-Unis ont abandonné le pays aux talibans. On ne saurait affirmer qu'ils en aient fait trop ; d'une certaine façon, ils ont au contraire été trop peu directifs et n'ont pas été capables, par leurs programmes de développement et en raison d'une laisse lâche sur le plan politique, de mettre en place des mesures suffisamment profondes et attractives de développement[1].

1. La littérature est considérable sur les faiblesses et les échecs du *nation-building* en Afghanistan. Voir notamment

L'échec de la formation de l'armée afghane est aussi souvent pointé[1]. Ils n'avaient certainement pas mesuré en amont les difficultés de la tâche. L'espoir d'un autre futur parcourait des segments entiers de la société afghane. Ils ont tout simplement déçu ceux qui avaient foi en eux, qu'ils ont finalement abandonnés. Au-delà des critiques des programmes mis en place, on se demandera encore longtemps si ce fiasco et ce gâchis étaient inévitables.

La seconde guerre du Golfe a permis l'élimination du dictateur Saddam Hussein, coupable de la mort de centaines de milliers de personnes, mais n'a pas conduit à une pacification, ni à une unité complète retrouvée de l'Irak. Sur le chaos a prospéré Daech. Là aussi, il n'y a eu nul plan pour le futur.

L'intervention, trop tardive en ex-Yougoslavie a permis de chasser, puis d'inculper, le criminel contre l'humanité Slobodan Milošević et

---

S. Ben-Ami, « America's flawed state-building enterprise », Australian Strategic Policy Institute (ASPI), *The Strategist*, 20 septembre 2021 ; J. Brick Murtazashvili, D. Dollar, « Why did state-building efforts in Afghanistan fail ? », Brookings, 30 août 2021 ; G. Price, « Why Afghan nation-building was always destined to fail », Chatham House, 10 septembre 2021 ; D. Acemoglu, « Why Nation-Building Failed in Afghanistan », *Project Syndicate*, 20 août 2021 ; A. Hira, « The Utterly Predictable Demise of Nation-Building in Afghanistan : Lessons for the Future », Institut canadien des Affaires mondiales, juin 2021.

1. Pour une vue d'ensemble incluant les circonstances du retrait des troupes, consulter M. Afzal, « What the Biden administration's report on the Afghanistan withdrawal gets wrong », Brookings, 5 mai 2023.

conduit à une situation de paix, mais elle est loin d'avoir éclairci l'horizon de l'ensemble des pays de l'ex-Yougoslavie – au moins a-t-elle permis de stopper les massacres et de dégager un avenir européen de plusieurs États qui en furent issus. Ce fut finalement la plus concluante.

Les interventions au Sahel ont porté des coups importants aux organisations terroristes de la région, mais celles-ci continuent de prospérer sur fond de faillite de plusieurs États, d'importation de groupes d'États voisins et d'intervention de la Russie, qui sape encore un peu plus les structures de sécurité de ces pays. La littérature est longue sur les échecs des opérations de *nation-building*, mais ceux-ci n'en discréditent pas le principe, car il n'est pas d'autre voie.

Ces guerres et ces interventions étaient-elles justifiées ? Il n'existe certainement pas de réponse uniforme. Souvent, la rigueur de l'analyse oblige à une argumentation qui peut approuver le principe et désapprouver les modalités. Il était sans doute impossible à Washington de s'abstenir devant la guerre menée par la Corée du Nord, avec le soutien d'abord de l'URSS, puis de la Chine communiste. Cette guerre fut d'ailleurs placée sous l'égide des Nations unies, l'URSS n'y ayant pas opposé de veto. On oublie aujourd'hui son bilan effroyable : plus de deux millions de morts. Était-il possible pour les États-Unis de rester passifs devant l'entreprise de conquête par le Vietnam du Nord de celui du Sud, aussi corrompu et politiquement illégitime que fût son régime ? Les circonstances de l'époque obligent à un jugement nuancé, mais la conduite même de la guerre, sans considération pour les civils, et le détournement du regard des actions inacceptables des dirigeants du Sud furent inversement des facteurs d'illégitimité qui pèsent encore aujourd'hui sur l'héritage de l'Amérique. Nul n'imaginait que cette guerre ferait environ deux millions de victimes côté vietnamien, nord et sud confondus, et environ 60 000 morts parmi les soldats américains. La seconde guerre du Golfe fut marquée par le mensonge initial qu'on sait sur la présence en Irak d'armes de destruction massive – en soi facteur d'illégitimité –, mais l'accommodement de plusieurs puissances avec la présence du dictateur irakien n'était pas plus acceptable non plus. Les victimes kurdes de Saddam Hussein sont encore aujourd'hui régulièrement passées sous silence. Washington n'avait en tout cas pas anticipé de scénario pour l'après.

Mais dans d'autres cas, l'absence d'intervention directe a conduit à des maux au moins aussi terribles : un million de morts en Syrie, dus essentiellement à Assad et à ses parrains russe et iranien ; des centaines de milliers de morts en Ukraine et un pays envers lequel la promesse d'intégrité territoriale et tout simplement de protection n'a pas été à ce jour tenue ; vraisemblablement des centaines de milliers de victimes, directes et indirectes, au Yémen ; plus d'un million de morts au Soudan ; des centaines de milliers pour la guerre du Tigré (novembre 2020-novembre 2022) ; au moins une centaine en République démocratique du Congo ; des dizaines de milliers en Birmanie ;

des milliers lors des deux guerres en Géorgie (1992-1993 et 2008), surtout la première, caractérisée par un nettoyage ethnique en Abkhazie par des forces dites séparatistes, en fait encadrées par la Russie[1]. La liste pourrait être encore allongée.

Les conflits d'aujourd'hui n'ont plus rien de commun avec ceux de la guerre froide et l'état des esprits des opinions et des dirigeants non plus. La menace n'a plus rien non plus d'identique : elle paraît moins massive, mais est en réalité plus invasive et destructrice pour les démocraties elles-mêmes. Les guerres qui opposaient les deux blocs étaient liées à la compétition entre deux systèmes, l'un communiste, l'autre libéral. Moscou comme Washington cherchaient à éviter que l'autre prenne un avantage qui pourrait être déterminant. Moscou, plus rarement Pékin, menaient leurs guerres peut-être en partie pour consolider leur empire, plus certainement parce que tout retrait leur paraissait une défaite. Jusqu'à sa débâcle en Afghanistan, l'URSS avait plutôt un avantage net en matière d'expansion,

1. H. Ridgwell, « "Before Bucha Was Abkhazia": Georgians link past Russian atrocities with Ukraine invasion », Voice of America, 26 juin 2024. J'ai eu l'occasion de voir le documentaire et l'exposition de photos auxquels il est fait référence à Tbilissi en septembre 2023. Voir aussi USCDornsife, Global Policy Institute, « Before Bucha in Ukraine, There Was Abkhazia In Georgia: An Interview With Tamara Chergoleishvili », 20 mars 2023. Le film a été projeté à l'Assemblée nationale le 27 septembre 2024 en présence de la présidente de Géorgie Salomé Zourabichvili (« "Before Bucha was Abkhazia" Screened at French National Assembly », Civil Georgia, 28 septembre 2024).

tandis que Washington se discréditait – il en reste une trace aujourd'hui – par le soutien à des régimes infréquentables et, souvent, une faible attention aux victimes civiles. Il n'était pas question à l'époque de guerre de libération ni d'affirmation nationale. L'historiographie officielle de Hanoï parle volontiers de la guerre du Vietnam comme d'une « guerre des dix mille jours » la faisant remonter au début de la guerre d'Indochine jusqu'à sa fin officielle en 1975. Or, elle fut précisément une guerre de post-indépendance. Elle peut s'analyser comme une guerre civile ou une guerre politique, mais non comme une guerre contre une puissance impériale.

Les conflits actuels deviennent, pour beaucoup d'entre eux, des guerres d'indépendance d'un nouveau genre ou, du point de vue de l'oppresseur, des guerres contre-révolutionnaires. Un grand nombre de conflits à venir, même s'ils ne dégénéreront pas tous en guerre chaude, auront une telle caractéristique. Ce seront, en apparence, des guerres contre des puissances révisionnistes, néocoloniales ou néo-impériales, mais ce qu'on désigne comme l'impérialisme chinois ou russe est d'abord un impérialisme idéologique qui n'a plus grand-chose à voir avec celui des anciennes puissances coloniales. La conquête territoriale – la Russie en Ukraine, potentiellement la Chine vis-à-vis de Taïwan, ou, d'une autre manière, la Palestine et Israël, avec une tendance toujours croissante des deux camps à penser dans les termes d'une annihilation de l'adversaire et de l'expulsion d'une terre commune – constitue un moyen, plus qu'une fin, sauf en partie dans le dernier cas.

Sans doute les conflits de la guerre froide avaient-ils cette dimension idéologique et furent-ils atrocement meurtriers, en raison de leur échelle même. Ils ne visaient toutefois pas à l'élimination radicale de l'adversaire. On retrouve certes cette caractéristique dans plusieurs guerres civiles, anciennes ou actuelles, en Afrique (Rwanda, Sierra Leone, Soudan) ou en Asie (Cambodge, Birmanie contre les Rohingyas) ainsi que pendant la guerre en ex-Yougoslavie, mais elle n'était pas générale. Celle-ci devient de plus en plus la caractéristique des guerres d'aujourd'hui.

Le cas emblématique est la guerre russe contre l'Ukraine où Moscou vise à l'élimination de l'Ukraine comme nation et du peuple ukrainien en tant que tel. Elle irait encore plus loin sans la résistance de ce dernier et, malgré tout, les alliés empêcheraient probablement le Kremlin de mener une guerre d'extermination à la Hitler. C'est la première fois depuis la Seconde Guerre mondiale qu'un État majeur entreprend une telle politique d'annihilation. Dans la guerre entre Israël et le Hamas, on assiste à une volonté croissante des plus extrémistes d'éliminer non point un adversaire, mais un ennemi : le Hamas, auteur avec d'autres groupes extrémistes, du pogrom génocidaire du 7 octobre 2023, dénie à Israël le droit à l'existence ; le gouvernement Netanyahou, qui avait toute légitimité pour répliquer, est allé beaucoup plus loin dans ses attaques sur Gaza qu'une riposte proportionnée définie par le droit international. Certains extrémistes de son camp ont tenu des propos qui visent à éradiquer le peuple palestinien du sol israélien. Certains colons perpétuent des crimes contre l'humanité en Cisjordanie. Les modérés des deux camps existent certes encore, mais sont de plus en plus marginalisés.

Pour des raisons différentes, sinon même en partie opposées, ces deux guerres sont la conséquence d'une abstention des plus grands États démocratiques. Dans le premier cas, la Russie n'a pas été dissuadée d'entreprendre une attaque massive sur l'Ukraine et, encore aujourd'hui, des voix s'élèvent pour prétendument mettre fin à la guerre en laissant à Moscou les territoires conquis. Ils refusent pourtant de voir la nature de guerre totale de l'entreprise du Kremlin. Dans le second, les grandes puissances ont laissé se détériorer la situation depuis les accords d'Oslo du 9 septembre 1993 – même si des déclarations des deux parties les remettaient en cause dès leur signature – et, surtout, depuis l'assassinat d'Yitzhak Rabin le 4 novembre 1995. Ils n'ont agi ni pour contrer l'émergence du Hamas et du Hezbollah, ni pour contraindre Israël, dominé par un gouvernement peu soucieux du droit international depuis la première élection de Netanyahou en 1996 et surtout après 2009. Le monde vit avec les résultats de cette double impéritie.

Tous les conflits du monde aujourd'hui ne sont certes pas des batailles pour l'indépendance ni pour la liberté. Mais cette dimension reste dominante, bien au-delà de l'exemple archétypique ukrainien, et au-delà des guerres ouvertes. Ce fut le cas en Syrie ; cela le reste en Géorgie et dans l'aspiration du peuple bélarusse ; c'est le cas aussi de la rébellion contre la junte birmane. Cette aspiration guide les peuples vénézuélien et nicaraguayen. Elle est présente du Kirghizistan à l'Algérie, de Taïwan au Soudan après la révolution confisquée de 2019 par le coup d'État de 2021. De tels mouvements parcourent le continent africain. À chaque fois s'affirme l'idée que l'histoire des peuples, mais aussi des nations, n'est pas terminée.

L'ordre des moyennes et petites puissances ?

L'appréhension de la réalité de ces guerres et des failles des principales puissances libres suppose de comprendre quel type d'ordre peut le mieux préserver les nations et les peuples en lutte pour leur liberté des tendances prédatrices des États voyous. Il n'est certes pas suffisant de penser à un schéma ; il faut se donner les moyens de l'organiser. Les « modèles » proposés ne tombent pas du ciel, mais sont du ressort de la volonté des États.

Les schémas classiques habituellement évoqués, non sans simplification, pour décrire l'ordre international, parfois aussi pour le défendre, étaient les suivants. Le premier, appelé ordre bipolaire, était celui de la guerre froide : opposant les États-Unis et l'URSS ainsi que leurs alliés respectifs, il était parfois faussement décrit comme stable. Il était non seulement potentiellement dangereux – c'est pendant cette période-là que le risque nucléaire était le plus élevé – et aussi meurtrier

– guerre entre les Corées, guerre du Vietnam, guerres locales entre des États ou des groupes soutenus par l'une et l'autre puissance. Il était aussi une prison pour les peuples de l'ex-URSS, de la Chine et des pays communistes. Il laissait aussi subsister, comme par contre-feu, des dictatures d'extrême droite et des juntes militaires sur quatre continents. La nostalgie qui anime encore certains politiques ou experts est pour le moins mal placée.

Certains estiment qu'après la chute du Mur est apparu un ordre unipolaire dominé par les États-Unis et, plus accessoirement, ses alliés. Or, cet ordre n'était de loin pacifique ni pacifié : la guerre en ex-Yougoslavie était comme la répétition à certains égards de la guerre russe contre l'Ukraine ; le génocide des Tutsis par les Hutus témoignait du silence et de l'inaction devant un crime de masse ; la Chine, avant Xi Jinping, était loin d'être une puissance de paix ; dans les années 1990, la Russie, avant Poutine, préparait sa revanche et commettait des génocides en Géorgie et en Tchétchénie. On oublie aussi souvent la tentative de Gorbatchev en janvier 1991 de reprendre par la force le contrôle sur les pays baltes et de mettre fin à leur indépendance, qui fit quatorze morts en Lituanie. L'unipolarité était un faux-semblant.

Par la suite, d'autres se sont plu à décrire le monde comme multipolaire, sans qu'on sache quels étaient toujours ces pôles inégaux, vraisemblablement les États-Unis, la Chine, l'Europe, la Russie, l'Inde, avec sans doute des pôles africain, moyen-oriental et latino-américain. Est apparue à ce moment-là, dans les années 2000, l'idée d'une coorganisation du monde et d'un règlement concerté des différends, avec notamment le G20, institutionnalisé en 1999 et dont la première réunion des chefs d'État et de gouvernement eut lieu en novembre 2008. Or, le G20 ne joua aucun rôle sur le plan politique en raison d'oppositions frontales, au mieux à certains moments dans le domaine financier. Surtout, la notion même d'ordre multipolaire est une forme de désordre institutionnalisé favorisé par des puissances révisionnistes qui entendent remettre en cause avec radicalité ses lois existantes. Les tenants de cet ordre, essentiellement ces puissances, visent à accroître leurs dominations sur les pays censément parties de leur pôle, rétablissant ainsi des zones d'influence prohibées par le droit international, et au-delà. La multipolarité s'oppose frontalement à la souveraineté des peuples. Pour les petits et moyens États incapables de se défendre, c'est une manière de tracer la voie vers la servitude.

Par la suite, il a été loisible à beaucoup de parler de monde apolaire, autrement dit sans régisseur, comme pour symboliser un monde plus anarchique où aucune puissance n'était capable de faire, durablement, régner sa loi ou sa conception de l'ordre. Cela correspond à ce que l'analyste des risques politiques Ian Bremmer a popularisé sous l'appellation de G-zéro[1]. Cette désorganisation du monde est marquée par des États-Unis en retrait, une Russie faible, mais capable de

1. I. Bremmer, *Every Nation for Itself: Winners and Losers in a G-Zero World*, Portfolio, 2012.

poursuivre à la fois ses actions criminelles ou agressives et de recourir à des actions d'influence et de perversion des démocraties, une Chine ouvertement révisionniste et conquérante et une série de puissances régionales, des moyens États du Moyen-Orient à l'Inde, jouant un rôle désordonné de disruption et de potentielle anarchie.

Dans ce monde, la plupart des petits et moyens États sont comme livrés à eux-mêmes, sans appui ferme et considéré comme durable, tentant tant bien que mal à ne pas perdre leur autonomie et finissant parfois par chercher un protecteur à l'égard duquel ils n'ont aucune illusion – et qui peut les asservir. C'est le cas de certains gouvernements africains, d'Asie ou d'Amérique latine enclins à céder aux sirènes trompeuses de la Chine ou de la Russie, parce que la pression est trop forte, la corruption séduisante et l'abstention des autres aveuglante. Voilà où nous en sommes.

Un autre type d'ordre est possible que je qualifierai de G-infini, par opposition au G-zéro. Dans ce monde, les puissances additionnées des petites et moyennes nations, soucieuses à la fois de rééquilibrer le monde sur le plan économique et commercial, et d'affirmer en commun leur force pour contrer à la fois le recul relatif des États-Unis, devenu depuis la seconde présidence Trump une puissance destructrice de la règle internationale, et l'irruption de nouveaux acteurs menaçants, pourraient s'organiser pour agir sur le cours des choses. Ce G serait infini par ses opportunités nouvelles et les modalités d'organisation.

Cet univers serait surtout ouvert, alors que les plus grandes puissances révisionnistes, avec désormais le concours de Washington, entendent fermer le jeu. Il ne serait pas, au contraire, organisé en pôles régionaux ou en alliances prédéterminées où dominerait une puissance particulière, l'entraînant dans des opérations aventureuses contraires à leurs intérêts. Un tel ordre serait aussi fondé sur une extension du droit international autant sur le plan humanitaire et sécuritaire qu'en matière d'échanges. On quitterait là le domaine de la *great powers politics*.

Ce monde serait souple en raison des décisions décentralisées des États, des accords qu'ils noueraient entre eux et leur capacité à s'émanciper, en même temps qu'il serait rigide dans la défense des principes et la mise en œuvre de la loi. Dans un monde dominé par les grandes puissances, les jeux deviennent plus compliqués : certains vont se ranger derrière la Chine ou la Russie parce que leur histoire nationale les empêche de s'allier trop visiblement avec Washington, ou parce que les intérêts économiques de l'Amérique, accompagnés d'un manque de solidarité dans les crises, sont trop antagonistes des leurs. Une voie autonome est particulièrement difficile et il n'est pas fortuit que, depuis leur création, les non-alignés ou ce qu'ils sont devenus ont, de fait, plutôt servi les positions des nations révisionnistes. Quant aux pays européens, eux-mêmes anciennes puissances coloniales, ils paraissent trop liés aux États-Unis, et surtout ils n'ont pas réussi à faire valoir la voie propre qu'ils avaient pourtant définie tout en l'assortissant pour l'instant des moyens de la puissance. Avec Washington passée du côté des puissances révisionnistes, il sera plus aisé aux États tentés de ne pas s'opposer à Moscou et Pékin, par défiance de l'Amérique, de définir une voie autonome. L'Europe, désormais, pourrait incarner cette voie vers un monde mieux réglé par le droit, et où les trois supposées grandes puissances n'auraient plus le dernier mot. Les moyennes nations seront également perçues comme des terres plus sûres pour les investissements, et d'autant plus attractives, notamment l'Europe, qu'elles se seraient enfin mises en ordre de bataille pour devenir des géants de l'innovation. L'économie de guerre qui devra être là leur représentera un formidable facteur de richesse économique et de développement technologique comme le furent les États-Unis à partir des années 1960. Là aussi, le modèle ukrainien apparaîtra comme un modèle à portée mondiale.

Le tableau que j'ai décrit ici est certes contrasté. Il y a loin de la coupe aux lèvres ! Les petites et moyennes puissances ne sont pas encore, loin de là, parties à la conquête du monde, même si elles en sont l'avenir. Pour autant, certains mouvements commencent à poindre en cette direction, en Ukraine d'abord, en Syrie depuis la chute du clan Assad, au Bélarus, en Géorgie, en Moldavie, dans certains pays du monde musulman, de l'Iran à l'Algérie, mais aussi de l'Afrique et de l'Asie où les peuples continuent à poursuivre leur combat pour une politique plus digne.

Une conscience commence à se faire jour, y compris chez des dirigeants non démocratiques, d'Asie centrale et du continent africain, que, devant le manque d'engagement de Washington, puis sa trahison, ils sont laissés largement à eux-mêmes pour contrer les entreprises de domination des puissances révisionnistes.

Les États européens, de leur côté, voient non seulement qu'ils devront assurer par eux-mêmes leur sécurité, mais aussi qu'ils devront s'engager plus, sur d'autres continents, pour éviter que ces phénomènes de prédation des richesses et d'influence politique ne minent par ricochet leur propre sécurité. Ils savent ainsi que, pour ce faire, ils devront acquérir les moyens de la puissance et s'unir pour développer avec une masse critique suffisante les investissements scientifiques et technologiques du futur[1]. La compétitivité future du continent européen ne saurait toutefois être conçue indépendamment d'un projet européen de politique internationale. La guerre qui vient les y conduit.

Cet ouvrage n'entendait pas établir de prévisions sur la manière dont, dans les décennies à venir, le monde allait se remodeler.

Un scénario noir n'est pas à exclure. Dans celui-ci, la Russie ne sort pas complètement vaincue ; des pays, y compris occidentaux, et d'abord les États-Unis, désormais dévoyés, se précipitent à nouveau vers Moscou pour nouer des accords, reprendre les échanges commerciaux et sauver la Russie de l'écroulement. Celle-ci garderait non

1. C'est un des cris d'alarme lancés par le rapport de Mario Draghi, *The Future of European Competitiveness*, septembre 2024.

seulement son pouvoir de nuisance, mais également d'attraction précisément car les démocraties occidentales continueraient d'apparaître veules, lâches et incohérentes, y compris pour leur propre sécurité. Pékin considérerait cette situation comme du pain bénit qui la conforterait dans l'idée qu'une stratégie révisionniste peut être payante. Renforcée, elle continuerait ses entreprises de préhension des richesses sur tous les continents et, conséquemment, de domination politique, accélérant la dépendance de l'Occident, pouvant conduire celui-ci à un dénuement en matériaux et produits stratégiques et à des crises économiques et sociales majeures. Les États-Unis, certes toujours puissants et de plus en plus autosuffisants, se sentiraient suffisamment, quoique sans doute illusoirement, en sécurité pour ne plus se soucier du reste du monde. Pire encore, ils se lanceraient, à côté de Moscou et de Pékin, à des attaques majeures contre les principes de l'ordre international définis à San Francisco et à Nuremberg. Au-delà même des enjeux économiques et directement sécuritaires, la liberté reculerait dans le monde et en Europe même.

Mais il est aussi un autre scénario : celui d'une résistance du monde. Unies, les puissances démocratiques peuvent l'emporter et même convaincre les États aujourd'hui autoritaires qui gardent malgré tout une certaine idée de l'indépendance de leur nation – somme toute, tant la Turquie que les États moyens d'Asie centrale et plusieurs pays africains la partagent. D'autres, y compris dans le Golfe, en Asie et en Amérique latine, malgré l'incohérence de leur politique étrangère, comprennent que leur intérêt n'est pas la soumission. Ils pourraient renoncer à leur politique de gribouille qui laisse pénétrer la Chine ou la Russie sur leur propre terrain. Les pays démocratiques eux-mêmes conservent encore une prééminence économique et certainement militaire. Les BRICS+ sont loin d'être un clan uni, comme leur dernier sommet l'a montré, et il est loin d'être assuré que leur future monnaie voie le jour et *a fortiori*, si tel devait être le cas, qu'elle soit dominante. Certes, la liberté recule dans le monde de manière inquiétante, mais il est de puissantes forces contraires. Il est aussi probable que la Russie soit finalement vaincue et que même un Trump, aussi complice soit-il avec Moscou, ne soit pas capable de permettre sa survie et de lui restituer un statut de grand qu'elle définitivement perdu. La Russie pourrait entraîner les États-Unis dans sa chute.

Avec l'Europe, dont on ne saurait mésestimer le devoir historique, mais sans domination ni précellence, peut donc finir par s'instaurer cette alliance de *containment* que j'évoquais entre des petites et moyennes nations qui voudront définir un avenir libre. Le signal offert par une victoire de l'Ukraine sera assurément déterminant, à la fois symboliquement et en pratique. Elle devrait faire des émules. Beaucoup ne perçoivent pas encore les changements que cela impliquera bien au-delà de l'Europe : elle sera un encouragement pour l'Asie centrale, le Moyen-Orient et l'Afrique, car elle montrera qu'une prétendue grande puissance peut être vaincue par la seule force d'un peuple en armes. Les mouvements en chaîne qu'elle déclenchera seront d'une ampleur que peu imaginent aujourd'hui. Le succès de la révolution syrienne montre que les anciennes dominations ne sont pas établies éternellement. Alors que, dans le monde ancien, il était habituel de considérer que les grandes puissances formaient un axe de sécurité – quand bien même il annonçait la guerre –, la sécurité et la liberté de demain adviendront à travers les petits et moyens États.

Table

Du même auteur *(suite)*

Le Monde à l'horizon 2030. La règle et le désordre, Perrin, 2011.

La Fin du malheur français ? Pour un nouveau devoir politique, Stock, 2011.

La France a besoin des autres, Plon, 2012.

Resisting Despair in Confrontational Times (avec R. Jahanbegloo), Har-Anand Publications, 2019.

Notre guerre. Le crime et l'oubli : pour une pensée stratégique, Éd. de l'Observatoire, 2024 (prix Nathalie Pasternak).

Rapports officiels

Fonctions publiques : enjeux et stratégie pour le renouvellement (avec B. Cieutat), La Documentation française, 2000.

Organiser la politique européenne et internationale de la France (avec J. Lanxade), La Documentation française, 2002.

L'expertise internationale au cœur de la diplomatie et de la coopération au XXI*e* *siècle. Instruments pour une stratégie française de puissance et d'influence*, mai 2008.

Composition et mise en pages
Nord Compo à Villeneuve-d'Ascq